Geulnuri
2021-B-01

사회적기업과 창업 길라잡이

최성규

글누리
HNU

Prologue

오랫동안 다양한 이해관계자가 있는 협동조합 조직 등에서 사업을 수행했던 경험으로 얼마 전부터 대학에서 사회적경제 기반의 창업 강의를 하기 시작하였다. 강의를 준비하면서 다양한 창업 과정의 자료를 찾고 정리하던 중에 사회적경제 기업의 창업을 준비하는 청년을 위하여 전체적인 맥락을 전하는 입문서가 있으면 좋겠다는 생각을 가지게 되었다. 이 책은 그동안 강의를 준비하면서 정리하였던 내용을 그대로 옮긴 것이다.

그동안 비즈니스 현장에서는 수많은 경험과 분석과정에서 계량화된 역량을 기반으로 리스크를 피하고 빠른 의사결정으로 비즈니스적인 성취를 추구하여 왔다. 반면에 최근 회자되는 '디자인적인 사고(Design Thinking)'는 분석적인 사고와 직관적인 사고 간의 역동적인 상호작용으로 새로운 기회와 문제를 해결하려는 창조적인 행위를 의미한다. 이러한 디자인적인 접근방법은 고객이 진정으로 원하는 가치를 제안할 수 있어 비즈니스의 근원적인 문제를 해결할 수 있게 해준다.

창업은 기성세대에게도 많은 불확실성과 기존의 관성을 극복해야 하는 쉽지 않은 영역이다. 상대적으로 조직 생활이나 사회적인 경험도 많지 않은 청년들에게는 지난할 수밖에 없다. 또한, 창업의 과정에서 요구되는 지식과 자원의 부족에서 겪게 되는 많은 시행착오의 과정을 지혜롭게 지나야 한다. 그리고 창업가가 대부분 겪는 실패의 대가도 적은 비용으로 치를 수 있어야 한다. 그렇게 힘든 창업의 터널을 넘은 후에도 다음 단계인 사업화 과정에서 맞이하는 소위 '죽음의 계곡'*에서도 역시 살아남을 수 있어야 한다. 그러므로 청년 창업의 접근 방법은 위와 같은 디자인적 사고로 접근하는 것이 옳다고 생각한다.

이 책은 사회적경제의 기반에서 창업을 준비하는 청년들을 위한 실용적인 입문서로서 창업 과정에서 요구되는 주요 내용을 중심으로 전체적인 맥락을 전하려고 노력하였다. 어쩌면 앞서 말한 디자인적 사고로 말한다면 창업의 진화과정 중의 첫 번째 단계의 MVP** model이라고도 할 수 있다.

이 책은 크게 두 부분으로 기획하였다. 전반부는 사회적경제에 대한 이해를 돕기 위하여 자본주의의 발전과정에서 사회적경제가 태동되는 시대적인 요구를 알아볼 것이다. 그리고 현재 자본주의의 대안으로 주목받고 있는 사회적경제의 유형과 사례를 살펴보고 '어떠한 혁신과정을 통하여 사회적 임팩트를 실현했는지를 조명할 것'이다. 아울러 근래의 위대한 기업가들의 사례를 통하여 그들이 공통적으로 지녔던 가치를 통하여 '사회적경제의 창업가들에게 요구되는 기업가정신'에 대해서도 전할 것이다.

이 책에서는 사회적경제 조직의 이해를 돕기 위하여 다양한 국내외 사례를 소개하였다. 사회적경제 조직의 단위별 세부 내용은 정부의 지원정책 관점에서 분류하고 설명하였다.

---

* 벤처기업이 창업 후 사업화 단계에서 어려움을 겪는 시기. 많은 벤처기업이 이 시기를 넘기지 못하고 실패한다고 해서 미국의 데스밸리(죽음의 계곡)에 빗대어 표현했다.(다음 백과사전)

** MVP(Minimum Viable Product)는 'The Lean Startup'의 저자 '에릭 리스(Eric Ries)'에 의해 만들어진 용어로 지난 몇 년간 스타트업 경영에서 가장 중요한 부분이 되었다. MVP는 창업자의 아이디어를 작동이 가능한 최소한의 핵심 기능만을 적용한 시제품을 의미한다.

사회적기업은 사회적인 가치를 실현하는 역할 외에 기업으로서 본연의 이익을 창출하여야 하는 경제적인 활동의 두 가지 목표를 동시에 추구한다. 이러한 두 가지 목표에서 성공을 이루었던 많은 국내외 사례를 통하여 성공의 경험을 공유하고 제도적인 지원정책과 더불어 일선의 창업지원센터 등의 지원사항을 소개하였다.

책의 하반부는 사회적경제의 창업가가 추구하는 사회적 가치의 실현을 위하여 시장을 세분화하여 목표 고객을 선정하고, 고객의 숨겨진 욕구를 찾아내어 이를 충족시키는 제품을 개발하는 과정을 기술하였다. 다음으로 다양한 이해관계자와의 협업으로 적합한 비즈니스 모델을 수립하고 설득력 있는 사업계획의 수립을 통하여 사업화하는 과정을 설명하였다.

비즈니스 모델링은 창업의 전 과정에서 많은 이해관계자와 사업의 핵심요소들 간의 관계를 정의하고 검증하는 중요한 수단이 된다. 정부의 지원사업에도 비즈니스 모델을 필수적으로 요구하고 있으며, 또 이를 통하여 창업자의 구상을 설득하는 유용한 수단으로도 널리 활용되고 있다.

비즈니스 모델링의 중요한 목적 중의 하나는 창업가가 구상하는 사업의 실체를 빠르게 파악하고 이해관계자들과 공유하는 것이다. 이 책에는 'Business Model Canvas'와 'Lean Canvas' 도구를 이용하여 비즈니스 모델링을 학습할 것이다. 이 두 도구는 보편적이고 직관적 사고체계로 설계되어 사업의 전 과정을 한 장의 캔버스로 시각화하여 이해하기 쉽고, 설명하는 데도 매우 유용한 도구로써 현장에서 널리 사용하는 도구이다.

마지막으로 사업계획서의 작성과정을 통하여 사회적기업이 추구하고자 하는 핵심 가치를 설득력 있게 표현하는 방법을 기술하였다. 창업은 창업자의 가설을 실현하는 일이다. 사업계획서의 작성은 창업자가 추구하는 가치가 지속적으로 실현되고 성공적으로 진행될 수 있도록 좋은 길잡이 역할을 한다고 할 수 있다. 여기서는 성공했던 많은 사업계획서의 사례를 분석하여 좋은 사업계획서가 갖추어야 할 주요한 요인들에 대하여 설명하였다.

최근의 경영환경이 사회적경제에 우호적으로 변환하고 있는 상황에서, 사회적경제에서 창업의 기회를 찾는 청년들에게 부족하지만 이 책을 통하여 사회적경제에서 창업의 기회를 찾는 청년들에게 의미있는 마중물이 될 수 있기를 바라며 그들의 열정을 응원한다.

2021. 8

| 차 | 례 |

Prologue

사회적경제의 이해

1. 사회적경제의 개요 15

1. 자본주의의 출현 15
2. 초기의 경제학 16
3. 근대 경제학의 발전 18
4. 자본주의 4.0 20
5. 사회적경제의 등장 21
6. 공유경제 VS 구독경제 24
7. 사회적경제와 UN의 지속가능발전목표(SDGs) 27
8. 우리나라의 사회적경제 29

2. 사회적기업과 제도의 이해 34

1. 사회적기업의 소개 34
2. 사회적기업의 개념 40
3. 우리나라의 사회적기업 42
4. 사회적기업의 인증 44
5. 예비사회적기업 46

3. 협동조합의 의미와 운영원리 51

1. 협동조합의 소개 51
2. 사회적협동조합의 소개 55

3. 협동조합의 역사 58
4. 협동조합의 운영원리 67
5. 협동조합의 설립 71

4. 마을기업의 설립과 육성사업의 이해 80

1. 마을기업의 소개 80
2. 마을기업의 개념 83
3. 마을기업의 유형과 주요 지원정책 92
4. 마을기업의 지정 95

5. 자활사업의 이해와 자활기업의 설립 97

1. 자활사업의 이해 97
2. 자활사업대상자의 선정 99
3. 자활기업의 설립 99
4. 자활기업의 지원 100

6. 소셜벤처의 이해 102

1. 소셜벤처의 소개 102
2. 소셜벤처의 개념 106
3. 소셜벤처의 생태계 111

사회적기업의 창업

7. 사회적기업의 지속가능성과 기업가정신 117

1. 기업가정신 117
2. 사회적 기업가정신은 기업가정신에서 출발 118
3. 사회적 기업가정신 = 사회적 + 기업가정신 125

8. 사회적기업의 마케팅 128

1. 마케팅의 이해 128
2. 마케팅 전략 129
3. 사회적기업의 마케팅 전략 139
4. 마켓 5.0 145

9. 디자인 씽킹 : 고객의 입장에서 문제 해결하기 150

1. 디자인 씽킹 이해하기 150
2. 디자인 씽킹 학습을 위한 사전준비 153
3. 디자인 씽킹의 프로세스 156
4. 디자인 씽킹의 시사점 163

10. 사회적기업의 비즈니스 모델링 165

1. 비즈니스 모델의 이해 165
2 비즈니스 모델의 발전 166
3 비즈니스 모델 개발도구 168

4 BM Canvas를 이용한 비즈니스 모델링 172
5. Lean Canvas를 이용한 비즈니스 모델링 195
6. Bussiness Model Canvas에서 추가되거나 제거된 블록 206
7. Bussiness Model Canvas의 작성 요령 208

11. 사업계획 수립 210

1. 사회적기업의 사업계획서 210
2. 사업계획서의 유형 및 구성 211
3. 좋은 사업계획서의 특징 214
4. 프리젠테이션 전략 : 어떻게 마음을 전할 것인가? 218
5. 정부지원 사업계획서(PSST 방식) 222

부록

※ 2021 사회적기업가 육성사업 공고 226
※ 창업사업화 지원사업 사업계획서 작성 목차 245
※ 창업사업화 지원사업 사업계획서 246

| 사회적경제의 이해 |

표 1-1 자본주의 4.0	20
1-2 자본주의의 발전	22
1-3 사회적경제의 목적	23
1-4 사회적경제 조직의 특징	24
1-5 전통적인 비즈니스모델 vs 구독 비즈니스모델	26
1-6 지속가능발전목표 (Sustainable Development Goals, SDGs)	27
1-7 사회적경제의 특징과 SDGs의 접점	29
1-8 우리나라의 사회적경제 현황 (사회적기업진흥원, 2019)	30
1-9 제도적인 관점에서 우리나라의 사회적경제의 분류	31
1-10 우리나라의 사회적경제의 발전과정 (사회적기업진흥원, 2019)	32
1-11 우리나라의 주요 사회적경제 조직	33
표 2-1 위캔의 미션과 비젼	39
2-2 사회적기업의 영역	41
2-3 사회적기업의 유형 – 사회적기업육성법	43
2-4 사회적기업의 인증절차	45
2-5 예비사회적기업의 지정절차	48
2-6 사회적기업의 인증요건 및 예비사회적기업의 지정요건	49
표 3-1 몬드라곤 협동조합의 운영체제	56
3-2 협동조합과 사회적협동조합	68
3-3 협동조합의 유형	69
3-4 협동조합의 사업 영역	71
3-5 협동조합과 다른 법인과의 비교	72
3-6 협동조합의 설립절차	73
3-7 협동조합의 정관 · 규약 · 규정	75
3-8 협동조합의 설립 신고 · 인가	77
표 4-1 예비마을기업 및 마을기업의 지원내용	94
4-2 마을기업의 지원체계	96
표 5-1 자활사업의 참여절차	97
5-2 자활근로사업의 참여유형	98
5-3 자활기업의 성립요건	100

표 6-1 유사기업과 소셜벤처의 비교 107
6-2 소셜벤처의 기준 (중소벤처기업부, 기술보증기금) 107
6-3 국내 소셜벤처 전수조사 주요내용 (2020) 109
6-4 소셜벤처의 생태계 111
6-5 국내 주요 중개지원기관 113

| 사회적기업의 창업 |

표 8-1 4C vs 4P 131
8-2 경쟁우위 포지션 선정을 위한 요소 136
8-3 포지셔닝 맵의 활용 137
8-4 연대와 협동의 마케팅 142
8-5 상업 마케팅과 공공시장 마케팅의 차이 143
8-6 공공기관 경영평가 사회적 가치 세부 항목 144
8-7 펜데믹으로 촉발된 새로운 마켓의 시대 146
8-8 마켓 5.0의 기본요소 149
표 9-1 디자인 씽킹의 접근방식 151
9-2 비즈니스 씽킹 vs 디자인 씽킹 152
9-3 이해관계자 관리 양식 155
9-4 디자인 씽킹의 프로세스 157
9-5 공감지도 작성하기 159
9-6 아이디어 발상법 – SCAMPER기법 160
9-7 POC vs Prototype vs MVP 162
9-8 디자인 씽킹을 적용한 시제품의 개발 프로세스 164
표 10-1 Business Model Canvas 167
10-2 Lean Canvas 168
10-3 BM Canvas vs Lean Canvas 171
10-4 채널의 유형 176
10-5 채널의 구성요소 176
표 11-1 일반적인 사업계획서의 작성 목적별 주요 구성 212

사회적경제의 이해

1. 사회적경제의 개요
2. 사회적기업과 제도의 이해
3. 협동조합의 의미와 운영원리
4. 마을기업의 설립과 육성사업의 이해
5. 자활사업의 이해와 자활기업의 설립
6. 소셜벤처의 이해

자본주의의 경제정책은 근대국가와 자본주의 시장경제가 시작되면서 시장을 자율적 기능에 맡길 것인지 아니면 사회정책을 통하여 균형있게 배분될 수 있도록 정부가 개입할 것인지에 대한 정책의 부침 속에서 발전되어 왔다. 오랜 기간 정책의 적용과정을 통하여 사람들은 사회구성체계의 중요한 두 축인 시장과 정부 모두 완벽하지 않다고 인식하였다.

자본주의 경제체제 안에서 태동된 사회적경제 또한 동일한 흐름 속에서 사회사상적인 토대를 만들어 갔으며 다양한 정치적인 사건을 통하여 치열한 부침을 이루며 발전하였다. 사회적경제는 이윤의 획득보다는 자본의 공동소유와 노동을 우선에 두고 민주적인 의사결정 구조로 사회적 가치를 실현하려는 사회복지체제라고 할 수 있다.

책의 전반부에서는 사회적경제의 이해를 위하여 초기 자본주의와 근대국가의 경험 속에서 사회적경제가 어떻게 태동되고 발전하였는가를 알아보고 2008년 미국발 금융위기를 통하여 자본주의의 대안으로 주목받고 있는 사회적경제의 유형과 사례에서 어떤 혁신과정을 통하여 사회적 임팩트를 실현했는지를 조명할 것이다.

1 사회적경제의 개요

1 자본주의의 출현

인류의 역사를 500만 년으로 가정하고, 24시간으로 환산하면 자본주의가 출현한 시간은 23시 59분 56초라고 할 수 있다. 불과 4초 전에 자본주의가 탄생한 것이다. 그동안 자본주의는 전 세계적으로 각국의 정치, 경제, 문화, 사회적인 상황에 따라 다양한 방식으로 채택되고 발전하여 인류의 진화를 이끌어 왔다.

자본주의의 사전적 의미는 '이윤추구를 목적으로 자본이 지배하는 경제체제'이다.[1] 자본주의는 우리가 일상적으로 사용하는 익숙한 용어이기는 하지만 공교롭게도 이것을 처음으로 사용한 사람은 당시의 자본주의가 배타적으로 자본을 독점한 상태라고 지적한 사회주의자 루이 블랑(Louis Blanc)[2]에 의하여 사용되었다. 그 후로 카를 마르크스(Karl Heinrich Marx) 등에 의해서도 자본주의가 언젠가는 무너져야 할 대상이라고 설명

1) EBS 다큐프라임 자본주의
2) 프랑스의 초기 사회주의자인 루이 블랑(Louis Blanc)이 쓴 「노동의 조직」이라는 논문에서 소수자가 배타적으로 자본을 독점하는 상태를 자본주의라고 부른 것이 처음 사용된 예라고 한다.

하기 위한 수단으로 이용되었다. 한편으로는 자본주의를 시장경제라는 말로 표현하고 있으나 의미의 차이는 있다.

유럽인들은 '신항로 개척 시대'[3]에 지리상의 발견과 시민혁명, 종교개혁 등을 거치면서 기존의 봉건주의 체제의 사회적 구속의 굴레가 풀리고 경제적으로 이윤의 획득과 자본의 축적 및 확대 재생산을 위한 자본의 투자가 가능해졌다.

자본주의는 봉건주의의 굴레에서 벗어나 18세기 후반 산업혁명의 기간 동안 급속도로 발전되어 지금까지 인류의 지배적인 사회구성체제로 자리를 잡게 되었다. 이러한 자본주의 체제는 봉건주의 시대까지 행하여졌던 교환경제에서 이윤추구를 목적으로 자본이 지배하는 경제로 전환되었다는 것을 의미한다.

자본주의 사회에서는 사유재산제도를 바탕으로 이윤의 획득이 보장되고 영리추구를 위해 생산체제가 보장되었지만, 그 실현과정에서 영리의 추구가 수단이 아닌 궁극적인 목적으로 변질되면서 여러 가지 부작용이 속출되는 과제를 안게 되었다.

2
초기의 경제학

최초로 경제학의 이론적 기초를 제공한 아담 스미스(Adam Smith)는 "시장을 보이지 않는 손"으로 비유하며 각 개인이 자신만의 이익만을 위해 경쟁하여도 시장의 자율적인 작동체제에 의하여 사회구성원 모두를 만족하는 균

---

3) 15세기 초반부터 18세기 중반까지 유럽인들이 항해술을 발전시켜 아메리카로 가는 항로와, 아프리카를 돌아 인도와 동남아시아, 동아시아로 가는 항로를 발견하고 최초로 세계를 일주하는 등 다양한 지리상의 발견을 이룩한 시대를 말한다.(대항해시대, The Age of Discovery)

형에 도달한다고 주장하고 정당한 방법에 의한 부의 축적을 합리한 것으로 시장경제의 기본을 제시하였다.[4)]

이어서 초기 경제학(고전학파)의 완성자로서 평가받고 있는 존 스튜어트 밀(John. S. Mill)은 경제학과 자본주의의 윤리적 기초에 관한 철학적인 성찰로 '정치경제학 원리'로 당시의 경제학적 사고를 집대성하였다.[5)]

한편으로 당시 산업혁명 시기의 비참한 노동자들의 삶과 도시문제 등과 같은 사회적 문제를 해결하기 위한 사회운동으로서 프랑스의 경제학자 왈라스(Marie Esprit Léon Walras)는 경제 전반에 관한 사항과 경제 정의에 대한 개념, 현실적인 적용까지 포괄한 사회적 경제이론을 발표하였다.

그 뒤를 이은 샤를 지드(Charles Gide)[6)]는 노동자연합 등과 같이 사회저변으로 조직된 독립적인 기구들의 역할과 협동의 경제학을 통하여 사회문제를 해결할 수 있는 대안으로 생각했다. 이러한 연구는 향후 1970년대에 프랑스에서 사회적경제가 성장할 수 있는 이념적 토대를 마련했다고 할 수 있다.

다른 한편으로, 카를 마르크스는 기술의 발달과 자본주의의 개선으로 나라가 부유해짐에 따라 자본가들의 막대한 이윤을 갖게 되는데, 이 이윤은 노동의 착취(잉여가치)라 여기고 이로 인한 자본주의 모순과 한계가 나타나 사회주의 경제가 나타날 것이라고 주장하였다.

---

4) Adam Smith, An Inquiry into the Nature and Causes of the Wealth of Nation(국부의 성질과 원인에 관한 연구), 1776.

5) John. S. Mill, Principle of Political Economy(정치경제학 원리), 1848

6) Charles Gide, Principe d'économie politique(경제학원리), 1883

3
근대 경제학의 발전

아담 스미스로 시작된 정치경제학 이론은 멜서스(Malthus)[7]와 리카도(Ricardo)[8], 밀, 마샬(Alfred Marshall)[9] 등을 거쳐 점차 정교해졌다. 이들을 고전학파를 계승한 신고전학파라 하는데, 19세기 말에서 부터 20세기 초에 이르기까지, 영국 사회의 자본주의 병폐를 자본주의 이론으로 극복하려 하였고, 마샬에 의하여 '한계효용이론(소비자의 선택이론)'으로 생산비와 교환가치에 대한 문제의 해명을 위해 노력하였다.

신고전학파는 시장을 자율에 맡기면 가격의 형성기능으로 생산과 소비가 적절히 조화되고 경제도 안정적으로 성장한다는 의견으로 시장에 인위적으로 개입하지 않는 '작은 정부'를 지지하였다.

1차 세계대전이 종료하고 1930년대 세계 경제는 실물경기가 추락하면서 대공황을 맞게 되었다. 영국의 경제학자 케인즈(John Maynard Keynes)는 자유시장에서 언제나 수요와 공급이 균형적으로 유지되는 것이 아니며, 대공황은 유효수요(실제 물건을 사려는 수요)의 위축으로 인한 불균형 현상 때문이라는 '유효수요이론(Effective Demand Theory)'으로 정부의 적극적인 투자를 통하여 수요를 활성화될 수 있다고 주장하였다.

케인즈 학파는 고전학파의 이론을 완전히 부정한 것은 아니지만 대공황과 같은 단기적으로 시장의 불균형이 있을 때 (유능한)정부의 개입으로 해소되어 안정적인 시장으로 균형이 유지될 수 있다는 것이다. 이에 따라 정부는 산업정책에 적극적으로 개입하고 복지체계를 구축하여야 한다고 하였다.

---

7) Thomas Robert Malthus, 'An Essay on the Principle of Population(인구론)', 1798
8) David Ricardo, 'Principles of Political Economy and Taxation(정치경제학과 과세의 원리)', 1917
9) Alfred Marshall, 'Principles of Economics(경제학의 원리)', 1890

1970년대의 오일쇼크와 스태그플레이션 등 서구경제의 침체상황을 겪으며 '자본의 세계화' 흐름에 기반한 규제완화, 시장개방 등 케인즈 정책의 대안으로 경제적 자유주의를 표방한 신자유주의가 나타났다. 시카고대학의 하이에크(Friedrick Hayek)와 프리드먼(Milton Friedman)으로 대표되는 신자유주의 학파는 작지만 강한 정부를 토대로 민영화, 노동시장의 유연화 등을 취하며 시장경쟁의 질서를 권력적으로 확정하는 방법을 채택하여야 한다고 하였다.

신자유주의를 대표하는 두 지도자인 마가렛 대처 전 영국 총리와 로널드 레이건 전 미국 대통령(나무위키)

영국의 대처와 미국의 레이건 정부가 들어서면서 신자유주의 정책은 급부상하였고 2000년대 중반까지 30여 년간 선진국들의 경제적인 부흥을 누리는 시기를 조성하였으며 소련 등의 공산주의 국가들을 몰락시키는 효과를 이끌어 내기도 하였다.

4
자본주의 4.0[10)]

2008년 미국발 금융위기를 거치면서 그동안 경제정책을 주도했던 '시장은 언제나 옳고, 정부는 언제나 틀렸다'라는 식의 가정이 잘못되었다는 것을 인식하였다. '시장의 자율기능'이나 '정부의 적극적인 정책 개입' 모두 중요하지만 완벽하지 않으며 두 주체가 심각한 잘못을 범하지 않도록 상호작용을 통하여 지속적인 혁신과 발전이 필요하다는 것을 깨달았다.

| 표 1-1 | 자본주의 4.0

Capitalism 4.0, Anatole Kaketsky

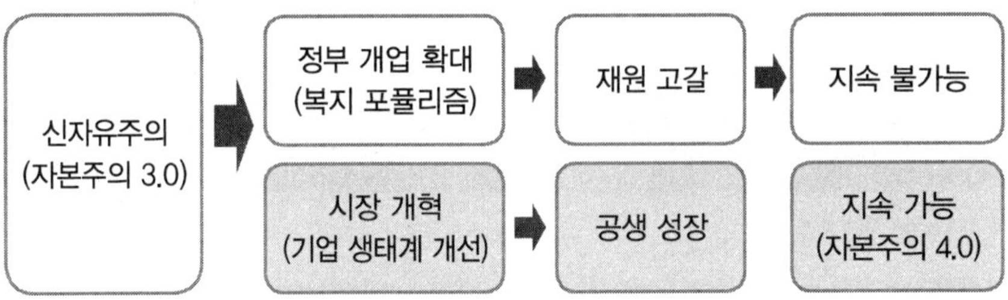

시장과 정부는 모두 불완전하여 오류를 저지르기 쉽다는 것을 인식하는 것이다. 자본주의 4.0은 시장의 자유로움이나 정부의 개입이 강조되는 시대가 끝나고, 정치와 경제가 협력하는 관계로 변모하는 시대가 도래되었다는 것을 의미한다.

자본주의 4.0의 저자 아나톨 칼레츠키(Anatole Kaletsky)는 자본주의가 고정된 제도들의 집합이 아니라 위기를 통해 재탄생되고 재건되면 진화하는 시스템이라고 전제하고, 시장의 복잡성과 불확실성을 기회의 장으로 적

---

10) 영국의 저널리스트이며 경제평론가인 Anatole Kaletsky가 처음 사용한 용어로 자본주의가 고정된 제도들의 집합이 아니라 위기를 통해 재탄생되고 재건되며 진화하는 시스템이라고 주장

극 활용해야 한다고 주장하였다. 그는 2008년 미국발 금융위기가 자본주의의 네 번째 단계로 전환하는 징표라고 주장하며 정부의 정책을 탄력적으로 운용하고 기업의 사회적인 책임을 통한 지속가능한 경영을 확산시켜야 한다고 하였다.

| 표 1-2 | 자본주의의 발전

자본주의 1.0	자본주의 2.0	자본주의 3.0	자본주의 4.0	자본주의 5.0
고전자본주의 19C 초~ 1930년대	수정자본주의 1930년대 초~ 1970년대	신자유주의 1970년대 말~ 2000년대 초	따뜻한 자본주의 2008년~	공유가치 자본주의 2015년~
애덤스미스 **자율기능** "정부는 시장에 개입하지 않는다."	존 케인즈 **정부의 적극적인 시장개입** "정부가 경제를 살렸다."	밀턴 프리드리먼 **시장과 기업중심** "시장은 언제나 옳다."	아나톨 칼레츠키 **공생의 생태계 정부시장의 협업**	마이클 포터 **사회적 공유 가치 창출**

5
사회적경제의 등장

인간의 욕망으로 쌓아 올린 거대한 자본주의 체제 안에서 빈부격차, 사회적 양극화 등의 사회문제는 어쩔 수 없는 숙명일지도 모른다. 그동안 수많은 정부에서 이의 해결을 위하여 정치적으로나 제도적인 노력을 시도했지만 그다지 효과가 크지 않았고 사람들은 낙수효과와 같은 시장의 자율기능도 더 이상 믿지 않게 되었다.

그동안 사람들은 승자가 모든 것을 갖는 시장경제에서 '가계부채의 급상

승', '경제 양극화', '서민경제 위기' 등의 사회문제를 해결하기 위하여 모두가 행복해지는 사회혁신의 길을 모색하였다. 그 대안으로서 경쟁과 이윤추구보다는 문제 해결에 주안점을 두는 사회적경제에서 희망을 찾으려 하고 있다.

사회적경제는 사람과 사회를 생각하는 경제체제로서 성장을 통한 분배가 작동하지 않는 지금의 시장경제를 비판하고 경제적 · 사회적 약자와 동반성장을 모색하는 경제이다. 사회적경제의 목적으로는 공동체의 보편적 이익과 구성원들의 민주적인 의사결정, 노동 중심의 수익배분, 사회 및 생태계의 지속가능성 등의 가치를 추구하는 경제개념으로 사회적경제 활동에 참여하는 주체들의 협동과 연대, 신뢰가 필수적이다.

| 표 1-3 | 사회적경제의 목적

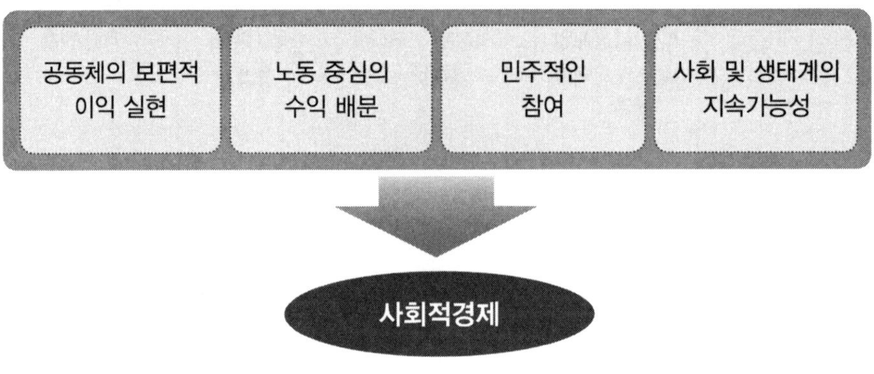

사회적경제는 〈사회 구성원 간의 협력을 바탕으로 재화와 용역의 생산과 판매를 통해 사회적 가치를 창출하는 민간분야의 모든 경제적 활동으로 기존 사회서비스 개선, 취약계층[11]의 일자리 창출, 지역공동체 상생 등 다양한 사회적 가치의 실현을 추구하는 것〉으로 정의[12]된다. 이것은 경쟁 중심에서 벗어나 협력과 연대를 지향해 우리 사회가 마주한 여러 가지 사회적 문제를 풀어가는 데 중요한 역할을 하는 사회혁신의 수단으로 주목을 받고 있다.

사회적경제의 다양한 정의

사회적경제에 대하여 보편적으로 합의된 정의는 없지만 제도적인 관점에서 각 사회적경제 주체들을 열거하여 설명하는 방식과 사회적가치가 표방하는 가치와 이를 실현하는 각 주체의 운영원리를 정의하는 방식으로 나눌 수 있다.

- EU : 참여적 경영 시스템을 갖춘 협동조합, 상호공제조합, 사단, 재단 등이 사회적 목적을 추구하기 위한 경제적 활동
- OECD : 국가와 시장 사이에 존재하는 조직에 내재된 것으로 사회적 / 경제적 요소를 동시에 추구하는 것
- 캐나다 퀘벡 : 사회적 목적을 달성하기 위해 '6대 원칙'에 따라 운영되는 기업의 경제활동

---

11) 사회적기업육성법에서 정하는 '취약계층'
1. 가구 월평균 소득이 전국 가구 월평균 소득의 100분의 60 이하
2. 「고용상 연령차별금지 및 고령자고용촉진에 관한 법률」 제2조 제1호에 따른 고령자
3. 「장애인고용촉진 및 직업재활법」 제2조제1호에 따른 장애인
4. 「성매매알선 등 행위의 처벌에 관한 법률」 제2조 제1항 제4호에 따른 성매매피해자
5. 「청년고용촉진 특별법」 제2조 제1호에 따른 청년 중 또는 「경력단절여성등의경제활동 촉진법」 제2조 제1호에 따른 신규고용촉진 장려금의 지급대상이 되는 사람
6. 「북한이탈주민의 보호 및 정착지원에 관한 법률」 제2조 제1호에 따른 북한이탈주민
7. 「가정폭력방지 및 피해자보호 등에 관한 법률」 제2조 제3호에 따른 피해자
8. 「한부모가족 지원법」 제5조 및 제5조의2에 따른 보호대상자
9. 「재한외국인 처우 기본법」 제2조 제3호에 따른 결혼이민자
10. 「보호관찰 등에 관한 법률」 제3조 제3항에 따른 갱생보호 대상자
11. 다음 각 목의 어느 하나에 해당하는 사람
    가. 「범죄피해자 보호법」 제16조에 따른 구조피해자가 장해를 입은 경우 그 구조피해자 및 그 구조피해자와 생계를 같이 하는 배우자, 직계혈족 및 형제자매
    나. 「범죄피해자 보호법」 제16조에 따른 구조피해자가 사망한 경우 그 구조피해자와 생계를 같이 하던 배우자, 직계혈족 및 형제자매
12. 그 밖에 1년 이상 장기실업자 등 고용노동부장관이 취업 상황 등을 고려하여 「고용정책 기본법」 제10조에 따른 고용정책심의회(이하"정책심의회"라 한다)의 심의를 거쳐 취약계층으로 인정한 사람

12) 사회적경제 활성화 방안('17.10), 대한민국 정책브리핑('18.1)

| 표 1-4 | 사회적경제 조직의 특징

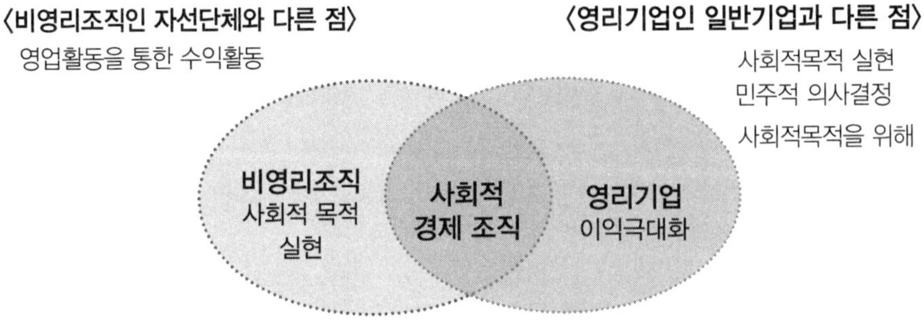

- 그레이스톤 베이커리 : "우리는 빵을 굽는 일을 하는 것이 아니라 삶을 바꾸는 사업을 한다."
- 위캔 공통체 : "우리는 쿠키를 만들기 위해 장애인들을 고용하는 것이 아니라 장애인을 고용하기 위해 쿠키를 만든다."

6
공유경제 vs 구독경제

공유경제

공유경제(Sharing Economy)는 2008년 세계 금융위기 이후, 미국 하버드대의 로렌스 레식(Lawrence Lessig) 교수에 의해 처음 사용된 말로, 한 번 생산된 재화를 여러 사람이 서로 빌려주고 나누어 쓰는 경제활동 방식을 의미한다. 공유경제의 주요 운영방식으로 상호협력을 중요하게 여기고 지역사회나 특정 공동체 구성원의 이익을 위해 공동의 가치를 추구하는 등 사회적경제와 동일한 지향점을 갖고 있다.

공유경제는 소유 중심의 소비방식에서 벗어나 협력적인 생산과 소비가 결합한 공유 중심의 경제활동으로 본질적으로 사회적 가치가 내재되어 있는 비즈니스 모델이다. 생산과 소비의 경계가 모호한 형태의 공유경제는 과잉된 잉여 자원을 공유하여 환경을 보호한다는 사고가 발전된 모델로 UN의 지속가능개발목표(SDGs)와 강력한 커뮤니티의 형성으로 고유의 생태계로 자리를 잡았다. 최근 눈부시게 발달한 정보통신서비스는 광범위한 수요자와 공급자 간의 연결이 용이할 뿐만 아니라 거래의 편의성을 높이고 비용을 줄이는 등 공유경제의 생태계를 활성화하는 데 크게 기여하였다.

공유경제는 2008년 세계 경제의 위기로 저성장, 취업난, 가계소득 저하 등의 사회문제가 대두된 상황에서 Airbnb, Uber와 같은 공유경제 기반의 기업이 출현하면서 확산되었고 전환 흐름이 조성되었다. 정보와 소유의 비대칭을 해소하는 공유경제의 영역은 집, 자동차와 같은 물리적인 재화의 공유에서부터 소유자의 경험과 지식의 공유와 공유를 서비스하는 플랫폼의 영역에 이르기까지 새로운 소비와 비즈니스의 형태로 확대되어 가고 있다.

그렇지만 이러한 플랫폼 경제는 '협력적 소비에 의한 공익적 가치를 실현하는' 처음의 의도와는 다르게 공급자와 이를 필요로 하는 수요자 사이를 연결해주는 플랫폼 사업자에게 부가 집중되는 형태로 변질되었다. 더군다나 새로운 제품을 창출이 아닌 기존의 제품을 공유하여 사용하는 체제로서 공유경제는 기존의 생산자나 소비자들과의 갈등을 유발하는 모델로 인식하게 되었다.

구독경제

'공유경제'가 기존의 산업체계와 갈등을 일으켰다면, '구독경제'는 기존의 산업체계 안에서 새로운 방식으로 전환하려는 과정에서 대두되었다. 기존의 사업자는 자신들의 제품이나 서비스를 판매한다는 방식은 동일하지만 제품을 사용할 때마다 사용 권한을 소비자에게 부여하는 방식으로 운영체계를 바꾼 것이다.

한 번의 지불로 자신들의 제품이나 서비스의 소유권을 소비자에게 넘겼다면, 이제 일정 이용 기간만큼 구독료를 지불하면 제품이나 서비스의 사용 권한을 소비자에게 부여하는 방식으로 판매 방식을 바꾼 것이다. 기존의 산업 주체가 주도하는 변화이므로 사회적 갈등이 유발되지 않으며 오히려 기존 산업의 발전 모델로 전개될 수 있다.

| 표 1-5 | 전통적인 비즈니스 모델 vs 구독 비즈니스 모델

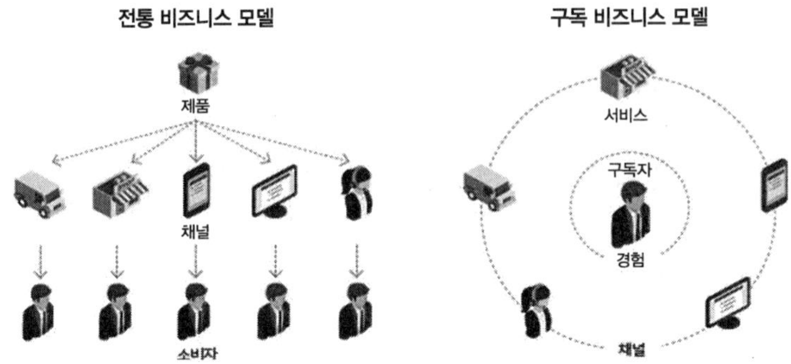

전통적인 비즈니스 모델의 중심이 기업의 가용 채널을 최대한 활용하여 제품을 판매하는 데 집중하였다면, 구독 비즈니스 모델은 고객이 최상의 경험을 누릴 수 있도록 제품과 서비스를 향상시키고 조정한다. 유통채널도 이에 맞게 활용된다.

우리는 과거에는 집을 사고 자동차를 소유하기 위하여 열심히 일하였다. 그러나 최근 소비들의 경향은 소유 자체의 의미보다는 경험이 중시되고 있으며 사용한 만큼만 지불하는 스마트한 소비 형태를 보이고 있다. '공유경제'와 '구독경제'는 '소유를 넘어 경험'을 중시한다는 공통된 의미가 있지만 두 모델은 경험을 제공하는 방식에서 차이를 보인다. '공유경제'가 앞서 말했듯이 플랫폼을 통하여 공급자와 수요자 간의 중계자 역할을 했다면, '구독경제'는 공급자가 수요자에게 사용한 만큼의 경험을 대가를 부여하는 방식이라 할 수 있다.

'구독경제'에서 소비자는 제품에 대한 선택의 폭이 넓어져서 자신만의 기호와 가치관에 맞는 서비스를 만날 수 있는 기회가 많아졌을 뿐 아니라 사용한 만큼만 비용을 내는 구조로 경제적 부담에서도 비교적 자유로울 수 있다. 공급자 측면에서도 구독화를 통하여 제품이나 서비스의 가치와 경쟁력을 높일 수 있어 향후 비즈니스의 세계에서 큰 변화를 선도할 것으로 예상된다.

7

사회적경제와 UN의 지속가능발전목표
(Sustainable Development Goals, SDGs)

UN은 2030년까지 인류가 달성해야 할 새로운 국제적인 공동목표로서 17개 이슈의 '지속가능발전목표(SDGs, 2016~2030년)'를 수립하였다. 지속가능발전목표(SDGs)는 빈곤을 퇴치하고 지구를 보호하며 모든 사람이 평화와 번영을 누릴 수 있도록 촉구하는 전 세계적인 행동강령이다. SDGs의 17개 목표는 그동안의 새천년 목표(MDGs)[13]의 성공에 이어 기후변화, 경제적 불평등, 혁신, 지속가능한 소비, 평화 및 정의와 같은 새로운 분야를 우선순위에 포함하고 있다.

| 표 1–6 | 지속가능발전목표 (Sustainable Development Goals, SDGs)

2015년 제 70차 UN총회에서 2030년까지 인류가 달성하기로 결의한 의제인 '지속가능발전목표(SDGs : Sustainable Development Goals)'는 지속가능발전의 이념을 실현하기 위한 인류 공동의 목표로 '단 한 사람도 소외되지 않는 것(Leave no one behind)'이라는 슬로건과 함께 인간, 지구, 번영, 평화, 파트너십이라는 5개 영역에서 인류가 나아가야 할 방향성을 17개 목표와 169개 세부 목표로 제시하고 있다.

최근의 국제개발협력 이슈는 빈곤 문제에서부터 다양한 사회경제적 문제들과, 기후변화라는 거대한 자연환경 문제까지 서로 긴밀하면서도 복잡하게 연계되어 있다. 개발협력과 사회적경제는 모양은 다르지만 비슷한 목적지를 향해 가는 두 바퀴와 같다. UN은 SDGs를 달성하기 위하여 경제적 가치와 사회적 가치를 동시에 추구하는 사회적경제 조직을 중요한 SDGs 이행 수단으로 보고 있다. 이에 따라 개발협력분야의 현장에서는 사회적경제를 매개로 다양한 실험들이 진행되고 있다.[14)]

SDGs 선언은 지구촌 전체의 지속 가능한 발전을 목표로 하는 국가 단위의 이행계획을 세우고 지역, 지방, 지역공동체로의 목표 이행을 전제로 하고 있다. SDGs는 전통적인 영역인 경제, 사회, 환경뿐만 아니라, 이 영역들을 가로지르는 사회정의, 평화, 인권, 거버넌스 등 정치적 차원까지 포함하는 포괄적인 인류 문제의 해결과제로 제시되고 있다.

이러한 SDGs는 많은 부분에서 사회적경제가 추구하는 가치와 일치하거나 접점을 가질뿐더러 모든 목표에 밀접하게 관련되어 있어 SDGs의 달성 수단으로써도 사회적경제가 더욱 주목을 받고 있다. 국제노동기구(International Labor Organization, ILO)는 설립 100주년을 기념하는 결의문(2019년 6월 발표)에서 좋은 일자리와 지속가능발전목표(SDGs) 성취의 중요 전략으로 사회적경제를 강조했으며, UN 사회연대경제(사회적경제) 태스크포스(UNTFSSE)는 SDGs 실현을 위한 사회연대경제(사회적경제) 지식허브를 구축 · 운영하고 있다. 또한 국제협동조합연맹(International Co-operative Alliance, ICA)는 2019 총회에서 SDGs 실현을 위한 공동행동의 핵심 행위자로 협동조합의 역할을 역설하기도 하였다.[15)]

---

13) 2000년 9월, 뉴욕 유엔 본부에서 열린 밀레니엄 정상회의에서 세계 189개국 정상이 모여 새천년선언(Millennium Declaration)과 함께 발표한, 전 세계가 합의한 새천년국제개발의 가이드라인으로 "밀레니엄 개발목표" 라고도 한다.

14) 박종남, 사회적경제미디어, SDGs의 개별목표 이해와 사회적경제 (2020.08.21.)

15) 한국사회적기업진흥원, 한국의 사회적경제 (2019. 12.)

| 표 1-7 | 사회적경제의 특징과 SDGs의 접점

사회적경제의 특징	지속가능발전목표
공정한 고용창출, 경제적 자원에 대한 권리 증진, 사회서비스에 대한 접근성 강화, 민주주의적 참여	1, 5, 10, 16
생산자 조합화, 도시 농업, 공정 무역, 대안적 먹거리 네트워크	2
보건, 노인 케어, 육아, 장애인 케어, 교육, 훈련	3, 4
여성의 활발한 참여를 통한 임파워먼트	7, 8, 9, 10
사회적, 에너지, 금융 인프라 그리고 고용	7, 8, 9, 10
도시 마을 재상과 참여적 거버넌스	6, 11
지속 가능한 농업과 자연자원 관리	14, 15
리싸이클링, 재활용	7, 12, 13
비공식 부분의 공식화, 시장 경제와의 접점	8, 10, 1, 16, 17

* 출처 : 이일청, 사회연대경제와 SDGs 17개 목표와의 연계, UN사회개발연구소(2017)

8
우리나라의 사회적경제

우리나라의 사회적경제는 1990년대 이후 빈민 지역을 중심으로 하는 생산공동체 운동 등 민간의 자생적 활동 경험에서 시작되었고, 보건복지부의 자활사업 등 정부의 활성화 정책과 결합하는 제도화 과정을 거치면서 본격적으로 발전하기 시작했다.

1997년 외환위기 이후 급속히 증가한 실업률과 소득 양극화와 같은 사회문제를 대응하고 지역공동체의 회복을 위하여 공공근로사업, 국민기초생활보장법(2000), 사회적일자리사업(2003) 등 다양한 사회적경제 정책이 추진되었다.

사회적기업육성법의 제정(2007)과 함께 마을기업육성정책이 수립(2011)되면서 일자리를 만들고 사회적인 서비스를 제공하는 등 지역사회에 공헌하고 지역주민의 삶의 질을 높이는 다양한 사회적기업이 설립되었다. 오랜 염원이었던 협동조합기본법이 제정(2011)됨에 따라 사회적협동조합 등이 대안경제로서 다양한 협동조합의 설립이 가능하게 되었다.

지난 10여 년간 우리나라의 사회적경제는 사회적경제 기업과 그들 간의 네트워크의 숫자만 보더라도 급격한 성장을 이루었다. 경제활동의 주체도 초기의 저소득 취약계층으로 한정되었던 참여자에서 청년, 가정주부, 기업의 퇴직자 등으로 다채로워졌다. 무엇보다도 참여자들이 근로자들에서 경영자로서 정체성을 갖게 되었고, 더욱 더 역량이 성장하여 지도자로서 역할을 수행하는 사람들도 많아졌다.

| 표 1-8 | 우리나라 사회적경제 현황(사회적기업진흥원, 2019)

각 부처별 지원정책에 따라 지속적으로 발전해 온 4대 주요 사회적경제 기업의 경우 2018년 기준, 약 2만 개, 취업자 수는 11만 명을 넘어섰으며, 사회적경제 성장의 마중물 역할을 하는 정책금융 규모도 약 2천억 원에 육박하며 그 규모를 키워가고 있다. 그렇지만 우리나라의 사회적경제기업 고용 비중이 1.4%로 EU 국가들의 평균(6.5%)에 비해 현저히 낮은 수준에 불과(2015년 기준)하여 사회적경제 생태계의 활성화를 위한 다양한 전략을 모색하고 있다.

우리나라의 사회적경제 조직의 유형은 정부의 지원정책과 관련 법령 등에 의하여 사회적기업과 협동조합, 마을기업, 자활기업 등으로 분류되는데 각 사회적경제 조직은 소관 부처별 정책목표에 따라 효과적인 지원체계가 갖춰져 있다.

| 표 1-9 | 제도적인 관점에서 우리나라 사회적경제의 분류

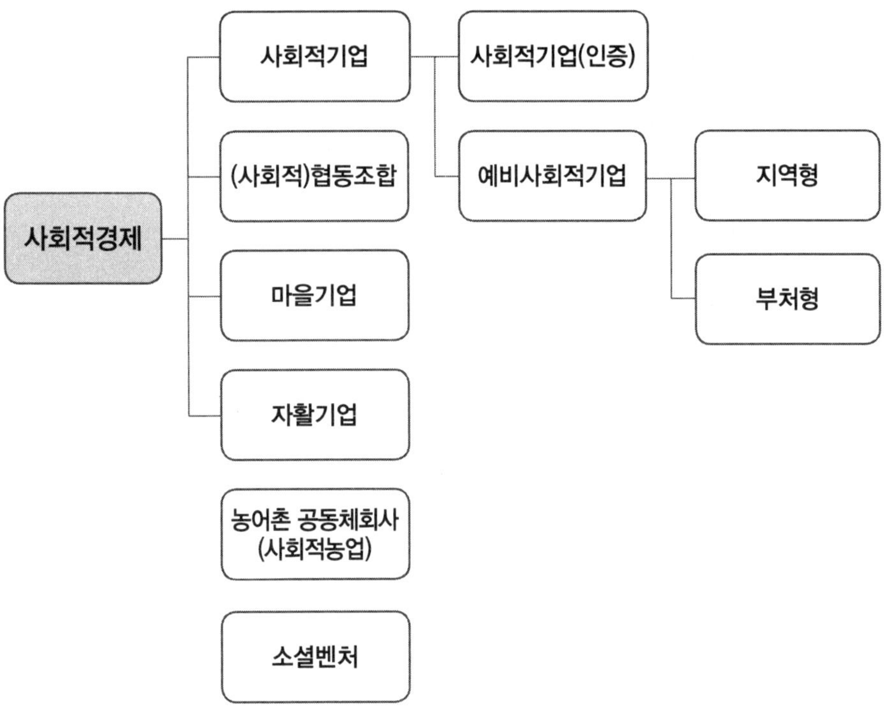

| 표 1-10 | 우리나라 사회적경제의 발전과정(사회적기업진흥원, 2019)

연도	내용
1990년대 초	빈민지역을 중심으로 한 생산공동체 운동
1990년대 후	장애인 재활 및 자립사업
1996년	보건복지부 자활사업 시작
1997년	외환위기, 공공근로 시작, 실업대책사업
1998년	소비자생활협동조합법 시행
2000년	국민기초생활보장법 시행 재활지원사업의 제도화
2003년	사회적일자리사업 (저소득층의 사회서비스 제공 및 실업 / 양극화 문제해결)
2007년	사회적기업육성법 시행
2008년	제1차 사회적기업 육성 기본계획
2010 ~ 2011년	관계부처 협동 사회적기업 활성화 방안 마련
2010년	자립형 지역공동체사업 (마을기업)으로 시범 도입 한국사회적기업진흥원 설립(12.31.)
2012년	제2차 사회적기업 육성 기본계획 협동조합기본법 시행
2013년	제1차 협동조합 기본계획
2017년	제2차 협동조합 기본계획 대통령실 내 사회적경제비서관 신설 사회적경제 활동화 방안
2018년	사회적금융 활성화 방안 종합계획 자활기업 활성화 대책 제3차 사회적기업 육성 기본계획
2019년	한국자활복지개발원 설립 지역공동체의 사회적경제 추진 역량 제고 방안

| 표 1-11 | 우리나라의 주요 사회적경제 조직

구 분	사회적기업	협동조합	마을기업	자활기업
소관부처	고용노동부	기획재정부	행정안정부	보건복지부
근거법령	사회적 기업육성법	협동조합 기본법	관련법령 없음 행정안전부 마을기업 육성 사업 시행지침	국민기초생활 보장법
시작연도	2007년	2012년	2011년	2012년[16]
주참여자	취약계층	이해당사자	지역주민	저소득층 (기초생활수급자 및 차상위자)
정책목표	고용창출, 사회 서비스 제공	새로운 법인격으로 시장경제 보완	지역공동체 활성화	탈빈곤 등
지원내용	인건비 및 사회보험료, 경영컨설팅, 세제 및 금융 혜택	협동조합상담 및 컨설팅, 교육 및 홍보	시설비, 경영컨설팅 등	인건비 지원
지원기관	사회적 기업진흥원	사회적 기업진흥원	마을기업 지원센터	자활복지개발원

16) 2000년 기초생활보장법이 제정되고 지역자활센터가 설립되어 자활사업을 운영하는 업체들을 '자활공동체'라는 이름으로 활동하다가 2007년 사회적기업육성법의 제정 이후로 사회적경제 관련 법적 근거가 계속해서 생성되는 과정에서 2012년 기초생활보장법의 개정시 '자활기업'으로 명칭을 변경

2 사회적기업과 제도의 이해

1 사회적기업의 소개

사회적기업과 제도를 설명하기 앞서서 이해를 돕기 위하여 몇 가지 사례를 소개하고자 한다. 이를 통하여 사회적기업가들이 어떻게 사회문제를 인식하고 사회적 임팩트를 실현했는지를 전하고자 한다.

1-1. 쓰레기 매립장을 문화와 예술이 꽃피는 희망의 땅으로 '라토후(La Tohu)'

캐나다의 몬트리올시 외곽에 있는 '세인트 미셀' 환경지구는 오랫동안 채굴했던 석회석 채석장의 수명을 다하자 이곳을 도시의 쓰레기를 처리할 수 있는 매립장으로 조성하자는 아이디어가 채택되었다. 시간이 지나면서 매립장의 수많은 쓰레기는 악취와 메탄가스뿐만 아니라 독성물질을 배출하는 등 주변을 오염시켜 주민들은 극심한 고통에 시달리게 되었다. 결국에는 쓰레기 매립을 중단하게 되었지만, 이 지역은 빈민계층이나 사회적으로 소외된 이들이 모여 사는 곳으로 전락하게 되었다.

황폐해진 이곳을 다시 희망이 있는 곳으로 바꾸기 위한 노력이 시작되었는데, 이곳 출신의 여성 무용가가 쓰레기 매립지였던 이곳을 문화공간으로 활용하자는 아이디어를 내면서부터이다. 그동안 대책 마련에 골치를 앓고 있던 시 당국은 이 제안을 받아들였고 1988년 매립지를 포함하여 60만 평의 땅을 사들여 지역 재생사업을 시작하였다. 몬트리올시는 단계적으로 이 지역에 공원을 조성하였고, 길거리 공연자였던 기 랄리베르테(Guy Laliberte)는 1984년 서커스와 길거리 공연을 접목한 '태양의 서커스'를 창안 · 설립하고 이곳을 서커스 예술의 교육 · 창작 · 생산 · 공연을 위한 세계적인 공연예술업체로 발전시켰다. 그 후 국립 서커스 학교와 서커스 전용극장이 설립되었고 이를 중심으로 캐나다 정부와 민간으로부터 자금지원을 받아 2004년 사회적기업인 라 토후(La Tohu)가 설립되었다.

라 토후는 서커스 산업을 세인트 미셸 지역의 문화와 스포츠 산업과 접목하여 도시 자체가 문화가 창출되는 도시로 변모시켰다. 아울러, 몬트리올을 국제 서커스 산업을 대표하는 예술도시로 발전시킬 뿐만 아니라 문화예술을 통하여 인간과 환경이 함께 발전하려는 미션을 동시에 수행하고 있다. 지역의 주민들에게도 서커스 산업과 환경산업 등에 참여할 수 있게 하여 이를 통한 일자리를 만들어 주민들의 삶의 질을 개선하는 등 지역경제의 발전을 도모하고 있다.

100% 재활용 자재로 세운
사회적기업 건물 전경

도시에서 가장 큰 쓰레게 매립지였던
프레데릭 백 공원

태양의 서커스(CIRQUE DU SOLEIL), 쿠자(KOOZA)

토후의 주민과 함께하는 프로그램

국립서커스학교의 졸업공연

1-2. 모두에게 공평한 의료서비스를 제공하는 '아라빈드(Aravind) 안과병원'

1970년대 인도의 시각장애인의 수는 1,200~1,400만 명의 규모로 대부분 50세 이후에 발생한 백내장이 주원인으로 그들 중 80% 이상은 제때에 치료를 받으면 회복될 수 있음에도 가난 때문에 적절한 치료를 받지 못하고 있었다. 평소에 이를 안타깝게 여기고 있던 안과의사 고빈다파 벤카타스와미(G. Venkataswamy)[17]는 1976년 58세의 나이로 은퇴하면서 이들

17) 고빈다파 벤카타스와미(Govindappa Venkataswamy, 1918–2006) 아라빈드 안과병원(Aravind Eye Hospitals)의 창립자이자 전 회장으로 불필요한 실명을 없애기 위해 평생을 바친 인도 안과 전문의. 'Dr V'로 널리 알려져 있음.

을 위해 여생을 마치기로 결심하였다. 그는 곧 인도의 작은 도시 마두라이에 있는 그의 집에서 병상 12개로 아라빈드 안과병원을 개설하였고, 하버드대학의 안과 교수로 있었던 여동생 나치아르(G. Natchiar)와 함께 부자나 가난한 사람이나 모두 공평한 의료서비스를 받게 하자는 목표로 안과병원을 운영하기 시작하였다.

아라빈드 안과병원은 모든 업무를 단순화, 표준화, 전문화가 적용된 컨베어벨트 방식의 표준화된 분업을 적용하여 전문성은 높아지고 서비스 속도가 빨라져 원가를 크게 낮출 수 있게 되었다. 그리하여 환자의 경제 수준에 따라 무료에서부터 적정한 비용을 청구하는 이원적 가격정책을 적용하고도 높은 품질의 의료서비스를 제공할 수 있는 체제를 갖추었다.

또한 1992년 아소카재단의 지원을 받아 렌즈제조업체인 오로랩(Aurolab)을 설립하여 백내장 수술에 필요한 인공수정체의 가격을 150달러에서 10달러 이하로 낮출 수 있게 되었다. 그 결과 환자의 3분의 2가 무료로 제공함에도 민간병원으로서 40% 이상의 영업이익율이 지속적으로 유지할 수 있었다.

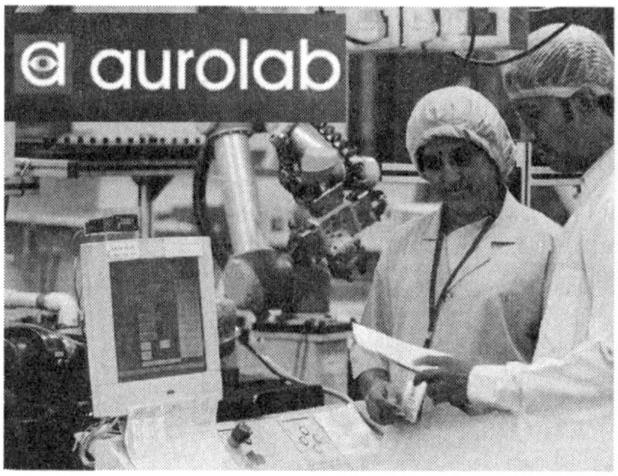

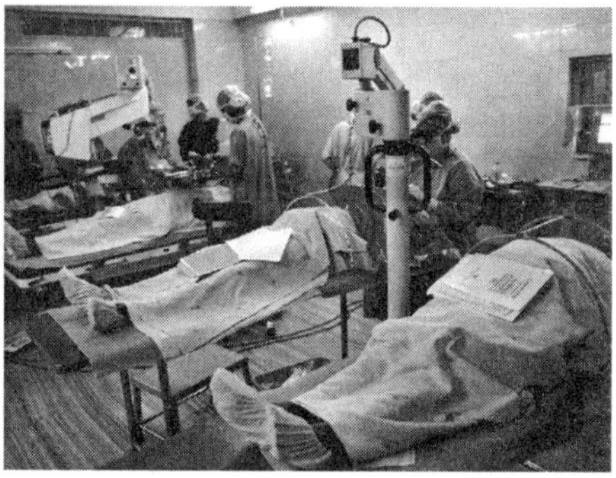

아라빈드 안과병원의 성과

- 5분 : 한 건의 백내장 수술 시간
- 2,000명 : 아라빈드 안과병원 의사 1명이 1년간 수술한 환자 수

• 3,200만 명 : 36년간 무료로 치료한 환자 수
• 4~5달러 : 렌즈 제조업체(오토랩) 설립으로 200~300달러의 인공수정체 가격을 낮춤
• 발전 : 14개의 체인 병원, 91개의 시력관리센터 등 인도의 대표 안과병원으로 성장

1-3. 이름보다 아름다운 쿠키를 만드는 착한 기업 '위 캔'

위캔은 노동할 수 있으나 일할 곳이 제한된 장애인들의 직업재활과 자립을 위해 다양한 쿠키를 만드는 사회적기업으로 2001년 천주교 '쎈 폴 수도원 유지재단'에서 설립하였고 2007년 노동부로부터 사회적기업으로 인증을 받았다. 위캔은 60여 명의 직원 중에 40명의 직원이 발달장애인으로 장애인에게 전인적인 재활 서비스를 제공하여 하나의 인격체로서의 성장과 경제적인 자립역량을 도모할 수 있게 하자는 운영철학을 갖고 있다.

위캔은 우리 밀 쿠키를 제조 · 판매하는 직업 재활사업으로 사회적기업으로 장애인이 사회인으로 경제적으로 자립할 수 있도록 성장을 돕는 사업이다. 위캔에서 만든 쿠키는 우리 밀, 국산 버터, 검은깨, 유기농 설탕, 유정란까지 대부분 국내산이며 유기농 제품의 재료를 사용하고 있고 국내외 전문가로부터 최고의 쿠키를 만드는 방법을 전수받는 등 재능기부를 통해 정직하고 좋은 제품을 생산하여 '아름다운 쿠키'로 불리기도 한다.

위캔의 다른 사업으로는 사회재활사업으로 우선 쿠키 제작의 직업 재활 교육을 시행하고 있고, 장애인의 사회적응 훈련, 위캔치료 공동체, 취업 상담, 부모교육, 기타 상담 등 다양한 프로그램을 통하여 장애인이 사회인으로 적응할 수 있는 역량을 길러주고 있다.

| 표 2-1 | 위캔의 미션과 비전

MISSION
"세상으로 가는 길, 위캔"

VISION
장애인직업재활시설을 선도하는 근로사업장으로 도약

생산성	경쟁력	직업재활	생활가치
생산시스템 구축	**전문성과 효율성 강화**	**직업재활시스템 구축**	**장애인 경제적 자립**
- 생산장비기능보강 - 생산성 향상 - 안정적인 물류관리 - HACCP 인증 - 업무 전산화	- 종사자 전문성 강화 - 종사자 멀티플레이어 - 운영예산확보 - 외부자원네트워크 강화	- 위캔센터 직업재활 매뉴얼 개발 - 세분화 된 사업 계획선 개발 - 근로장애인 직무 능력평가 시스템 개발 - 장애인직업재활 프로그램 개발	- 근로장애인 최소 근무시간 보장 - 근로장애인 최저 임금 보장 - 근로장애인 자립 생활 지원

위캔 홈페이지 발췌

2
사회적기업의 개념

사회적기업은 경제적 이윤만을 추구해 온 영리기업과는 달리 사회적인 가치를 주목적으로 재화나 서비스를 생산 · 판매하여 영업활동을 하는 기업을 말한다. 사회적기업은 다음의 자전거 그림과 같이 핸들에 연결된 앞바퀴는 기업의 목적과 방향성을 갖는 사회적 가치를 의미하고 페달과 연결된 뒷바퀴는 기업 본연의 생존과 영리인 경제적 가치를 의미한다고 할 수 있다. 이처럼 사회적기업은 사회적 가치실현이라는 방향을 유지하면서 지속적인 균형을 유지하는 기업이라고 할 수 있다.

제도적으로 "사회적기업"이란 취약계층에게 사회서비스 또는 일자리를 제공하거나 지역사회에 공헌함으로써 지역주민의 삶의 질을 높이는 등의 사회적 목적을 추구하면서 재화 및 서비스의 생산 · 판매 등 영업활동을 하는 기업으로서 사회적기업으로 인증을 받은 자를 말한다. (사회적기업육성법 제2조 제1호)

| 표 2-2 | 사회적기업의 영역

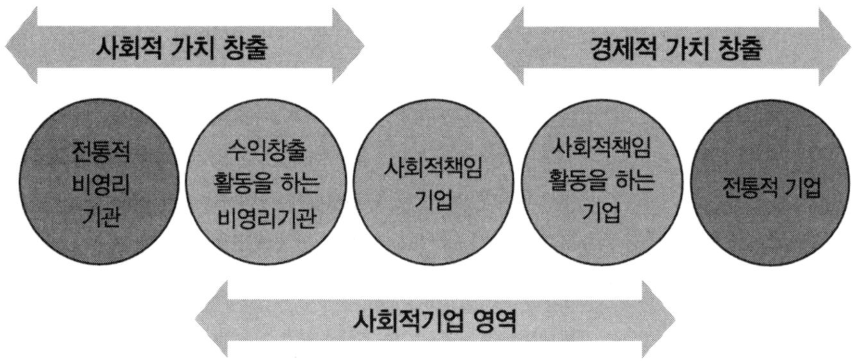

사회적기업을 단지 착한 일을 하면서 돈도 벌 수 있는 기업이라고 생각할 수도 있지만, 기업 경영의 측면에서 보면 사회적 가치실현이라는 방향성을 유지하면서 한편으로는 시장에서 영리기업을 상대로 경쟁한다는 일은 쉽지 않은 일이다. 또한, 사회적 가치실현만을 위해서 제도적으로 잘 준비된 전문적인 비영리조직에 비해서 고유의 가치를 실현하는 일 또한 어려운 일이다.

그동안 자본주의 사회에서 사회적 서비스와 같은 사회적인 책임은 정부와 같은 공공부문의 역할이었다. 어쩌면 지금처럼 다양한 사회적 요구와 함께 수많은 이해관계의 수요자가 직접 사업을 통하여 사회적 서비스를 실현하는 것이 더 자연스러울 수도 있다. 이러한 시대적인 상황은 사회적기업이 공동체의 보편적인 이익을 실현하면서 동시에 사업을 유지하여 사회적 서비스를 실현하는 핵심적인 역할이 되기를 요구하는 것이다.

이러한 사회적기업 운동은 그동안 유럽과 미주, 개발도상국 등 전 세계적으로 급격한 성장을 보이며 확산되어 왔다. 이미 유럽과 미주지역은 사회적기업과 관련한 법령과 정책 등의 제도가 정비되어 있으며, 사회적경제 조직의 창업률이 일반벤처의 창업을 상회하는 경우도 상당하다고 알려져 있다. 또한 세계적으로 '라토후'나 '아라빈드'와 같이 사회적 목적도 달성하고 영리적으로도 성공하고 있는 모범적인 사회적기업의 모델도 계속해서 출현하고 있다.

3 우리나라의 사회적기업

우리나라의 사회적기업은 1997년 IMF 외환위기 이후의 대규모 실업 상태와 같은 사회문제의 처방으로 정부 재정 지원의 일자리 창출 정책 등을 통하여 대두되었다. 그러나 이러한 정책이 안정적이고 지속적인 일자리로 연결되지 못하였고, 그 후 양질의 사회서비스 제공을 위한 대안으로 제3 섹터인[18] 사회적경제 조직의 육성방안이 적극적으로 모색되었다.

2007년에 제정된 사회적기업육성법은 사회적기업의 인증요건을 제시하고 국가와 지방자치단체 등의 책무와 지원에 관한 내용을 구체화하여 사회적기업의 제도적인 지원체제를 확보하게 되었다. 사회적기업육성법이 제정된 이후 10여 년이 지난 현재, 사회적기업의 수도 많아졌고 참여자들의 영역도 다양해지는 긍정적인 효과가 있었다. 이는 우선 사회적기업을 운영하는 당사자들의 헌신적인 노력이 작용했고 주효한 정부의 다양한 지원정책도 저변을 확산하는 데에 큰 역할을 하였다. 그렇지만 아직도 많은 국민들이 사회적기업을 잘 알지 못하며 주체자인 사회적기업도 취약계층에 쏠려있어 재무적인 어려움을 겪고 있으며 정책적인 지원을 받기 위해서만 운영된다는 인식도 한편으로는 정부의 주도적 지원정책에 무 비판적으로 순응하고 관계자들과 갈등을 빚지 않고 정부의 보조금 등으로 근근히 사업을 꾸려나가려는 심리도 있다고 볼 수 있다.

---

18) 제3 섹터는 정부부문인 제1 섹터와 민간영리 부문인 제2 섹터가 아닌 제3의 영역을 지칭하는 개념으로 비영리단체, NGO · NPO, 자선단체, 사회적기업, 협동조합 등 공익 활동을 목적으로 하는 법인을 통치하는 개념이다. 최근에는 이 중에서 '사회적경제 조직'을 분리하여 제4 섹터로 지칭하기도 한다. 'Dr V'로 널리 알려져 있음.

사회적기업의 생태계가 발전하기 위해서는 사회적기업의 주체자들이 창립 당시의 미션을 잊지 않고 시장을 헤쳐나갈 혁신적인 성장 전략을 마련하여야 한다. 제도적으로도 다양한 사회적기업 주체들이 본연의 역할을 다할 수 있도록 차별화된 육성정책이 필요하다고 생각한다.

| 표 2-3 | 사회적기업의 유형 - 사회적기업육성법

유 형	조직의 주된 목적	지정 조건
일자리 제공형	취약계층에게 일자리를 제공	전체 근로자 중 취약계층의 고용비율이 100분의 30 이상
사회서비스 제공형	취약계층에게 사회서비스를 제공	서비스를 제공받는 사람 중 취약계층의 비율이 100분의 30 이상일 것
혼합형	취약계층에게 사회서비스나 일자리를 제공	전체 근로자 중 취약계층의 고용비율과 서비스 수혜자 중 취약계층의 비율이 각각 100분의 20 이상일 것
창의 · 혁신형	도시재생, 친환경, 공정무역 등 다양한 방식으로 사회적 문제를 해결하는 것	사업 특성상 취약계층 고용 또는 사회서비스 제공 비율을 계량화하기 곤란한 경우
지역사회 공헌형	지역의 인적 · 물적 자원을 활용하여 지역 주민의 소득과 일자리를 늘리는 것	해당 조직의 전체 근로자 중 해당 조직이 있는 지역에 거주하는 취약계층의 고용비율이나 해당 조직으로부터 사회서비스를 제공받는 사람 중 지역 취약계층의 비율이 100분의 20 이상일 것

4
사회적기업의 인증

사회적기업으로 사업을 수행할 계획이라면 정부로부터 재정 · 경영 · 금융 · 세제지원 등 다양한 정책적인 지원을 받을 수 있는 사회적기업으로 인증을 받는 것이 좋다. 사회적기업의 인증은 사회적기업육성법에서 정한 요건을 갖추어 고용노동부 장관에게서 '사회적기업 인증서'를 발급받아야 한다. 이를 위해서 사회적 목적실현의 판단 근거로 인증신청 월 직전의 6개월간의 사업실적이 필요하다.(6개월 미만인 경우는 해당 기간 동안의 실적)

사회적기업의 인증신청은 사회적기업진흥원에서 연중[19]으로 접수하고 있으며 이에 대한 심사는 짝수 월(2,4,6,8,10,12월)에 실시하지만 신청건수가 많은 경우 탄력적으로 개최하여 실시하고 있다. 인증신청을 위해서는 권역별로 사회적경제지원센터를 운영하고 있으니 사전에 상담과 컨설팅 등을 지원받은 후에 신청하는 것이 효과적이다.

사회적기업의 인증 요건

1. 민법에 따른 법인 · 조합, 상법에 따른 회사, 특별법에 따라 설립된 법인 또는 또는 비영리민간단체 등 대통령령으로 지정된 조직의 형태를 갖춰야 한다.
2. 유급근로자를 고용하여 재화와 서비스의 생산 · 판매 등 영업활동을 하여야 한다.
3. 취약계층에게 사회서비스 또는 일자리를 제공하나 지역사회에 공헌함으로써 지역주민의 삶의 질을 높이는 등 사회적 목적의 실현을 조직의 주된 목적으로 하여야 한다.
4. 서비스 수혜자, 근로자 등 이해관계자가 참여하는 의사결정 구조를 갖추어야 한다.
5. 영업활동을 통하여 얻는 수입이 노무비의 50% 이상이어야 한다.
6. 사회적기업육성법 제9조에 따른 사항에 대한 정관이나 규약 등을 갖추어야 한다.

19) 2021년에는 1.14일 공고 ~ 12.24(금) 까지 접수

7. 회계연도별로 배분 가능한 이윤이 발생한 경우에는 이윤의 3분의 2 이상을 사회적 목적을 위하여 사용하여야 한다.

| 표 2-4 | 사회적기업의 인증절차

	절차	주관기관
1	인증계획의 공고	고용노동부
2	상담신청 및 컨설팅	권역별 통합지원기관, 사회적기업진흥원
3	인증신청 및 접수	사회적기업진흥원
4	신청서류 검토 및 현장실사 계획 수립	사회적기업진흥원
5	현장 실사	사회적기업진흥원, 권역별 지원기관
6	중앙부처 및 광역자치단체 추천	사회적기업진흥원 ↔ 중앙부처, 광역자치단체
7	검토보고자료 제출	사회적기업진흥원 ↔ 고용노동부
8	인증심사	고용노동, 사회적기업육성전문위원회
9	인증결과 안내 및 인증서 교부	고용노동부, 고용센터, 사회적기업진흥원

사회적기업의 혜택

- 세제 및 보험 혜택
  - 법인세 / 소득세 : 3년간 100% 면제, 이후 2년간 50% 감면
  - 취득세 / 등록세 : 50% 감면
  - 재산세 : 25% 감면
  - 부가가치세 : 사회적기업이 제공하는 의료보건 및 교육 용역일 경우 100% 면제
  - 4대 보험 : 4년간 사업주 부담분 일부 지원(월 50만원 한도)

- 경영지원
  - 성장단계에 따른 맞춤형 컨설팅 지원
  - 공공기관, 자치단체 등 사회적기업 생산품 및 서비스 우선 구매권고
  - 전문인력(회계, 마케팅 등) 고용 인건비 지원
  - 사업개발비 지원(연간 1억원 / 최대 3억원)
  - 설립 · 운영에 필요한 부지구입비, 시설비(융자 / 임대) 지원

※ 사회적기업의 혜택은 매년 정부의 정책 등에 따라 차이가 있을 수 있음.

5 예비사회적기업

사회적기업의 인증기준을 충족하지 못했다면 '예비사회적기업' 제도를 활용하는 것이 좋다. 예비사회적기업이란 사회적기업의 '예비' 단계를 뜻한다. 사회적기업으로 인증을 받으면 좋겠지만 이제 막 설립된 신생기업의 입장에서 이의 요건을 모두 갖추기에는 어려운 점이 있어 이를 보완하고자 2011년부터 도입된 제도다.

예비사회적기업은 사회적 목적을 장려하는 차원에서 일부 요건을 갖추지 못해 사회적기업으로 인정받진 못했지만, 향후 사회적기업이 될 가능성이 충분한 기업에게 3년간 지원 혜택을 주자는 취지이다. 그러므로 제도의 목

적상 지정 기간인 3년의 기간 내에 미흡한 인증요건 등을 보완하여 사회적기업으로 전환을 권고하고 있다. 물론 사회적기업으로의 전환은 선택사항으로 전환하지 않는다고 해도 불이익은 없다.

예비사회적기업도 전문인력에 대한 인건비 등의 지원과 경영컨설팅, 사업개발비 등을 지원받을 수 있는 혜택이 주어진다. 예비사회적기업으로 지정되면 저금리 대출을 받기에도 용이하고, 공공기관의 우선 구매대상이 될 확률도 높아 실제 대부분 예비사회적기업의 단계를 거쳐 인증사회적기업으로 나아가고 있다.

예비사회적기업은 지방자치단체장이 지정하는 '지역형'과 정부 부처가 지정하는 '부처형'으로 분류한다.

지역형 예비사회적기업

사회적 목적의 실현과 영업활동을 통한 수익 창출 등 사회적기업의 인증을 위한 최소한의 법적 요건을 갖추고 있으나 수익구조 등 일부 요건이 충족하지 못한 기업을 지방자치단체장이 예비사회적기업으로 지정한 기업을 말한다.

부처형 예비사회적기업

사회적 목적의 실현과 영업활동을 통한 수익 창출 등 사회적기업의 인증을 위한 최소한의 요건을 갖추고, 정부 중앙부처 소관별로 특화사업육성을 위한 별도의 지정요건을 준수하여 부처형 예비사회적기업으로 지정된 기업을 말한다.

| 표 2-5 | 예비사회적기업의 지정절차[20]

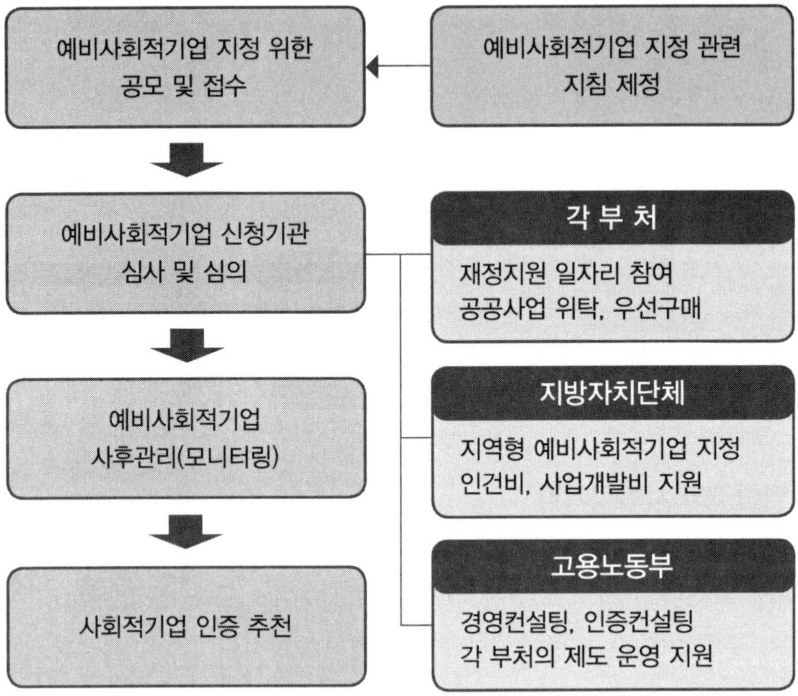

예비사회적기업의 혜택

예비사회적기업은 사회적기업과 같이 세제에 대한 혜택은 없으나 성장단계에 따른 컨설팅 지원, 공공기관에 사회적기업 제품 우선 구매, 전문인력의 인건비, 사업개발비 지원, 설립 · 운영에 필요한 부지 구입비와 시설비 등과 같은 경영지원 부문은 사회적기업과 동일한 지원을 받을 수 있다.

---

20) 예비사회적기업 인증은 광역자치단체 및 관할부처에서 비정기적으로 공모하므로 한국사회적기업진흥원 홈페이지(www.socialenterprise.or.kr) 공지사항을 통해 수시로 확인해야 한다. 신청접수 이후 사회적기업의 인증과 마찬가지로 전문의회 또는 심사위원회의 심사를 통해 지정 여부를 결정하게 된다.

| 표 2-6 | 사회적기업의 인증요건 및 예비사회적기업의 지정요건[21]

<table>
<tr><th rowspan="2">구분(요건)</th><th rowspan="2">사회적기업(인증)</th><th colspan="2">예비사회적기업(지정)</th></tr>
<tr><th>지역형</th><th>부처형</th></tr>
<tr><td>근 거</td><td>사회적경제육성법</td><td>조례, 규칙</td><td>지침</td></tr>
<tr><td>주 체</td><td>고용노동부장관</td><td>광역단체장</td><td>관련부처장</td></tr>
<tr><td>신 청</td><td>상시신청</td><td colspan="2">신청일정 공고</td></tr>
<tr><td>유 효 기 간</td><td>인증취소 또는 반납시까지</td><td colspan="2">3년</td></tr>
<tr><td>재정지원(최대)</td><td>3년</td><td colspan="2">2년</td></tr>
<tr><td>① 조직형태</td><td>상법상 법인, 민법상 영리법인 등</td><td colspan="2">좌동</td></tr>
<tr><td>② 유급근로자 고용을 통한 영업활동의 수행</td><td>- 일자리제공형은 직전 6개월 평균 3명 이상 고용
- 일자리제공형 외 유형은 전월 말 기준 1명 이상 고용</td><td colspan="2">- 일자리제공형은 전월 말 기준 1명 이상 고용
- 일자리제공형 외 유형은 유급근로자 불요</td></tr>
<tr><td>③ 사회적 목적실현</td><td>신청월 직전 6개월 간의 사회적 목적 실현 실적 보유</td><td colspan="2">신청월 직전 3개월 간의 사회적 목적 실현 실적 보유 (3개월 미만 시 해당 기간 동안의 실적)</td></tr>
<tr><td>④ 의사결정구조</td><td>이해관계자가 참여하는 의사결정구조</td><td colspan="2">-</td></tr>
<tr><td>⑤ 영업활동을 통한 수입</td><td>매출액이 노무비의 50% 이상 (실적증빙)</td><td colspan="2">-</td></tr>
<tr><td>⑥ 정관, 규약</td><td>정관, 규약은 접수 마감일까지 공증받아 제출</td><td colspan="2">좌동</td></tr>
<tr><td>⑦ 이윤의 2/3 이상을 사회적 목적을 위해 재투자</td><td>정관, 규약은 접수 마감일 까지 공증받아 제출</td><td colspan="2">좌동</td></tr>
</table>

21) 사회적기업의 지원제도는 부록 1의 '사회적기업 지원제도' 참조, 세부 내용은 매년 고용노동부에서 발표하는 '202x 사회적기업 인증 업무지침' 을 참고

예비사회적기업의 의사결정 구조를 완화한 것은 기업의 조직체계가 법적인 규제와 정관 등의 요구 조건을 완벽하게 준수하지 않아도 용인할 수 있다는 의미이나 기본적으로 일반적인 영리기업의 조직체계는 갖추는 것이 좋다. 또한 영업활동을 통한 수입 조건의 완화는 예비사회적기업의 경우 다수의 중소기업처럼 노무비가 지출액의 대부분인 현실을 반영한 것이다.

사회적기업가 육성사업

사회적기업가 육성사업은 사회적경제 기업 창업에 관심 있는 청년층 등에게 일정기간 창업의 전 생애과정을 지원 · 육성하는 사업이다. 사회적기업의 창업 및 육성과 관련된 제반 인프라를 보유한 전국의 창업지원기관을 통해서 창업자금, 창업공간, 멘토링, 교육 등의 지원과 함께 상시적이고 전문적인 창업 인큐베이팅 서비스를 제공한다. 보통 3명 이상의 팀 단위의 예비창업팀을 대상으로 모집하는데, 모집공고 마감일 기준으로 개인 · 법인 사업자 설립을 하지 않은 곳이라면 신청할 수 있다. 2021년 모집공고(붙임 1 자료 1 참조)

3 협동조합의 의미와 운영원리

협동조합은 모든 사회적경제의 원형(prototype)이라 할 수 있다. 사회 · 경제적으로 어려운 사람들이 힘을 모아서 사업을 통하여 지위향상과 권익을 옹호하며 발전을 이루었기 때문이다. 그러므로 협동조합은 내부적인 의사결정 과정이 민주적이고, 시장경제에서 경제질서를 회복하고 지역사회 발전에도 일익을 담당하며 성장하여 왔다. 다양한 협동조합 중에서 사회적협동조합이 이 책의 주 대상이기는 하지만 이 장에서도 협동조합에 대한 이해를 돕기 위하여 여러 협동조합을 소개하면서 장을 시작하려 한다.

1 협동조합의 소개

1-1. 축구클럽 그 이상을 꿈꾸는 FC 바르셀로나 축구협동조합

FC 바르셀로나 축구클럽(이하 바르사)은 약 20만 명의 조합원으로 구성된 축구협동조합이다. 1899년 스페인 바르셀로나를 연고지로 창단한 이후, 바르사는 전 세계 어디서든 누구나 연회비 177유로(약 22만원)를 내면 조합원이 될 수 있다. 조합원 중에 1년 이상을 활동하면서 18세 이상이면 최고 의사결정기구인 총회에 참석하여 6년마다 바르샤의 축구경기장인 캄프 누(Camp Nou)에 모여서 클럽의 회장을 뽑을 수 있다. 즉, 이들은 그들이 지지하는 축구클럽의 단순한 서포터가 아닌 실제 바르셀로나 협동조합의 조합원이자 주인이라고 할 수 있는 것이다.

바르사는 '클럽 이상의 클럽(més que un club)'을 모토로 우승의 트로피보다 조합이 추구하는 겸손, 열정, 팀워크 및 존중 등과 같은 축구의 근본적인 가치와 경기장 안팎에서 인정받는 인재를 육성하는데 더 많은 투자를 하고 있다. 이러한 정신이 있었기에 성장 호르몬 장애를 앓던 아르헨티나의 13세의 소년 메시가 전 세계의 유소년에게 무료로 운영되는 바르샤의 축구교육 프로그램을 통하여 세계적인 선수로 성장할 수 있었다.

철저한 시장경제 논리가 작용하는 다른 프로축구 클럽과는 다르게 바르샤는 유니폼에 광고 대신에 'Unicef' 로고를 부착하면서 대가를 받는 대시 후원을 하였고, 공식 페이스북에 우리나라의 세월호 추모의 글을 계속 게시할 수 있었던 것은, 수익의 창출보다는 인류의 보편적인 가치를 중시하는 협동조합이기 때문에 가능하였다고 할 수 있다.

대표적인 협동의 스포츠인 축구에는 바르샤 뿐만 아니라 레알 마드리드, 포르투갈의 벤피카도 모두 협동조합이며, 우리나라의 경우 '청주 CITY FC'와 2021.1월 창단한 '부산 FC' 등도 모두 사회적협동조합으로 운영되고 있다.

1-2. 경쟁을 넘어 협동하는 언론협동조합 AP 통신

AP 통신은 19C 미국에서 대서양을 건너온 선박을 대상으로 유럽의 최신 소식을 효율적으로 취재하기 위하여 1846년 뉴욕에서 4개의 신문사가 협동조합 형태로 공동 설립한 '항구뉴스협회(Harbor News Association)'가 효시이다. 그 뒤로 '뉴욕 AP'를 거쳐서 세계 최대의 통신사 중의 하나인 현재의 AP 통신에 이르렀다.

다국적의 언론협동조합인 AP통신은 미국 내 1,700여 개 신문사와 5,000개 이상의 방송국이 조합원으로 참여하고 있으며 발행 부수에 따라 공동의 경비를 부담하며, 전 세계 뉴스의 생산을 위해 국외 110여 개국에 280여 지국이 설립되어 운영하고 있다.[22] AP통신은 각 언론사가 조합원으로 분산 소유되어 있어 논조의 왜곡 등이 적어 외부로부터 독립성을 잘 유지하고 있는 언론사로 평가받고 있어 미래의 공정 언론을 위한 모델로도 주목을 받고 있다.

22) 2005년 기준 위키피디아 백과사전

1-3. 소비자생활협동조합

소비자생활협동조합은 일상생활에서 발생하는 여러 가지 생활상의 문제를 여럿이 함께 의논하고 힘을 합쳐 해결해 나가고자 하는 생활공동체 조직이다. 소비자생활협동조합법에 근거하고 보통 생활협동조합 즉 '생협'이라는 이름으로 정착되어 있으며 일상적인 식품과 공산품, 서비스를 나누는 형태로 얼핏 슈퍼마켓처럼 보이지만 비영리법인이라는 점에서 사회적협동조합과 유사한 점이 있다.

생협은 조합원들이 납부한 출자금 등으로 유지 · 운영되는데, 조합원의 역할은 단순히 생협에서 취급하는 물품을 이용하는 것을 넘어 생협의 설립과 운영목적에 동의하고 생협의 운영에 적극적으로 참여하는 행위를 전제로 할 것을 규정한다.

우리나라의 생협은 국산, 유기농, 저농약 제품을 취급하는 소비자생협과 의료공제와 비슷한 의료생협, 주로 국립대학교 내에서 부대사업 등을 운영하는 대학생협 등이 있는데, '한살림', 'ICOOP생협', '두레생협', '행복중심생협(구 여성민우회)'이 잘 알려져 있다.

2

사회적협동조합[23]의 소개

> 사회적협동조합은 1980년대 이후로 국가의 복지수요는 증가하는데 정부의 복지재정이 이를 따라잡지 못하는 상황에서 복지서비스의 공급자와 수혜자 간의 협업을 통하여 복지서비스를 감당해보자는 시도에서 출발

2-1. "기업이 파산해도 해고는 없다." 세계 최대의 노동자협동조합 몬드라곤[24]

몬드라곤 협동조합은(Mondragon Corporation Cooperative · MCC, 이하 몬드라곤) 스페인 바스크 지방의 문화적인 기반에서 자율적이고 독립적인 120여 개의 개별 협동조합들로 구성된 협동조합 그룹이다. 몬드라곤은 고용의 창출을 경영의 최우선 가치로 삼아 2008년 글로벌 금융위기 때에도 전 조합원을 해고 없이 극복하면서 전 세계가 주목하였다.

몬드라곤은 1941년 호세 마리아 신부의 첫 사역지로 몬드라곤 교구에 부

23) 사회적협동조합은 이윤을 추구하는 협동조합과는 달리 지역주민의 권익과 복리 증진과 관련된 사업을 수행하거나, 취약계층에게 사회서비스 또는 일자리를 제공하는 등을 영리를 목적으로 하지 아니하는 협동조합이다.(협동조합 기본법 2조 3항 사회적협동조합의 정의)

24) 몬드라곤이 우리나라의 제도와 기준인 사회적협동조합으로 지칭할 수는 없지만, 사회적협동조합의 원형으로 수많은 협동조합들에게 영감을 주었고 가치와 체제를 따르려는 롤 모델로서 소개

임해 오면서 시작되었다. 호세 마리아 신부와 청년들은 스페인 내전으로 황폐화되어 인구의 80%가 떠난 이 지역에 기술학교를 세우는 등 200여 개의 학습모임을 이끌며 청소년 교육에 헌신했다. 그리하여 1956년 가스용 취사도구를 만들었던 노동자협동조합의 원형인 '울고'를 시작으로 지속적인 발전을 거듭하여 지금의 거대한 협동조합 그룹으로 성장했다.

몬드라곤은 2010년 기준으로 260여 개의 회사가 금융, 제조업, 유통, 지식 등 4개 부문으로 조직되어 있으며, 총자산 54조 원의 규모로 고용인원 8만 4천 명 중의 3만 5천 명이 조합원으로 되어 있다. 몬드라곤의 핵심 영역은 가전제품 제조 부문인데 매출의 60%를 해외에서 이루어지고 있으며, 유통 부문 핵심기업인 '에로스키'는 소비자 협동조합으로 스페인과 프랑스에 2,100개의 매장을 가지고 있다.

| 표 3-1 | 몬드라곤 협동조합의 운영체제

수 익	수익의 15~40%는 해당 소속그룹에 낸다 수익의 10% : 지원, 2% : 교육, 2% : 적자 지원 기금
이 익	이익의 10% : 교육기금, 45% : 내부유보, 45% : 노조배당 (출자금으로 적립하며 퇴직시 반환, 7.5% 이자 지급)
임 금 격 차	최저 임금과 최고 임금의 평균 차 4.5배 (몬드라곤 전체 : 9배, 에로스키 : 8배, 노동인민금고 : 8배, 파고르 : 7배)
해 고	사업 특성상 취약계층 고용 또는 사회서비스 제공 비율을 계량화하기 곤란한 경우
기 타	몬드라곤 협동조합 내에서 내부 경쟁하지 않음 초기 출자금 분납 가능

금융부문의 핵심기업인 '노동자은행'은 전국에 420여 개의 지점이 있는 스페인 5위권의 대형은행이며, 협동조합이 운영하는 4년제 몬드라곤 대학교와 유명한 기술연구소 등이 포함되어 있다. 조합의 고용 수준은 동일한 규모의 일반기업에 비하여 1.5배의 고용 창출을 이루고 있으며 고용의 질도 스페인에서 최고 수준을 유지하고 있다.

2-2. 공유가치 창출, 상생, 연대의 해피브릿지 협동조합

해피브릿지 협동조합은 국수나무, 도쿄스테이크 등 외식 브랜드의 운영과 동시에 프랜차이지 연합인 '쿱차이즈'를 구심점으로 하는 국내 최초의 협동조합형 프랜차이즈 체제를 운영하고 있다. 가맹점과의 협동과 연대로 세무와 인력관리 등의 교육을 지원하고, 경기가 어려울 때에도 식재료 가격을 인상하지 않는 등 공정한 수익배분을 실현하는 상생경영으로 건실한 프랜차이즈 생태계를 조성해 가고 있다. 현재 국수나무는 500여 개, 도쿄스테이크는 40여 개의 가맹점을 운영하고 있다.

사람꽃을 피웁니다

HAPPY BRIDGE

해피브릿지 협동조합은 1999년 이윤보다는 사람을 우선하는 '삶의 터전이 되는 회사, 내 꿈을 이뤄가는 회사, 사회적 가난과 연대하는 회사'를 창업이념으로 육가공, 냉면 등을 제조하는 보리식품 영농조합법인 공장으로 출발하였다. 회사가 발전하면서 주식회사로 전환을 거쳐 스페인과 이탈리아 등의 선진 협동조합의 사례를 접하면서 2013년 협동조합으로 전환하였다. 해피브릿지는 몬드라곤과 공동으로 설립한 'HBM협동조합경영연구소'를 통하여 경영교육과 출판 등의 사업을 운영하고 있고, 협동조합 연수 등과 같은 해외연수와 청년캠프를 전문으로 하는 여행사 '해피쿱투어'도 함께 운영하고 있다.

3
협동조합의 역사

3-1. 산업혁명기의 노동환경

협동조합은 산업혁명이 한창 진행되던 시기에 영국에서 태동되었다. 인클로저 현상[25]의 영향으로 농사지을 땅이 없어진 대다수의 농민들은 도시의 공장이나 광산으로 내몰리면서 하층 노동자로 전락하게 되었다. 산업혁명은 자본가들에게는 번영과 풍요, 기회의 시간이었지만 당시 노동자들에게는 시련의 시간이었다. 많은 농민들이 생계를 위하여 도시로 집중하면서 주택문제, 상하수도 문제 등이 발생하였고, 취약한 공중위생으로 인한 전염병의 확산으로 많은 사람들의 생명을 앗아갔다. 자본가들은 그 와중에도 생산 비용을 절감하기 위하여 여성과 어린이를 노동자로 고용하여 열악한 근무환경에서 하루 18시간 이상의 힘든 노동을 강요하였다.

대부분의 노동자들은 합숙소에서 생활하여 정상적인 가정생활을 영위할

25) 인클로저 현상(Enclosure)은 양모의 값이 급등하자 토지소유자들이 경작지를 양을 키우기 위해 울타리를 세웠고, 이로 인해 농사를 지었던 농민들은 공장과 광산으로 내몰리게 되고 도시의 하층 노동자로 전락하게 되는 사회적 현상. 당시에 살았던 토마스 모어는 그의 저서 유토피아에서 '양이 사람을 잡아먹는다'라고도 표현.

산업혁명기의 유아노동자들의 근로환경

수 없었고, 7~12세까지의 어린이('유아노동자'라 지칭)를 공장과 광산에서 고용하는 것은 당시에 매우 일반적인 현상이었다. 당시 노동자들의 인구는 18세 이하의 노동자가 전체 노동자의 절반에 해당되었고 노동자들의 평균 수명도 21세에 불과할 정도로 혹독한 시절을 보내야만 했다.

3-2. 로버트 오웬의 실험

암울한 이 시기에도 자본가와 노동자 간 평화로운 길을 모색했던 로버트 오웬(Robert Owen, 1771~1858)의 실험적인 도전이 있었다. 집안 형편이 어려웠던 그도 일찌감치 10세 때부터 아마포 상인의 도제로 일하는 과정으로 사회생활을 시작하였다. 그곳에서 그는 출중한 능력을 발휘해 18세에 기계 제작으로 큰 성공을 거두었고, 이를 바탕으로 맨체스터 최대의 방직공장의 공장장이 되었다. 열악한 노동 현장의 상황을 직접 체험했던 오웬은 매물로 나온 뉴 레너크 공장을 인수하였고, "내가 고용한 이들이 빈곤과 도덕적 비인간화로 몰아넣지 않고도 얼마든지 이윤을 내면서 공장을 운영할 수 있다"라고 확신하며 협동을 통한 자립마을의 운영을 시도하였다. 오웬은 공장의 환경을 개선하고 저렴한 상품을 구입할 수 있도록 상점을 개설하는 등 지역의 주민들이 삶이 개선될 수 있도록 다각적인 노력을 기우렸다. 그는 올바른 인성의 형성은 유년 시절부터 좋은 환경에 있게 하는 것이라는 신념으로 영국 최초로 공장 안에 유치원을 세우는 등 교육에도 특별히 관심을 기울였다.

1817년 뉴 래나크에 개설된 영국 최초의 어린이 학교(그림), 출처:New Lanark Trust

이러한 노력으로 노동자들의 신뢰를 얻은 오웬은 생산성이 높아져 투자한 금액의 4배의 수익을 달성하는 등 경영적으로도 성공하였다. 그러나 이러한 오웬의 휴머니즘에 기반한 사업 운영과 사상은 지배계층과 자본가로부터 급진적이고 몽상가적인 사회주의라 비판을 받으면서 지속적인 지지를 받지 못하였다. 그렇지만 그의 사상은 초기 협동조합의 지도자에게 지대한 영향을 주었으며, 오웬의 사상을 따르는 협동조합 운동이 영국의 전역으로 확산되어 최초의 협동조합인 '로치데일 공정선구자조합'을 설립할 수 있는 계기를 마련하였다.

3-3. 협동조합의 탄생

최초의 성공적인 협동조합은 1844년 맨체스터의 작은 마을인 토드레인에서 개설한 로치데일 공정선구자조합으로 28명의 노동자, 정치가, 학자 등의 발기인으로 구성되었다. 그들은 매주 2펜스, 1년 동안 모은 1파운드의 출자금으로 1주일에 세 차례 밤에만 개장하는 점포에서 버터, 설탕, 밀가루, 오트밀 등의 식재료와 차, 담배를 판매하였다.

로치데일이 성공할 수 있었던 가장 큰 이유는 조합의 민주적 운영을 위한 9가지 원칙을 제정하는 등 당시로는 혁신적인 조합의 운영체제 때문이었다. 이러한 운영방식은 현대 협동조합의 기초를 세웠으며, 협동조합의 모델이 영국 전역과 전 세계로 확산하는 계기를 마련하였다.

로치데일 공정선구자조합의 지도자들

로치데일 공정선구자조합의 민주적 운영을 위한 9가지 원칙

① 출자 규모와 상관없이 1인 1표의 의결권
② 소액의 출자금만 내면 조합원으로 가입할 수 있는 개방된 조합원제도 채택
③ 배당을 5~8% 이내로 제한하여 출자에 대한 이자를 제한하고, 이용실적에 따라 잉여금을 배당
④ 현금거래를 원칙
⑤ 엄격한 품질을 위해 정직한 상품을 취급
⑥ 협동조합의 정신을 공유하기 위하여 모든 조합원을 대상으로 운영방식 등을 교육
⑦ 정기적으로 선출한 임원과 위원회가 협동조합의 경영을 맡음
⑧ 사업보고서와 대차대조표는 조합원에게 공유
⑨ 정치와 종교에 대한 중립을 유지하여 제3의 압력에서 벗어나도록 노력

3-4. 프랑스의 생산협동조합

19세기의 프랑스는 대혁명과 전쟁으로 인한 극심한 사회 혼란으로 산업혁명이 영국보다 5~60년 늦게 시작되었을 뿐만 아니라 신속하고 철저하게도 진행되지 못하였다. 1825년부터 영국으로부터의 기계 수입의 금수조치가 해제됨에 따라 비로서 산업혁명이 가속화되기 시작했다. 농업부문에서도 혁명의 결과로 중소농업인에게 토지가 분배되어 근대적인 토지소유제도가 성립되었지만 완만한 산업혁명의 진행으로 농업노동력을 유인할 여력을 갖추지 못하였다.

프랑스 협동조합의 사상적 기원으로 노동자 생산조합의 사상을 구상한 생시몽(Saint Simon)으로부터 비롯되었으며, 로버트 오웬과 함께 공상적 사회주의를 대표하는 샤를 뿌리에(Charles Fourier)는 사회적 약자들이 집단적 협동체를 조직하여 운영하는 팔랑주(Phalange)라는 단위조합 조직체의 창설을 도모하였다. 팔랑주는 자급자족을 원칙으로 공동으로 생산과 소비를 기본으로 하되 발생된 잉여는 출자, 노력, 지식에 따라 배분하는 체제로 되어있었다.

대혁명 이후 1791 '알라르드 법(le decret d'Allard)'과 '르 샤플리에 법(la loi Le Chapelier)'의 제정으로 동업조합이 폐지되고 영업의 자유, 직업의 자유가 승인되었지만 노동자의 단결과 파업이 금지되었다. 이에 따라 길드제도가 붕괴되고 공장제 수공업인 매뉴팩처가 발달하였지만 많은 노동자를 고용하는 대규모의 자본제 생산단계에까지는 이르지 못하였다. 그 뒤로 필립 부셰의 지도로 1834년 도시노동자의 처우개선을 위한 생산조합(금세공조합)을 설립하고 소규모 자영업자를 중심으로 협동하여 자본의 지배로부터 방어하려는 노력(리옹 지역을 중심으로 생산조합의 실험들)이 활발하였다.

협동조합 사상가들에 의해 주도되었던 생산조합은 생산과 소멸을 거듭하다가 1880년 고딘의 이익분배 생산조합의 설립을 시작으로 생겨나기 시작하여 1893년 생산조합에 대한 금융지원을 목적으로 하는 프랑스 노동자 협동은행이 설립되었다. 한편, 19세기 말의 농업공황으로 생산 합리화를 위한 상디카(Syndicats) 운동의 전개로 농업부문에서도 생산조합이 생성 · 발전되었다. 농업상디카 운동은 정부자금의 원조를 주축으로 기존의 동업조합 형태에서 허용되지 않았던 공동구매와 판매가 허용됨에 따라 근대적인 농협조합으로 발전하는 계기가 되어 전 세계로 확산되었다.

3-5. 독일의 신용협동조합

1806년 독일 통일의 주역이 된 프로이센은 나폴레옹이 이끄는 프랑스 군에 패하여 속국으로서 수탈과 내정간섭으로 인해 경제가 피폐되어 영국과 프랑스보다도 산업화의 확산이 뒤처져 있었다. 뒤늦게 자본주의 경제체제가 도입되면서 고리의 사채로 극심한 고통을 받고 있던 농민과 중소 수공업자들이 이를 극복하려는 노력의 일환으로 신용조합이 발달하게 되었다. 독일에서 신용조합이 먼저 발달한 이유는 당시의 독일은 영국과 프랑스에 비해 경제적인 열세에 놓여있었기 때문이다. 오늘날의 개발도상국에서도 협동조합 운동이 신용조합이 먼저 조직되어 활동하는 경우도 같은 이유라고 할 수 있다. 독일의 신용조합은 크게 '슐체계 신용조합'과 '라이파이젠계 신용조합'으로 나뉘어 진다.

슐체(Schulze)계 신용조합은 작센 주의 중북부 도시인 델리치의 읍장이자 프로이센 국민의회 의원인 슐체 델리치(H. Schulze Delitzsch)가 도시의 소규모 생산자들의 원료구입을 목적으로 원료구매조합을 설립하였다. 그렇지만 단순히 원료를 공동 구매하는 것만으로는 수공업자들의 어려움을 근본적으로 타개할 수 없을 깨닫고 10명의 조합원으로 원료구입 등의 자금을 대출해 줄 수 있는 대부조합을 설립하였는데 이것이 신용조합의 효시가 되었다.

슐체계 신용조합은 처음에는 기부금이나 무이자의 외부차입금에 의존하는 자선적 · 구빈적 단체로서 시작되어서 경영체로서의 지속적인 유지가 어렵게 되어 점차적으로 퇴색하게 되었다. 그 뒤로 슐체는 조합의 지속가능한 자립기반을 갖추는 것인 무엇보다도 중요하다고 생각하여 조합원들에게 출자의 의무를 부여하고 자금을 대출받을 때도 담보나 친지의 보증을 요구하게 하였다. 한편 조합의 경영은 총회에서 선출된 유급 상임이사가 담당하는 전문경영인 제도를 도입하고, 조합의 수익 중 20%는 적립하고 나머지는 출자금에 대한 배당금으로 지급하는 체제로 운영하였다. 슐체가 확립한 운영시스템은 기능을 충분히 발휘하여 1905년까지 1천 개 이상의 신용조합과 60만 명에 달하는 조합원을 보유하게 되었다.

라이파이젠 계열의 신용조합은 농지개혁이 빨리 이루어진 19세기 프로이센의 농촌을 중심으로 시작되었다. 라인강 중류 농촌 지역인 바이어부쉬의 시장이었던 라이파이젠(F. W. Raiffeisen)은 농민들을 설득하여 신용협동조합을 조직하고, 자금을 만들어 가난한 농민들에게 순위를 정하여 낮은 금리로 돈을 빌려주면서 그들이 고리대금의 늪에서 출로를 찾을 수 있게 하였다.

라이파이젠의 모델은 기본적으로 출자금이 없다는 점에서 슐체계 모델에 대비되는데, 당시 농민들로 구성된 조합원의 대부분이 출자할 여력이 없었기 때문에 출자를 대신하여 조합원의 무한 연대 보증 채임으로 자금을 차입하여 충당하였다. 라이파이젠 신용조합은 지속적으로 발전하여 1905년에는 1만 3천 개 이상으로 증가하였으며 독일 농가의 절반가량이 조합원으로 가입하였다. 라이파이젠 모델은 슐체계 모델에 비하여 규모는 10배 이상이었으나 예금 규모는 1/6 수준에 불과하였다.

라이파이젠은 농민들의 윤리적, 도덕적인 면을 강조하였는데, 신용사업을 주축으로 출발한 신용조합은 구매 · 판매사업을 겸영하는 종합농협으로 발전하였고, 신용 · 지도 · 구매를 주축으로 하는 연합회를 조직하여 지역적 연대성을 기초로, 조합재산의 공유개념과 사회민주주의 사상에 접근하였다.

독일의 신용조합은 도시의 소상공인과 농촌의 자영 농업인이 고리대금의 횡포에서 벗어나 지속적으로 생존할 수 있는 기반을 제공하여 주었다. 많은 농민이 토지를 잃고 도시의 하층노동자로 전락한 영국과는 달리 독일에서는 자영농과 독립된 수공업자 오랫동안 지위를 잃지 않고 생존할 수 있었던 것은 협동조합이 중요한 역할을 하였다.

3-6. 우리나라의 협동조합[26)]

우리나라는 오래 전부터 두레, 계, 향약 등 다양한 협동조직들이 폭넓게 활동했던 전통이 흐르고 있다. 일제 강점기의 총독부는 통치의 수단으로 관제조합인 '금융조합'을 만들었으나 조합원의 자율성에 기반을 둔 정상적인 조합이라고 할 수 없었다. 1919년 독립만세 운동을 계기로 경제적인 자립없이는 정치적인 자립이 불가능하다는 인식이 확산되어 이에 대한 해결방안의 일환으로 조선 민중은 협동조합 운동을 활발히 전개하였다.

문헌상 우리나라 최초의 협동조합은 1920년의 '경성소비조합'과 '목포소비조합'이다. 그 뒤로 일본 유학생 출신과 천도교, YMCA 등 종교계를 중

26) 한국협동조합연구소 '한국 협동조합의 역사와 동향'

심으로 협동조합 운동이 전개되어 1930년 초반에는 1천여 개의 협동조합과 10만여 명의 조합원들이 협동조합 운동을 하였으나 1937년 일제의 협동조합 지도자들의 구속 탄압 등으로 협동조합 운동이 소멸되었다.

1961년을 시작으로 농협법과 산림조합법, 수협법, 중소기업협동조합법이 거의 동시에 제정되는 개발시대에는 민주적 운영이라는 협동조합의 정체성이 상실된 정부의 정책적 도구로 협동조합이 활용되기도 하였다. 농·수협 등 초기의 협동조합은 정체성은 부족하지만 상호금융을 도입하고 농민과 조합원들의 경제활동을 지원하는 나름의 역할로 발전하여 왔다.

1960년 부산(가브리엘라 수녀)과 서울(장대익 신부)에 설립된 신용협동조합은 자립하려는 사람들에게 크게 환영받아 전국적으로 신협 조직의 열풍이 일었다. 1973년 신협연합회가 만들어지고 신협의 사회경제적인 의의를 받아들여 신협법 제정이 받아들여지게 되었다.

1980년대에 아이쿱, 한 살림, 두레연합 등으로 대표하는 생활협동조합 운동이 본격적으로 시작되어 도농상생, 친환경농산물의 생산과 소비, 윤리적 소비 등의 가치를 가장 앞서 주장함으로써 국민의식과 정책변화에 큰 영향을 끼쳤다. 또한 도시빈민운동의 발전 방향을 모색하고 1997년의 IMF 후 실업극복운동과 이를 확대 발전시킨 자활운동 등과 같은 다양한 경제사회적인 문제를 극복하는 과정에서 사람들은 자유로운 협동조합의 설립을 열망해 왔다.

이러한 오랜 염원을 민간진영의 연대활동과 사회적기업의 제도개선에 대한 필요성, 정치권의 복지국가에 대한 합의로 2012년 12월 마침내 '협동조합기본법의 제정'으로 결실을 보았다. 이로써 다양한 사업의 영역에서 협동조합을 만들 수 있으며, 특히 사회적협동조합의 설립여건이 조성되었다고 할 수 있다.

4
협동조합의 운영원리

4-1. 협동조합의 정의

국제협동조합연맹(ICA)에서는 협동조합은 "공동으로 소유하고 민주적으로 운영되는 사업조직을 통하여 공동의 경제 · 사회 · 문화적 수요와 요구를 충족시키기 위해 자발적으로 결성한 자율적인 단체"라고 정의한다. EU의 협동조합조직법은 협동조합을 "공통의 이해를 가진 개인들이 자발적으로 모인 공동소유체 조직으로 자주적이고 민주적인 방식으로 운영되는 기업"이라고 정의되어 있다.

2012년 시행된 협동조합기본법은 협동조합을 2개의 법인격인 영리성격의 (일반)협동조합과 비영리성격의 사회적협동조합을 구분하여 영리와 비영리 부분의 정책수요를 모두 반영하고자 한 의도이다. 그리고 협동조합은 이와 더불어 (일반)협동조합들의 연합체, 사회적협동조합의 연합체의 모습도 취할 수 있게 하였다.

일반협동조합과 사회적협동조합의 정의(협동조합기본법)

제2조(정의)

1. "협동조합"이란 재화 도는 용역의 구매 생산 판매 제공 등을 협동으로 영위함으로써 조합원의 권익을 향상하고 지역사회에 공헌하고자 하는 사업조직을 말한다.

3. "사회적협동조합"이란 제1호의 협동조합 중 지역주민들의 권익 복리 증진과 관련된 사업을 수행하거나 취약계층에게 사회서비스 또는 일자리를 제공하는 등 영리를 목적적으로 하지 아니하는 협동조합을 말한다.

| 표 3-2 | 협동조합과 사회적협동조합

협동조합		사회적협동조합
조합원의 실익제고	목적	조합원의 실익제고 지역주민, 취약계층 복리증진
사업범위 제한없음 (재화 또는 서비스의 구매 · 생산 · 판매 · 제공 등을 공동으로 영위)	사업영역	사업범위 제한없음 주사업의 40% 이상 (지역사회공헌, 주민의 권익 증진)
시도지사 설립 신고	설립	중앙행정기관장의 인가
이용실적 및 출자액에 따라 배당	배당	이익 잉여금 배당 금지
특별한 혜택 없음	혜택	비영리법인에 준하여 검토 지정기부금단체 지정 조세 이외의 부과금의 면세
잉여금의 10/100	적립	잉여금의 30/100
정부지원이나 감독 없음	감독	정부지원 가능성 상존 업무 감독 및 감독상 명령 가능
정관에 따라 청산 가능	청산	잔여 재산 국고 등으로 환수
법인	법인격	비영리 법인

4-2. 협동조합의 특징

협동조합은 '공동으로 소유하고 민주적으로 운영하는 조직'이다. 여기에서 '민주적으로 운영'한다는 부분이 주식회사와 같은 영리기업과 결정적으로 다른 점이다. 또한, 주식회사는 보유 주식수에 따라 의결권이 결정되는 데 반하여 협동조합은 모든 조합원이 출자한 금액과는 상관없이 평등하게

1인 1표제로 의사결정을 한다.

협동조합의 사업모델은 호혜와 협동의 가치를 추구하는 공동체적 조직으로 조합원들의 필요와 욕구를 추구해야 할 가장 우선적인 가치로 활동한다. 그러므로 좋은 상품이 필요한 사람들을 위한 소비자협동조합, 일자리가 필요한 사람들을 위한 노동자협동조합 등 조합원들의 경제 · 사회 · 문화적인 욕구를 충족하기 위하여 다양한 유형의 협동조합이 설립 · 운영하고 있다.

| 표 3-3 | 협동조합의 유형

사업목적	(협동조합의) 유형
투자자의 이윤	일반 영리기업
장애인의 추가 고용 등 사회적 목적	사회적 협동조합
좋은 품질의 저렴한 가격	소비자 협동조합
(농산물 등) 적정한 구매가격 보장, 안정적인 판로 확보	생산자 협동조합
안정적인 일자리, 근로조건 개선	직원(노동자) 협동조합
대출금리 인하, 예금금리 인상	금융 협동조합

4-3. 협동조합의 7대 원칙

국제협동조합연맹(ICA)은 1995년 ICA 100주년을 기념하는 맨체스터 총회에서 협동조합의 정체성에 대한 선언으로 협동조합의 7대 원칙을 천명하였다.

협동조합의 7대 원칙

① 자발적이고 개방적인 조합원 제도

협동조합은 자발적이며, 모든 사람에게 성(性)적 · 사회적 · 인종적 · 종교적인 차별 없이 열려있는 조직이다.

② 조합원에 의한 민주적으로 관리

조합원들은 정책 수립과 의사결정에 활발하게 참여하고 선출된 임원들은 조합원에게 책임을 갖고 봉사한다.

조합원마다 동등한 투표권(1인 1표)을 가지며, 민주적인 방식으로 조직되고 운영한다.

③ 조합원의 경제적 참여

협동조합의 자본은 공정하게 조성되고 민주적으로 통제된다.

일부의 자본금은 조합의 공동재산이며, 출자배당이 있는 경우에 조합원은 출자액에 따라 제한된 배당금을 받는다.

잉여금은

1) 협동조합의 발전을 위해 일부는 배당하지 않고 유보금으로 적립

2) 사업이용 실적에 비례한 편익제공

3) 여타 협동조합 활동 지원 등에 배분

④ 자율적이고 독립적인 조직

협동조합이 다른 조직과 약정을 맺거나 외부에서 자본을 조달할 때 조합원에 의한 민주적 관리가 보장되고, 협동조합의 자율성이 유지되어야 한다.

⑤ 교육, 훈련 및 정보제공

조합원, 선출된 임원, 경영자, 직원들에게 교육과 훈련을 제공한다.

젊은 세대와 여론 지도층에게 협동의 본질과 장점에 대한 정보를 제공한다.

⑥ 협동조합 간의 협동

국내 · 외에서 공동으로 협력 사업을 전개함으로써 협동조합 운동의 힘을 강화하고, 조합원에게 효과적으로 봉사한다.

⑦ 지역사회에 대한 기여

조합원의 동의를 토대로 조합이 속한 지역사회의 지속가능한 발전을 위해 노력한다.

5
협동조합의 설립

5-1. 협동조합으로 설립가능한 사업 영역

협동조합은 전 세계적으로 생산자 · 소비자 · 근로자 · 신용 · 보험 · 주택 · 스포츠 등 다양한 사업 영역에서 활성화되어 있다. 특히 협동조합기본법이 제정된 이후로 금융 · 보험업을 제외한 모든 영역에서 협동조합의 설립이 가능하게 되었다.

| 표 3-4 | 협동조합의 사업 영역

복지 · 유가 등 사회서비스		경제 · 사회 영역 등		
복지	유아	창업	문화	기타
자활단체, 돌봄노인, 대안기업, 보훈단체, 사회복지 단체 등	공동육아, 소규모 어린이집, 공동구매 등	대학생창업, 소액창업, 공동연구, 벤처 등	문화, 예술, 체육, 종교, 문화 교실 등	소비자단체, 시골버스, 실버타운, 공동주택, 환경, 축구단(FC경남) 등

직원협동조합(조합원 = 직원)				
근로자	교육 훈련	취약 계층	특수 계층	소상공인
대리운전, 청소, 세차, 경비, 집수리, 퀵서비스 등	강사(대학), 대학병원 전공의 등	각종 비정규직, 실업자, 화물 연대 등	캐디, 학습지 교사 등	전통시장, 마을 기업, 식당, 소매업 등

| 표 3-5 | 협동조합과 다른 법인과의 비교

구분	주식회사	협동조합	사회적협동조합	사단법인
근거법률	상법	협동조합기본법	협동조합기본법	민법
구 성 원	1인 이상(주주)	5인 이상(조합원)	5인 이상(조합원)	2인 이상(사원)
사업목적	이윤 극대화	영리 (조합원의 필요)	비영리 (조합원의 필요)	2인 이상(사원)
운영방식	주주총회 1주 1표	주주총회 1주 1표	주주총회 1주 1표	주주총회 1주 1표
설립방식	신고	신고	인가	인가
책임범위	유한책임	유한책임	유한책임	해당없음
배 당	투자 액수에 따른 출자배당	이용실적 및 기여에 따른 배당 우선	불가	불가
사업(예)	대기업 집단, 일반 영리기업 등	금융, 보험 분야를 제외한 모든 사업 분야	금융, 보험 분야를 제외한 모든 사업 분야	학교, 병원, 자선단체, 종교단체 등

5-2. 협동조합의 설립절차[27)]

협동조합은 5명 이상이 모이면 출자금의 규모와 상관없이 설립이 가능하며 금융 및 보험업 등의 사업 영역을 제외하고는 모든 영역에서 사업을 할 수 있다. 그렇지만 모든 영역의 사업은 협동조합의 기본법상의 요건이고,

---

27) 협동조합 설립시 유의사항
- 협동조합의 명칭에 반드시 '협동조합'이 포함되어야 함(예: ㅇㅇ협동조합, ㅇㅇ사회적협동조합)
- 동일 권역(특별시, 특별자치시, 시, 군)에서는 같거나 혼동 가능한 명칭을 사용할 수 없음 (예 : ㅇㅇ농협협동조합, ㅇㅇ생활협동조합)

실제로 하려는 사업이 관련된 법령으로 제한이 있을 수 있다. 금융 및 보험 관련 사업의 경우도 문제가 발생하면 지역경제와 사회에 중대한 피해를 줄 수 있고, 소규모 · 소액의 협동조합이 금융업 등을 영위할 경우 금융감독의 사각지대에 놓일 가능성이 크기 때문에 이를 제한하고 있다. 따라서 협동조합을 신설하기 전에 협동조합기본법 제45조(사업)의 규정과 관련 법령이나 제도를 살펴보는 것이 필요하다.

| 표 3-6 | 협동조합의 설립절차

❶ 발기인 모집

협동조합 설립 절차 중 가장 중요한 단계 중의 하나로 형식적으로만 보면 발기인은 정관에 기명날인한 자이지만, 실질적으로는 정관과 사업계획서, 수지 예산서 작성, 창립총회 개최 등의 모든 설립 절차를 집행할 사람을 의미한다. 소규모의 협동조합의 경우 발기인이 곧 초기 조합원인 경우가 대부분이므로 필요를 가진 사람들을 모아 마음을 맞추는 일이 중요하다.

또한 참여할 발기인들 간에 시간과 출자금을 기꺼이 투자할 수 있는 절실한 사업으로 적극적으로 사업에 참여할 의지와 이익에 대한 성과와 더불어 손실에 대한 책임도 감당할 준비가 되어 있는 마음가짐이 필요하다.

❷ 정관 작성

정관은 협동조합 최고의 자치 법규로 다음의 14가지 필수 기재 사항을 반드시 포함해야 한다. (협동조합기본법 제16조)

정관 작성시 필수 기재 사항

① 목적
② 명칭 및 주된 사무소의 소재지
③ 조합원 및 대리인의 자격
④ 조합원의 가입, 탈퇴 및 제명에 관한 사항
⑤ 출자 1좌의 금액과 납입 방법 및 시기, 조합원의 출자좌수 한도
⑥ 조합원의 권리와 의무에 관한 사항
⑦ 잉여금과 손실금의 처리에 관한 사항
⑧ 적립금의 적립방법 및 사용에 관한 사항
⑨ 사업의 범위 및 회계에 관한 사항
⑩ 기관 및 임원에 관한 사항
⑪ 공고의 방법에 관한 사항
⑫ 해산에 관한 사항
⑬ 출자금의 양도에 관한 사항
⑭ 그 밖에 총회 · 이사회의 운영 등에 필요한 사항

정관에는 협동조합의 운영에 요구되는 중요한 내용이 대부분 포함되어 있으므로 발기인들 간의 충분한 논의와 합의 과정을 거쳐 작성하는 것이 중요하다. 또한 정관은 인가와 등기 절차를 거치면서 행정상 공문서의 성격을 갖게 된다. 그러므로 협동조합이 설립한 이후에 정관이 변경되면 변경 신고와 인가가 필요하고 내용에 따라서 새롭게 등기 절차를 거쳐야 하는 경우가 있다. 이러한 번거로움으로 정관은 필수 사항을 중심으로 작성하고 세부 사항은 규약이나 규정으로 정하여 운영하는 것이 일반적이다.

| 표 3-7 | 협동조합의 정관 · 규약 · 규정

	정 관	규 약	규 정
의 결	총회(과반수 출석, 2/3 이상 찬성) 시도지사 신고 및 인가	총회(과반수 출석, 과반수 찬성)	이사회(과반수 출석, 과반수 찬성)
내 용	목적, 명칭, 조직, 운영, 사업, 조합원 등 14개 필수 항목	정관 이외에 조직, 사업에 필요한 사항	정관, 규약 이외에 경미한 사항
예 시	표준정관(예시)	총회 운영, 출자금 감소, 배당, 현물출자 등	이사회 운영, 감사, 직원보수, 선거관리 등

❸ 설립동의자 모집

발기인 외에 협동조합에 참여할 초기 조합원을 모집하는 과정으로 필요하지 않다고 생각되면 생략할 수도 있다. 협동조합의 설립동의자를 모집할 때는 설립동의서와 개인정보 제공 및 활용 동의서를 받아야 한다.

❹ 창립총회 개최 및 의결

① 창립총회 공고

- 공고기간
  - 창립총회를 개최하기 전에 이 사실을 7일 이상 알려야 함.
  - 공휴일과 일요일도 포함되며 충분한 시간 여유를 두고 하는 것이 좋음.
- 공고방법
  - 사무실 부착, 신문 게재, 홈페이지 게시, 이메일 발송 등 설립동의자가 확인할 수 있는 방법으로 공고하면 됨.
  - 설립 신고와 인가 시 공고 사실을 알리는 증빙자료를 제출해야 하므로 사진, 신문, 화면저장 등의 방법으로 자료화하면 됨
- 공고문 작성 : 별도로 정해진 서식 없음.
  - 창립총회 일시 및 장소, 조합원의 자격요건, 창립총회에서 의결하여야 할 사항을 포함.
- 창립총회 의사록 기명날인
- 창립종회 의사록 공증 시 참석자 인감증명서 제출
- 등기 시 임원의 인감증명서 제출

② 창립총회 준비

- 정관, 사업계획서, 수입지출예산서 등 창립총회에서 승인이 필요한 서류 준비

③ 창립총회 진행

- 정관, 사업계획과 예산, 임원의 선출 및 경비 등 설립에 필요한 사항의 의결과 의사록 작성

❺ 설립 신고(인가)

| 표 3-8 | 협동조합의 설립 신고 · 인가

협동조합 설립 신고	사회적협동조합 설립 인가
주사무소 관할의 시도지사(자치구청장)에 신고	주사업 관할의 소관 중앙행정기관장에 인가
• 제출서류 1. 협동조합등 설립신고서 2. 정관(사본) 3. 창립총회 개최 공고문 4. 창립총회 의사록(사본) 5. 임원명부(임원이력서 및 사진) 6. 사업계획서 7. 수입지출예산서 8. 출자 1좌당 금액과 출자좌수를 적은 서류 9. 발기인 및 설립동의자 명부	• 제출서류 1. 사회적협동조합등 설립인가 신청서 2. 정관(사본) 3. 창립총회 개최 공고문 4. 창립총회 의사록(사본) 5. 임원명부(임원이력서 및 사진) 6. 사업계획서 7. 수입지출예산서 8. 출자 1좌당 금액과 출자좌수를 적은 서류 9. 발기인 및 설립동의자 명부 10. 주사업의 내용이 설립인가 기준을 충족을 증명하는 서류

❻ 신고확인증(설립인가증) 발급

협동조합은 설립 신고 후 20일 이내에 관할 시 · 도지사(자치구청)로부터 신고확인증을 사회적협동조합은 인가 후 60일 이내에 소관 중앙행정기관장으로부터 설립인가증을 발급받는다.

❼ 사무인계

발기인대표는 설립신고확인증 혹은 설립인가확인증을 받은 즉시 이사장에게 그 사무를 인수인계해야 한다. 설립 신고 · 인가까지는 발기인대표가 조합을 대표했다면, 이때부터는 총회에서 선출한 이사장이 협동조합의 공식 대표가 된다.

인수인계서류	① 협동조합의 정관 ② 사업계획서 ③ 조합원별로 인수하려는 출자 좌수를 적은 서류 ④ 설립동의자 명부 ⑤ 조합설립 관련 각종 서류 등

❽ 출자금 납입

이사장은 발기인대표로부터 인수인계를 받은 후 기일을 정해 설립동의자들로부터 출자금의 납입을 받는다. 이때는 법인이 설립되기 전이므로 이사장 명의의 계좌로 출자금을 납입한다.

❾ 설립 등기

협동조합은 설립등기를 함으로써 법인이 성립된다. 일반협동조합은 출자금의 납입이 끝난 날로부터 14일 이내에, 사회적협동조합은 설립 인가를 받은 날부터 60일 이내에 관할 등기소에 설립등기를 해야 한다.

등기 시에는 법인인감을 지참하고 다음의 필수서류를 갖추어야 한다.

설립 등기 시 필수 서류	① 설립등기신청서 ② 정관 : 원칙은 원본 제출이나 원본 지참 시 사본 제출 가능 ③ 총회 의사록 : 공증 받은 원본 제출 ④ 설립 신고 확인증 또는 설립인가증

⑤ 임원 전원의 취임승낙서, 인감증명서, 주민등록등 · 초본

- 법인이 임원일 경우 법인의 취임승낙서, 법인인감증명서, 법인등기부등본
  직무수행자의 선임증명서 (일반협동조합만 해당)

⑥ 인감개인신고서 (인감대지 첨부) *법인인감 지참 필수

⑦ 출자금 총액 납입증명서

- 금융기관이 작성한 잔고증명서나 이사장이 발행한 출자금납입확인서 모두 가능,
  현물출자가 있는 경우 현물출자재산인계서 또는 출자재산 영수증 제출

⑧ 등록면허세 영수필 확인서

- 주 사무소 소재지 시 · 군 · 구청 세무과/세정과에 등록면허납부서를 교부받은 후, 지정은행에 등록면허세 납부 후 발급

⑨ 위임장 : 대리인이 신청할 경우 지참

❿ 사업자 등록

협동조합은 법인으로 사업을 수행하기 위하여 반드시 주된 사무소의 관할 세무소에 사업자등록을 해야 한다. 사업자등록은 아래의 서류를 갖추어 세무서에 가서 신청하거나 국세청 홈택스(www.hometax.go.kr)로도 신청할 수 있다.

설립 등기 시 필요 서류

① 법인설립신고 및 사업장등록신청서

② 정관(사본)

③ 법인등기부등본

④ 임대차계약서 사본(사업장을 임차한 경우)

⑤ 주주 또는 출자자 명세서

⑥ 협동조합 설립신고확인증 또는 사회적협동조합 설립인가증(사본)

⑦ 현물출자명세서(현금출자법인의 경우)

⑧ 자금출처소명서(금지금 도 · 소매업 및 과세유흥장소 영위자의 경우)

⑨ 위임장(대리인이 신청할 경우)

4 마을기업의 설립과 육성사업의 이해

마을기업은 행정안전부에서 2009년 지방자치단체로 사회적 공공일자리를 만드는 사업인 '희망근로프로젝트'를 실시하고, 후에 후속 시범사업으로 추진된 '자립형 지역공동체사업'을 거쳐 2011년부터 '마을기업 육성사업'으로 본격적으로 추진되었다.

1 마을기업의 소개

1-1. 당진 '백석올미마을'

'백석올미마을'은 2011년 협동조합 형태의 마을기업으로 부녀회가 주축이 되어 설립한 영농조합으로 지역자원인 매실을 활용한 한과와 조청, 장아찌, 매실 액기스 등을 제조하여 판매하고 하고 있다. 최근에는 '백석올미' 할머니들의 캐릭터로 만든 담요와 화투 등 문화상품의 개발과 체험 활동 등 다양한 사업을 추진하고 있다.

마을에서 생산된 농산물을 통하여 판매자나 구매자 모두가 행복해지는 것을 목표로 "우리가 하는 경제를 이해하는 사람에게 팔면 된다."는 소신 경영으로 2012년도에는 우수마을기업으로 선정되어 정부로부터 생산기반

시설을 지원받아 성장 기반을 다졌다.

마을기업 운영의 핵심은 정부 정책의 적극적인 수용과 공동체 활동으로 조합원들 간의 신뢰를 확보하고 품질경영으로 조합원의 가입을 확대하는 것이었다. 올미마을은 2019년도 8억여 원의 매출액 중에서 6억 3천만 원을 마을로 되돌아오게 하는 지역경제의 선순환 체제를 조성하고 시니어 일자리 창출하는 등의 성과를 마련하였다.

1-2. 부산 사하 '감천문화마을'

부산 사하구의 감천문화마을은 6.25 피난민들의 힘겨웠던 삶의 터전에서 시작된 낙후된 동네로 알려졌으나, 2009년 지역 예술인을 중심으로 마

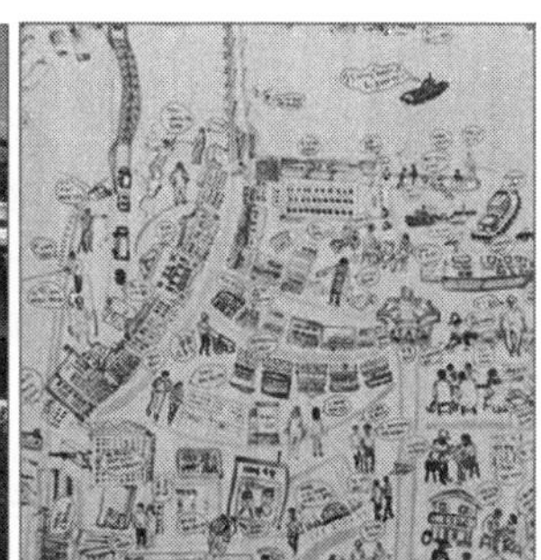

을의 특색과 역사적 가치를 살리는 '마을미술프로젝트'를 개최한 기점으로 각종 공모사업을 유치하여 연간 300만 명이 방문하는 명소가 되었다.

감촌 문화마을은 주민협의회인 마을기업, 홍보, 봉사, 생활개선, 민박, 문화예술의 사업단 조직을 결성하여 감천문화마을의 마을기업을 운영하고, 재래시장의 비어있는 점포를 활용하여 먹거리를 개발하고 마을의 예술인들과 주민들을 연계하여 작가양성과 문화상품을 개발하는 협동조합을 운영하고 있다.

1-3. 대구의 청년 마을기업 '위고스포츠'

'위고스포츠'는 사범대에서 체육을 전공한 대구 지역 청년들이 인근의 사회 · 생활체육 프로그램의 강사로 활동하던 중에 교육인프라가 부족하여 "함께 교구를 돌려 써보자"에서 출발하여 시작한 스포츠 교육형 '청년마을기업'이다. 지역의 청년들이 함께 모여 일자리를 창출하고 지역사회에 꿈을 이루고자 하는 '위고스포츠'는 2018년 대구시 달서구로부터 마을기업으로 지정받았다.

위고스포츠는 교육스포츠 사업의 영역을 넘어 지역의 아동센터, 사회복지관, 수련관 등에서 체육 강좌의 운영과 초등학교 돌봄교실, 초 · 중 · 고

등학교 방과 후 체육 프로그램을 운영하고 있다. 또한 지역의 각종 행사에 후원과 봉사로 참여하고, 지역주민들이 참여할 수 있는 다양한 스포츠 클럽의 활동을 지원하며 열정을 쏟는 중이다.

2
마을기업의 개념

2-1. 마을기업의 정의

마을기업은 지역주민이 지역의 각종 자원을 활용하여 수익사업을 통해 지역 공동의 문제를 해결하고, 소득 일자리를 창출하여 지역공동체 이익을 효과적으로 실현하기 위해 설립 · 운영하는 마을 단위의 기업을 의미한다.[28)]

구 분	정 의
지역주민	동일한 생활권에서 공동의 목표와 가치를 가지고 실제 상호 교류하는 공동체의 구성원
지역자원	지역에 존재하는 유 · 무형의 인적 · 물적 자원*
지역문제	지역 내 충족되지 않은 필요(요구) 사항이나, 지역 주민 삶의 질 향상을 위해 필요한 사항
지역공동체 이익	마을기업의 이익뿐만 아니라 이해관계자 또는 지역사회 전체가 얻게 되는 편익의 총합
마을	지리적으로 타 지역과 구분되거나 일상적 생활을 공유하는 범위 내에서 상호 관계나 정서적 공감대가 형성되어 있는 곳

• 유 · 무형의 인적 · 물적 자산(예)

구 분		자산의 구체적인 예
유형자산	자연적자산	지리적 접근성, 자연자원, 자연환경 등
	건축환경자산	건물, 산업시설, 교육시설, 기반시설 등
	문화관광 공간자산	문화시설, 여가시설, 문화재, 관광명소 등
	기타자산	국가 및 외부의 유형지원 등
무형자산	문화관광	문화행사(축제 · 이벤트), 스토리텔링 등
	사회자본	규범, 신뢰, 네트워크, 리더십 등
	이미지	브랜드가치, 정체성 등
	개인의 역량	재능, 기술, 역량 등
	공동체 자산	종교, 문화, 여가생활 등
	기관자산	기업체 연계, 공공서비스 연계 등

2-2. 마을기업의 운영원칙과 요건

마을기업으로 지정되기 위하여 다음과 같은 공동체성, 공공성, 지역성, 기업성의 4가지 운영원칙을 고려하여 설립 · 운영하여야 한다. (2021 행정안전부 마을기업 육성사업 시행지침)

---

28) 행정안전부 마을기업 육성사업 시행지침
- 지역주민 : 동일한 생활권에서 공동의 목표와 가치를 가지고 실제 상호 교류하는 공동체의 구성원
- 지역자원 : 지역에 존재하는 유 · 무형의 인적 · 물적 자원
- 지역문제 : 지역 내 충족되지 않은 필요(요구) 사항이나, 지역 주민 삶의 질 향상을 위해 필요한 사항
- 지역공동체 이익 : 마을기업의 이익뿐만 아니라 이해관계자 또는 지역사회 전체가 얻게 되는 편익의 총합
- 마을 : 지리적으로 타 지역과 구분되거나 일상적 생활을 공유하는 범위 내에서 상호 관계나 정서적 공감대가 형성되어 있는 곳

마을기업의 운영원칙과 요건

① (공동체성) 기업의 구성 · 운영에 있어 공동체를 중심으로 자발적 참여, 민주적 운영, 상호신뢰를 바탕으로 공동체 회복 및 사회통합[29]

② (공공성) 호혜와 협력에 기반으로 지역 내에서 다양한 공헌 및 상생을 위한 활동을 통해 공익적 및 공공적 가치를 창출하여야 함.

③ (지역성) 지역을 근거로 활동하는 사람들이 주도하여 지역문제를 해결하기 위한 사업계획을 수립하고 지역 내에서 생산 · 소비 · 교환 · 분배가 이루어지는 선순환구조를 통해 지역 활성화에 기여하여야 함.[30]

④ (기업성) 시장경쟁력이 있는 사업계획을 수립하고 안정적인 매출 및 수익을 통해 지속가능성을 확보함으로써 지역경제 활성화에 노력하여야 함.

마을기업의 운영원칙에 따라 신규 지정 시에는「지정요건」을 충족해야 하고, 운영 시에는「지정요건」과「운영요건」을 모두 충족시켜야 한다.

① 공동체성 : 공동체가 출자하여 기업을 설립하여야 하며, 기업 설립과 운영에 공동체가 참여하고 결정하여야 한다.

① 지정요건 : 신규 마을기업 심사 전에 반드시 갖춰야 할 요건

<table>
<tr><td rowspan="2">요건 1</td><td colspan="2">마을기업의 모든 회원은 마을기업으로 지정받고자 신청한 법인에 출자하여야 함
– 마을기업으로 신청한 법인과 심사를 통해 지정된 마을기업은 출자자와 회원이 동일하여야 하며 법인의 출자금과 마을기업의 출자금 총액은 같아야 함
– 마을기업은 법인 전체를 지정하는 것이 원칙이며, 법인의 일부를 마을기업으로 신청한 경우 행정안전부 심사에서 지정 여부 판단</td></tr>
<tr><td>확인방법</td><td>마을기업 회원명부, 주주 및 조합원 명부와 대조 확인
법인등기부등본 등 추가 서류 확인</td></tr>
</table>

29) 사회통합이란, 시장경제의 문제로 야기된 양극화 및 사회적 배제를 결속력, 연대감, 관용, 상호교류 등을 기반으로 사회적 참여 및 공동체 확대를 통해 극복하여 통합하는 과정을 의미에 이바지해야 함

30) 지역의 범위는 사업자의 거주지 또는 직장의 주소를 기준으로 하고 농촌 지역은 '읍', '면'을 기본으로 도시지역은 '구(자치 · 행정시 등)는 '동' 지역 산 연계 가능

요건 **2**	마을기업 설립 시 회원(출자자)은 최소 5인 이상이어야 함 (회원 10인 이상 출자하여 공동체성을 최대한 확보하는 것을 권장) – 마을규모, 지역범위, 사업내용 등에 비추어 공동체성을 보장할 만큼의 충분한 수의 회원을 갖추도록 노력해야함	
	확인방법	마을기업 회원명부 등
요건 **3**	마을기업 회원은 공동의 목표와 가치를 공유하고 공동체 일원으로서 마을기업의 계획과 운영에 자발적으로 참여하여야 함	
	확인방법	정관, 회의록 및 현장 확인 등을 통해 정성평가
요건 **4**	마을기업은 사업계획 및 운영 방침을 민주적 절차에 의해 스스로 결정하여야 함	
	확인방법	정관, 규약 · 규정, 회의록 및 현장 확인 등을 통해 정성평가
요건 **5**	마을기업을 설립하기 위해 회원 5명 이상이 입문교육을 이수하여야 하며 교육에는 대표자를 포함하여 다양한 마을기업 회원이 참여하여야 함	
	확인방법	교육 이수증 등
요건 **6**	마을기업의 민주적 의사결정을 위하여 모든 회원(출자자)은 출자금액*을 최대한 공평(동일한 비율)하게 출자하도록 노력하여야 함 * 출자금액 : 마을기업 신청을 위해 출자한 자부담금을 포함하여 법인에 출자된 모든 금액 (예시) 마을기업 지정 신청일 전까지 법인 출자금이 1억원이고, 추가로 마을기업 자부담(보조금의 20%) 1천만원을 출자한 경우, 총 출자금액은 1억 1천만원 (마을기업 신청을 위해 출자한 금액도 법인 출자금으로 포함시켜야 하며, 기존 법인 출자금을 사용하지 않고 보유하고 있는 경우 잔여 출자금을 자기부담금으로 부담할 수 있음) – 최대 출자자 1인의 지분은 30% 이하여야 하며, 특정 1인과 그 특수관계인** 모두의 지분 합이 50% 이하여야 함 ** 특수관계인 ① 배우자 및 직계 존비속, 형제 · 자매 ② 배우자 및 직계 존비속이 50% 이상을 출자하고 있는 법인 ③ 배우자 및 직계 존비속이 이사의 과반수이거나 출연금의 50% 이상을 출연하고 그 중 1인이 설립자로 되어 있는 비영리법인	
	확인방법	주주 및 조합원명부 등 개인 출자금액이 포함된 서류

② 운영요건 : 마을기업 지정 후 지켜야 할 운영원칙

요건 1	마을기업 운영을 통해 지속적으로 회원(출자자)을 확보하도록 노력하여야 함 (최소 5인 이상은 지속 유지하여야 함) – 회원 수가 증가하더라도 출자자 지분은 지정요건에 부합하여야 하며 의사 결정은 민주적으로 이루어져야 함	
	확인방법	마을기업 회원 명부 및 출자자 명부 확인 필요시, 이사회 및 관련 회의자료 등 확인
요건 2	마을기업 회원은 공동의 목표와 가치를 내재화하고 공동체 일원으로서 마을기업의 계획수립과 운영에 적극적으로 참여하여야 함	
	확인방법	현장인터뷰 및 이사회, 총회 등 회의자료 확인
요건 3	마을기업 운영과정에서 회원 간 원활한 의사소통을 통해 투명성 및 공정성, 정보와 의사결정의 민주성을 확보하도록 노력하여야 함	
	확인방법	현장인터뷰 및 이사회, 총회 등 회의자료 확인

② 공공성 : 마을기업의 설립 목적이 지역의 문제를 해결하고, 지역사회에 공헌하고 지역과 상생하여야 한다.

① 지정요건 : 신규 마을기업 심사 전에 반드시 갖춰야 할 요건

요건 1	마을기업 회원은 마을기업 설립 · 운영 과정에서 개인의 이익보다는 마을기업의 이익을 우선으로 하여야 하며, 마을기업은 마을과 지역사회 전체의 이익을 실현하고 상생하도록 노력하여야 함	
	확인방법	정관, 출자금 배당현황 등
요건 2	마을기업은 지역의 필요와 욕구를 충족하고 주민 전체의 삶의 질 향상을 위해 노력하여야 하며 특히 지역의 일자리 및 소득 창출에 기여하여야 함	
	확인방법	정관 등을 통해 마을기업 설립 목적 등 확인
요건 3	마을기업은 기업 활동을 통해 지역사회 발전에 이바지하고 마을공동체 활성화 및 지역사회에 공헌하도록 노력해야 함	
	확인방법	정관, 사업계획서(수익금 활용계획 및 실적) 등 확인

요건 4	마을기업의 설립과정에 지역주민 또는 지역 내 다양한 이해관계자 등을 참여시켜야 하며, 의견을 수렴하고 반영하도록 노력하여야 함	
	확인방법	회의록, 사업계획서 등을 통해 확인
요건 5	마을기업은 정치적 중립을 유지하여야 함 – 마을기업 명의로 특정 정당 또는 후보를 지지하거나, 선거홍보에 마을기업명을 노출한 사례가 있는지 여부 확인 – 대표자가 후보인 경우라도, 마을기업명을 노출하거나 선거에 활용할 수 없음	
	확인방법	현장인터뷰 등을 통해 확인

② 운영요건 : 마을기업 지정 후 지켜야 할 운영원칙

요건 1	마을기업은 일자리의 질* 및 고용의 형평성**을 확대하기 위해 노력하여야 함 * 일자리의 질 : 근로자 임금수준 및 근로자 역량강화 노력 등 ** 고용의 형평성 : 다양한 계층, 연령, 성별 등 마을기업의 설립목적 및 가치에 부합하는 고용형태의 확대	
	확인방법	실적보고서, 실태조사 및 정기점검 시 증빙자료 확인
요건 2	마을기업의 지역사회공헌활동은 사회적 환원 및 사업내용 · 계획과의 연계성을 중심으로 진행하여야 함 – 특히 사업계획서 상의 지역사회공헌활동(또는 이에 상응하는 공헌)을 반드시 이행해야 함	
	확인방법	실적보고서, 실태조사 및 정기점검 시 사회공헌활동 실적자료
요건 3	원활한 마을기업 운영을 위해 지역주민 또는 지역 내 다양한 이해관계자 등과의 협력관계를 구축 · 유지하여야 함	
	확인방법	회의록, 지역 유관기관 회의자료, 협약 등 증빙자료 확인
요건 4	마을기업은 정치적 중립을 유지하여야 함 – 마을기업 명의로 특정 정당 또는 후보를 지지하거나, 선거홍보에 마을기업을 노출한 사례가 있는지 여부 확인 – 대표자가 후보인 경우라도, 마을기업명을 노출하거나 선거에 활용할 수 없음	
	확인방법	상시 모니터

③ 지역성 : 마을기업에 지역자원을 활용하고 동일한 생활권(마을)을 기반으로 거주하는 주민들이 참여하여야 한다.

① 지정요건 : 신규 마을기업 심사 전에 반드시 갖춰야 할 요건

<table>
<tr><td rowspan="2">요건 1</td><td colspan="2">마을기업은 지역 내 소재하고 있는 사업장을 기반으로 설립 · 운영되어야 함[31)]</td></tr>
<tr><td>확인방법</td><td>법인등기부 등본 및 사업자등록 주소 확인</td></tr>
<tr><td rowspan="2">요건 2</td><td colspan="2">마을기업은 지역에 소재하는 자원(유 · 무형의 인적 · 물적 자원)을 활용한 사업을 하여야 함</td></tr>
<tr><td>확인방법</td><td>사업계획서 등 확인</td></tr>
<tr><td rowspan="2">요건 3</td><td colspan="2">마을기업은 지역사회 문제와 지역주민의 욕구와 연계된 사업계획을 수립하고 사업을 추진하여야 함</td></tr>
<tr><td>확인방법</td><td>사업계획서 등 확인</td></tr>
<tr><td rowspan="2">요건 4</td><td colspan="2">마을기업은 지역 주민이 주도하는 기업이어야 함
– 마을기업 자부담(보조금의 20%)은 구성원들이 자발적으로 출자(법인 출자금 포함)하여야 함
– 마을기업 회원의 70% 이상은 지역주민이어야 하며, 총 회원이 5인인 경우는 5인 모두 주민이어야 함</td></tr>
<tr><td>확인방법</td><td>마을기업 회원명부, 법인출자자 명부, 자부담 내역 등 확인</td></tr>
</table>

31) 지역의 범위 (거주지 또는 직장주소 기준)
  ㅇ 농촌지역은 '읍 · 면'을 기본으로 도시지역은 '구(자치 · 행정구)'를 기본으로 함
  ㅇ '구'가 없는 시(도농복합시, 행정시 등)는 '동' 지역 간 연계 가능

② 운영요건 : 마을기업 지정 후 지켜야 할 운영원칙

<table>
<tr><td rowspan="2">요건 1</td><td colspan="2">지역을 기반으로 지역 주민이 주도하는 기업이어야 함
– 지역 내 사업장 소재, 지역자원 활용, 지역주민 비율(회원의 70% 이상, 회원이 5인인 경우 5인 모두) 등을 유지하여야 함</td></tr>
<tr><td>확인방법</td><td>법인등기부 등본, 사업자등록 주소, 사업계획서, 출자자 명부 등</td></tr>
<tr><td rowspan="2">요건 2</td><td colspan="2">마을기업은 지역 내에서 생산 · 소비 · 교환 · 분배가 이루어지는 지역순환경제 구축을 위해 노력하여야 함</td></tr>
<tr><td>확인방법</td><td>실적보고서, 실태조사 및 정기 점검 시 확인</td></tr>
<tr><td rowspan="2">요건 3</td><td colspan="2">공공성에 기반한 지역사회공헌활동은 마을기업 소재지를 우선적으로 추진하여야 하며 고용은 지역주민을 우선적으로 고용*하여야 함
* 고용 인력의 70% 이상은 지역 주민이어야 함</td></tr>
<tr><td>확인방법</td><td>지역사회공헌활동 내역 확인 및 근로계약서, 4대보험 가입증명 및 주민등록 내역 확인</td></tr>
<tr><td rowspan="2">요건 4</td><td colspan="2">마을기업 활동은 지역사회문제해결과 지역주민의 필요 및 욕구를 충족시키는데 우선하여야 함</td></tr>
<tr><td>확인방법</td><td>실적보고서 등</td></tr>
</table>

④ 기업성 : 마을기업은 정부 보조금이 종료된 후에도 자립 운영할 수 있도록 안정적인 매출과 수익을 올릴 수 있는 구조가 되어야 한다. .

① 지정요건 : 신규 마을기업 심사 전에 반드시 갖춰야 할 요건

<table>
<tr><td rowspan="2">요건 1</td><td colspan="2">마을기업은 각종 사업을 통해 수익을 창출하는 경제조직*이어야 함
* 단순히 공익을 추구하는 비영리 사회단체나 조직은 마을기업으로 부적합
– 원활한 사업운영을 위해 법인 설립 이후 마을기업 사업계획과 관련한 사업운영 실적이 있거나 마을기업 회원의 경력이나 경험 등이 반영된 사업계획을 수립하도록 노력하여야 함</td></tr>
<tr><td>확인방법</td><td>법인등기부등본, 관련 사업운영실적 또는 회원 경력 등을 확인할 수 있는 자료</td></tr>
</table>

<table>
<tr><td rowspan="2">요건 2</td><td colspan="2">마을기업의 사업은 시장경쟁력*이 있어야 함
* 장기적으로 주수입이 사업에서 나와야 하며 순수 민간기업과의 경쟁이 치열한 사업은 마을기업으로 부적합하며 가능한 순수 민간시장과 상호보완적 사업계획 수립을 위해 노력하여야 함</td></tr>
<tr><td>확인방법</td><td>사업계획서 등 확인</td></tr>
<tr><td rowspan="2">요건 3</td><td colspan="2">* 민법에 따른 법인, 상법에 따른 회사, 협동조합기본법에 따른 협동조합, 농어업경영체법에 따른 영농 · 영어조합법인 등 법인이어야 함
– 시도 공고일 기준으로 최소 5개월 이전에 법인을 설립하여 운영한 경우에만 신청할 자격이 부여됨(운영실적이 있어야 함)
※ 단, 예비마을기업의 경우, 시도 공고일 기준으로 5개월 이전에 예비마을기업으로 약정 체결하고 운영한 경우를 말함
– 법인이 아닌 경우와 법인(예비마을기업) 설립‧운영 기간이 5개월 미만인 경우에는 시군구에서 시도로 추천 불가</td></tr>
<tr><td>확인방법</td><td>법인등기부등본, 운영실적을 확인할 수 있는 자료(매출내역, 근로자 채용, 사업 결과물, 회의록 등)</td></tr>
</table>

② 운영요건 : 마을기업 지정 후 지켜야 할 운영원칙

<table>
<tr><td rowspan="2">요건 1</td><td colspan="2">마을기업은 지속가능하여야 함
– 마을기업은 순이익의 10% 이상을 사업 추진에 대한 손실금 충당을 위해 적립하여야 하고, 순이익의 30% 이상을 재투자를 위한 유보금으로 적립해야 함</td></tr>
<tr><td>확인방법</td><td>법인 재무제표상 이익잉여금 처분계산서 및 관련 서류 등 확인</td></tr>
<tr><td rowspan="2">요건 2</td><td colspan="2">마을기업 사업은 마을기업 회원(대표 또는 이사)들의 개인적인 영리활동과는 분리되어야 하며 분리된 상태에서도 충분한 수익을 창출할 수 있어야 함</td></tr>
<tr><td>확인방법</td><td>마을기업 회원의 사업자등록 및 재직증명 확인</td></tr>
<tr><td rowspan="2">요건 3</td><td colspan="2">2012년 이전에 비(非)법인으로 지정된 마을기업의 경우, 최대한 신속하게 법인으로 전환하도록 노력하여야 함(법인으로 전환 후 보조금사업에 지원 가능)</td></tr>
<tr><td>확인방법</td><td>법인등기부등본 등</td></tr>
</table>

3
마을기업의 유형과 주요 지원정책

3-1. 예비마을기업

예비마을기업은 마을기업의 정체성과 사업성이 갖춰진 경쟁력 있는 마을기업을 발굴 · 육성하기 위한 예비단계의 마을기업이다. 예비마을기업으로 지정되기 위한 신청 자격은 마을 또는 단체(5인 이상 참여하는 비(非) 법인의 공동체) 등도 가능하며 1천만 원 한도 내(자부담 20%)에서 사업비 지원이 가능하다. 예비마을기업의 지정은 일반적으로 마을기업의 공모 · 심사 일정과 병행하여 실시하는데 지역별 상황에 따라 조정될 수 있다.

예비마을기업의 육성 · 관리 방안

- 예비마을기업 지정 후 시 · 군 · 구는 약정체결, 보조금 교부 등 후속 조치
  ※ 법인이 아닌 예비마을기업은 법인 설립 후 보조금 교부
- 지자체는 예비마을기업이 약정체결 후 2년 안에 마을기업으로 지정될 수 있도록 육성 관리하여야 함
  단, 예비마을기업 제도의 취지를 고려하여 최소 5개월 이상 육성하여야 함
- 지자체가 마을기업 육성을 위해 추진하는 판로 행사, 교육 · 컨설팅, 각종 보조사업 등에 예비마을기업을 포함할 수 있음
  ※ 단, 행정안전부가 주관 · 추진되는 각종 보조금 지원사업, 박람회, 장터, 경영컨설팅 등 모든 프로그램에는 원칙적으로 예비마을기업은 제외함
- 시 · 도는 예비마을기업이 지정 취지 · 요건에 맞게 운영되고 있는지 관리하여야 함
  - 보조사업 기간 중 사업계획을 변경할 경우 지자체 판단으로 변경이 가능하나 사업별 예산 편성 · 집행 기준 범위 내에서 변경하여야 함
  - 2019년 이전에 지정 · 관리 중인 예비마을기업이 신속히 마을기업으로 지정될 수 있도록 관리하여야 하며, 2년이 초과한 경우 시 · 도 판단에 따라 지정 취소할 수 있음

- 예비마을기업은 포장재, 홍보물 등에 「ㅇㅇ시 · 도에서 지정한 예비마을기업」 명시 가능
- 시 · 도에서 자체 예산만을 활용하여 예비마을기업을 지정하고자 할 경우, 자체 기준에 따라 선정 · 관리할 수 있음
  - 단, 예비마을기업 기준(최소 5개월 이상 육성 등)에 미달하는 경우는 예비마을기업으로 인정되지 않을 수 있음(2021 마을기업 육성사업 시행지침, 행정안전부)

예비마을의 지정 절차는 광역(시 · 도) 공고 ➡ 기초(시 · 군 · 구) 신청접수 ➡ 광역(시 · 도)의 심사 및 지정 ➡ 기초(시 · 군 · 구)의 약정체결 및 보조금 교부, 정산, 모니터링의 순서로 진행한다.

3-2. 육성형 마을기업

1회차(신규) 마을기업

1회차(신규) 마을기업은 마을기업으로서 존속하고 자립할 수 있도록 사업 기반을 구성하고 역량의 제고를 위하여 마을기업의 지정요건을 충족하여 마을기업으로 지정되어 처음 사업비를 지원받는 기업이다. 1회차 마을기업의 대상은 지역을 기반으로 하는 공동체가 주도(주민 5인 이상이 참여하는)하여 설립한 법인으로 공고일 기준 최소 5개월 이전에 법인을 설립하여 운영한 실적이 있는 경우 신청이 가능[32]하다.

2회차(재지정) 마을기업

2회차(재지정) 마을기업은 신규 마을기업으로 지정된 후 마을기업의 가치 실현과 건실한 기반 마련을 위하여 2회차 사업비를 지원받는 기업이다. 2회차 마을기업의 지정 대상은 모집 공고일 기준 1회차 보조사업을 운영한 마을

32) 예비마을기업의 경우 공고일 기준으로 최소 5개월 이전에 예비마을기업으로 약정체결하고 운영한 경우를 말함.

기업(1차 년도 사업비 정산이 완료되어야 함) 중에서 운영실적이 우수하고 마을기업의 정체성을 유지하고 있는 마을기업으로 한다.

3회차(고도화) 마을기업

3회차(고도화) 마을기업은 운영성과가 뛰어나고 마을기업의 가치를 실현하는 우수한 기업이 대표 마을기업으로 성장할 수 있도록 3회차 사업비를 지원받는 기업이다. 3회차 마을기업의 지정대상은 2회차 보조사업을 성실히 운영한 마을기업(2차 년도 사업비 정산이 완료되어야 함) 중에서 운영실적이 뛰어나고 마을기업의 정체성을 유지하고 있는 마을기업으로 한다.

| 표 4-1 | 예비마을기업 및 마을기업의 지원내용

구분	예비마을기업	마을기업
지원대상	– 최소 5인(모두 지역주민) 또는 6인 이상(지역주민 70% 이상) – 지역자원을 활용한 사업을 통해 수익창출 및 마을발전에 공헌이 가능한 단체 – 모든 회원은 자부담의 일정부분 납부 – 기업성 공동체성, 지역성, 공공성	좌동 – 민법상 법인, 상법상 회사, 협동조합 기본법상 협동조합 등 조직형태가 법인 – 모든 회원은 법인에 출자 좌 동
지원범위	기업별 1천만 원 이내 자부담은 총사업비의 20% 이상	1차년도 5천만 원 2차년도 3천만 원 자부담은 보조금의 20% 이상
지원내용	공사 등 시설비, 물품구입비, 재료비 홍보비, 임차비, 시설장비유지비, 인건비(총사업비의 20% 이내)	
기 타	마을기업 육성자금 보조금이 지원되는 당해연도에 정부의 유사지원사업과 보조금 중복지원은 불가	

청년 마을기업 육성제도

마을기업에 젊고 유능한 청년자원을 보강하여 생산성을 높이고 청년 일자리 창출에 기여하기 위해 청년 마을기업을 발굴 · 육성하는 제도로 청년[33]들이 주도하여 설립 · 운영하는 마을기업을 말한다.
청년 마을기업은 창의적이고 진취적인 사업 아이템으로 회원(출자자)의 50% 이상이 청년이고, 50% 이상이 마을 주민으로 구성되어 있어야 한다. 청년 마을기업의 보조금의 규모는 마을기업의 1 · 2 · 3차의 사업비와 동일하지만 자부담 비율을 10% 이상으로 경감하여 부담을 완화하였다.

※ 청년 마을기업은 특별히 명시된 혜택(조건) 이외는 일반 마을기업의 지정요건이 필요하며, 선정 및 관리도 그에 준한다.

4 마을기업의 지정[34]

마을기업의 지정은 1회차(신규) 마을기업 심사에서 마을기업으로 지정되고 약정을 체결한 후 행정안전부로부터 마을기업 지정서를 교부하는 일련의 과정을 말하며, 자의 또는 타의에 의해 마을기업 지정취소가 될 때까지 그 효력은 유지된다. 마을기업 지정권자는 행정안전부이며, 행정안전부는 심사 결과와 함께 지방자치단체에 마을기업 지정 결과를 통보한다. 행정안전부는 약정이 체결된 마을기업에 행정안전부 장관 명의의 지정서를 교부한다.

33) 청년이란 '전통시장 및 상점가 육성을 위한 특별법'에서의 청년으로 상인을 만 39세 이하로 규정
34) 2021년 마을기업 육성사업 시행지침(행정안전부 2021.1)

| 표 4-2 | 마을기업의 지원체계

예비마을기업

시도에서 선정
최대 1천만원 지원

↓

1회차(신규) 마을기업

지방자치단체 공모, 시도 및 행정안전부 심사
최대 5천만원 지원

↓

2회차(재지정) 마을기업

지방자치단체 공모, 시도 및 행정안전부 심사
최대 3천만원 지원

↓

3회차(고도화) 마을기업

지방자치단체 공모, 시도 및 행정안전부 심사
최대 2천만원 지원

※ 예비단계를 거치지 않고 (신규)마을기업을 신청하는 경우 일정 기간의 법인운영실적이 필요

5 자활사업의 이해와 자활기업의 설립

1 자활사업의 이해

자활(自活, self-support)이란 의미는 자기의 힘으로 살아간다는 것이다. 자활사업은 정부가 국민의 기초생활을 보장하는 '국민기초생활보장제도[35]에 의하여 근로 능력이 있는 저소득층이 삶의 고비를 넘고 자립기반

| 표 5-1 | 자활사업의 참여절차

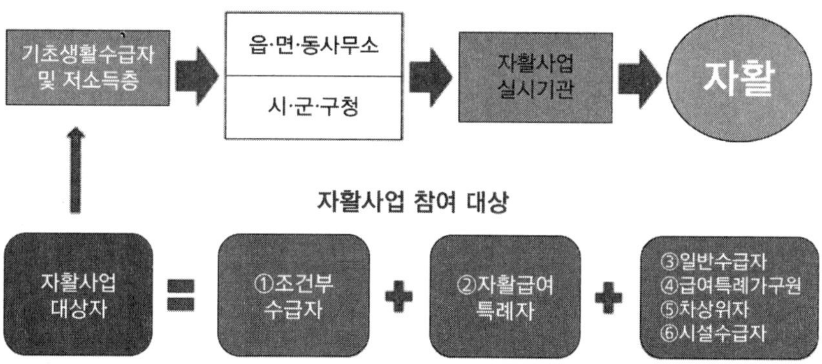

※ 의무참여 : ① 희망참여 : ② ~ ⑥ 수급자 : ①, ②, ③ 참여우선대상 : ① → ② → ③, ④, ⑤, ⑥

을 마련하여 지원이나 후원이 아닌 근로를 통하여 실질적인 자립에 이르게 하는 사업을 말한다. 그러므로 자활사업은 자활대상자가 스스로 자활할 수 있도록 자활능력을 배양하고 근로기회를 제공하는 것을 주 내용으로 한다.

| 표 5-2 | 자활 근로사업의 참여유형(최대 60개월)

참여유형	내 용
사회서비스형 자활근로	사회적으로 유용한 일자리 제공으로 참여자의 자활능력 개발과 의지를 고취하여 향후 시장진입을 준비하는 사업으로 총사업비의 10% 이상이 매출액으로 발생하여야 하는 자활근로사업
시장진입형 자활근로	시장진입을 지향하는 자활근로사업
인턴 · 도우미형	지방자치단체, 지역자활센터, 사회복지시설 및 일반기업체 등에서 자활사업대상자 자활 인턴사원으로 근로하면서 기술 · 경력을 쌓은 후 취업을 통한 자활을 도모하는 취업 유도형 자활근로사업
시간제 자활근로	돌봄 · 간병 · 건강 등의 사유로 종일 일자리 참여가 어려운 저소득층을 위한 시간제 자활근로사업
청년자립도전 자활근로	자활사업에 참여하는 청년들이,'맞춤형 자활지원'으로 스스로 개인의 변화와 성장을 이끌어내고 공동체성을 회복하는 것에 중점을 맞춘 자활근로사업

35) 국민기초생활보장제도는 대한민국의 공공부조 사회보장제도이며 국민기초생활보장법은 국민기초생활보장제도를 규정한 법률이다. 이 법의 수급을 받는 사람을 기초생활수급자라고 함.

2
자활사업대상자의 선정

자활사업대상자 선정은 자활사업에 참여하기 위한 사전조치로서 근로능력의 유 · 무를 판정하고, 근로능력이 있는 수급자에 대하여 조건부과 및 유예를 결정한다. 선정기준은 자활사업 참여를 희망하는 차상위자에 대해서는 대상자가 「월별 건강보험료의 상한과 하한에 관한 고시」의 건강보험 최저보험료 납부 사실을 확인하여 간이상담 후 자활사업에 우선 참여할 수 있게 조치한다.

시 · 군 · 구청장은 통합조사관리담당자가 자격여부 확인에 따른 기준 초과자가 소득, 재산, 여건 등 개인의 상황에 따라 자활사업에 참여가 필요하다고 인정하는 경우 지역생활보장위원회를 통해 자활사업에 계속 참여가 가능하다. 또한 자활사업에 참여 중인 차상위자에 대하여 정기적으로 조사하여 비적격자의 참여를 방지하기 위한 조사를 실시한다.

3
자활기업의 설립

자활기업은 2인 이상의 수급자 또는 저소득층이 상호 협력하여 조합이나 사업자의 형태로 탈빈곤을 위한 자활사업을 운영하는 기업으로, 국민기초생활보장법에 의한 자활기업의 성립요건을 갖추고 보장기관[36]으로부터 인정을 받은 업체를 말한다. 자활기업은 정관 또는 운영규정 등에 사용자와 근로자 등의 이해관계자가 참여하는 의사결정 구조를 갖춰야 하며, 저소득층에게 일자리를 제공하거나 지역사회에 공헌하는 사회적 목적실현이 주된 목적으로 명시되어 있어야 한다.

| 표 5-3 | 자활기업의 성립요건

- 구성원 중 기초생활보장 수급자가 1/3 이상, 구성원은 2인 이상이나 조합 또는 부가가치세법상 1인 이상 사업자로 설립 가능
- 모든 구성원에 대해 시장진입형 표준소득액 이상의 수익금 배분이 가능하여야 함
- 자활기업 근로일수가 조건이행 기준을 충족하여야 함
- 주당 평균 3일 이상의 근로에 종사하거나 주당 평균 4일 이상의 기간동안 22시간 이상의 근로에 종사
- 자활근로사업단의 자활기업 전환 시 사업의 동일성 유지

※ 사회적기업이 자활기업 성립요건을 갖추고 보장기관의 인정을 받은 경우도 가능

자활기업의 성립요건을 모두 갖춘 후 지역자활센터 등 자활사업실시기관(읍/면, 동 포함)은 관련 서류[37]를 제출하여 시/군/구청장에게 신고함으로 자활기업으로 인정된다.

4 자활기업의 지원[38]

자활사업 지원의 기본개념은 자활대상자의 자립을 체계적으로 지원하기 위한 근거로써 시 · 군 · 구에서 대상자와의 상담을 통하여 계획을 수립하고, 개인의 업무역량과 능력에 대한 진단, 자활근로와 취 · 창업, 자산형성 등 유관서비스에 대한 욕구사정에 대한 내용을 포함한다.

---

36) 보장기관 : 국민기초생활 보장법에 따른 급여를 실시하는 국가 또는 지방자치단체를 의미
37) 요건 충족에 관한 증빙서류 및 구성원 명단, 사업계획서(최근 3개월간의 경영실적 및 향후 전망 등을 종합적으로 작성), 자활기업의 정관 또는 규약, 기타 관련 서류
38) 2020년 자활사업 안내 (보건복지부 2020.1)

직접지원

1. 자활기업 창업자금(자활근로사업단 매출적립금 활용)
2. 전문 컨설턴트 연계 창업컨설팅
3. 기계설비 및 시설보강사업비(인정 3년 경과된 지원대상자활기업)
4. 우수자활기업지원(인정 5년 경과된 지원대상자활기업 중 공모 · 선정)
5. 사업개발비
6. 수급자, 비수급자, 전문인력 한시적 인건비(최대 5년)
7. 타수급자 사회보험료 기관부담금(최대 2년, 해당기업 재직 중 탈수급한 자)
8. 자활기업 특별보증 및 경영컨설팅(신용보증기금 연계)

간접지원

1. 국 · 공용지 우선임대
2. 국가 또는 지방자치단체 실시사업 우선위탁
3. 조달 구매 시 자활생산품 우선구매
4. 사업자금 무담보 / 무보증 융자(사업운영자금 2천만원, 창업자금 7천만원)
5. 전세점포 임대지원

※ 자활기업의 지원제도에 대한 세부내용은 매년 보건복지부에서 발표하는 '202x 자활사업 안내'를 참고

6

소셜벤처의 이해

1

소셜벤처의 소개

1-1. 모두에게 평등한 교육의 기회가 주어지는 세상을 꿈꾸는 '에누마'

에누마는 '장애로 학습이 어려운 아이들도 혼자서 학습할 수 있는 최고의 교육도구를 만드는 것'이 미션인 회사이다. 공동 창업자인 이수인 · 이건호는 엔씨소프트에서 게임기획과 기술개발의 업무를 수행하고 미국으로 유학하던 중에 장애아동을 위한 학습 애플리케이션 개발사업에 관심을 갖게 되었다.

에누마는 2012년 미국의 버클리에서 창업하여 미국의 유치원부터 초등학교 2학년까지의 수학 개념을 놀이하듯이 익힐 수 있는 토도수학 앱을 개발하였다. 토도수학은 애플의 앱스토어에서 누적 다운로드가 700만 건을 넘기고 8개국의 언어로 서비스되는 등 의미있는 성공을 거두었다. 토도수학의 성공을 기반으로 일론 머스크가 후원하고 전 세계 아동의 문맹퇴치를 목표로 하는 국제경연대회인 '글로벌 러닝 엑스프라이즈(Global Learning XPRIZE)' 대회에 참가하였다. 개발과정에서 에누마가 가장 유의했던 부분은 '사용자의 경험에 대한 배려'로 아프리카 현지 어린이가 처한 상황을 고려하여 개발 · 적용하였고 자율 의지에 따라 흥미를 잃지 않도록 콘텐츠 구성에 공을 기울였다.

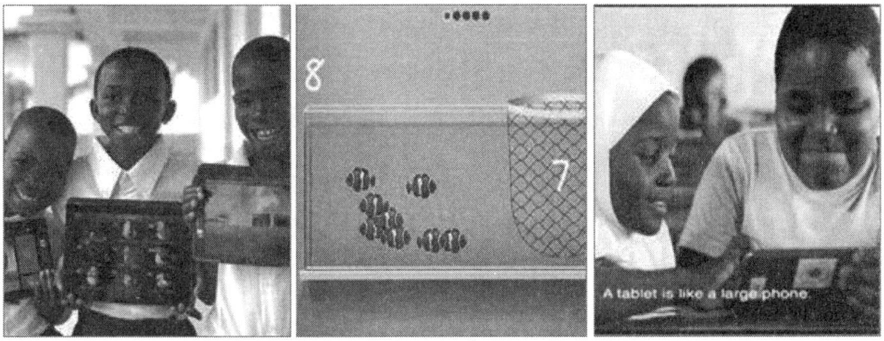

탄자니아에서의 현지테스트 등을 통해 사용자들의 학습 습관까지 고려하여 설계에 적용하는 등 최적의 학습효과를 발휘하여 2019년 5월, 5년간의 경연을 마치며 최종적으로 영국의 원빌리언(ONEBILLION)과 함께 공동 우승자로 선정되었다.

1-2. 개발도상국의 희망을 밝히는 '루미르 조명'

빛을 뜻하는 라틴어 'LUMI'와 세상을 의미하는 러시아어 'MIR'를 합친 이름, 루미르 조명의 박제환 대표는 인도로 배낭여행을 갔다가 잦은 정전 상황을 경험한 후에, 세상에는 13억 명의 사람들이 빛의 부족한 상태로 살아간다는 사실을 알게 되었다. 그는 평소 당연히 여기는 전기의 혜택을 받지 못하는 개도국의 빛 부족 문제의 해결을 위하여 공대 3학년이었던 2014년에 '루미르'를 설립하여 이들이 일상적으로 쓰는 물건을 이용하여 이들의 문제를 해결하고자 하였다. 그는 1년간의 개발과정에서 양초의 열에너지를 이용하여 배터리 없이 촛불의 빛을 100배까지 증폭하여 제공하는 기술을 개발하였다.

그 후 양산화 과정에서 높은 제조 비용의 문제를 해결하고자 캠핑과 정원 문화가 발달한 서구의 소비자를 위한 제품과 개도국을 위한 저가형 제품을 공급하는 이원화 전략으로 사업모델을 적용할 것을 구상하였다. 이에 따라 촛불 램프를 제작하고 사업에 대한 취지를 2016년 1~3월 세계 최고의 크라우드 펀딩 사이트(Kick Starter)를 통해 소개되면서 56개국 1,062명이 참여하여 133,565달러를 선 구매요청을 받기도 하였다. 그 뒤로 전 세계 유력 언론으로부터 소개되면서 다양한 투자 제안을 받아 제품 개발에 동력을 얻을 수 있었다.

'루미르'는 개도국의 생활을 고려해 주변에서 쉽게 구입할 수 있는 식용유나 등유로 작동될 수 있게 하였고 충전이나 교체없이 10년 동안 사용할 수 있는 내구성을 갖추었으며, 더 넓은 공간을 비출 수 있도록 디자인을 개선하였다. 마침내 대기오염이나 날씨의 제약 등 다양한 조건들 충족하는 제품인 '루미르K'를 개발에 성공하였다. 새로운 제품은 기존의 등유램프에 비해 20%의 연료로 2.5배의 밝기를 제공하였고 2017년 NGO와 함께 인도, 인도네시아, 필리핀 등의 현지 테스트 결과 편리성, 사용감 등 8개 항목 모두에서 높은 점수와 함께 97%가 구매 의향을 나타냈다.

인도네시아의 칼리만타 지역 등 '루미르K'의 보급과 판매로 지역주민들에게 밝은 빛은 물론 야간 활동으로 인한 잉여소득을 얻을 수 있게 되었으며 유해물질의 감소로 실내 공기 오염이 완화되는 등 전반적인 삶의 질이 개선되는 효과가 나타나고 있다. 2018년 중소기업벤처부의 글로벌 엑셀러레이팅 지원사업에도 선정되어 해외 진출을 적극적으로 진행하게 되었다.

1-3. 아프리카 대륙의 생명을 구하는 드론 '짚라인'

2014년 실리콘 밸리에서 스타트업으로 탄생한 '짚라인(Zipline)'은 도로 등 교통 인프라가 취약한 르완다 등지의 아프리카지역에서 고정익 드론을 통하여 긴급의약품과 혈액을 운반하는 시스템을 개발하여 수많은 생명을 구하고 있다. 드론은 최고 시속 130km의 속도로 왕복 160km의 거리의 비행이 가능하여 르완다의 대부분 지역을 30분 이내로, 1일 20~30회의 배달이 가능하다.

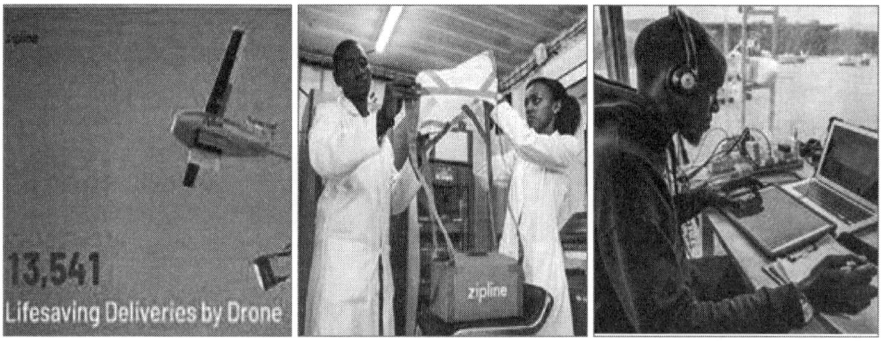

2016년 르완다 정부는 15대의 드론을 갖춘 물류센터를 구축하고 운영에 들어갔는데 혈액의 사용량이 175% 늘었고, 손실률은 95% 감소했다고 밝혔다. 이의 성공을 시작으로 탄자니아 등 동아프리카 전역의 1,000여 군데 이상의 보건시설에 혈액과 의약품을 배송하고 있다.

짚라인은 미국 시장에도 진출하여 지방정부, 국방부 등과 제휴하여 농촌과 부도심, 해병대 등에 혈액과 의료품의 배송서비스를 진행하고 있다. 짚라인의 드론 시스템은 2018년 타임지로부터 최고의 발명품으로 선정되었다. 최근 코로나19와 같은 상황에서 의약품 뿐만 아니라 마스크, 호흡기 등과 같은 개인 보호장비도 배송할 수 있을 것으로 보고 미국 전역에 의약품 배송 시스템을 적용하기 위하여 정부 당국과 긴밀히 협의하고 있다.

2
소셜벤처의 개념

소셜벤처는 사회적 기업가가 사회적인 가치실현을 위하여 혁신적이고 체계적인 해결책을 제공할 목적으로 설립된 기업 또는 조직이다. 즉, 소셜벤처는 사회적 목적과 경제원리를 기반으로 도전정신, 열정, 혁신성 등의 벤처정신을 가미하여 사회적 가치를 생산해 내는 비즈니스 벤처라고 할 수 있다.

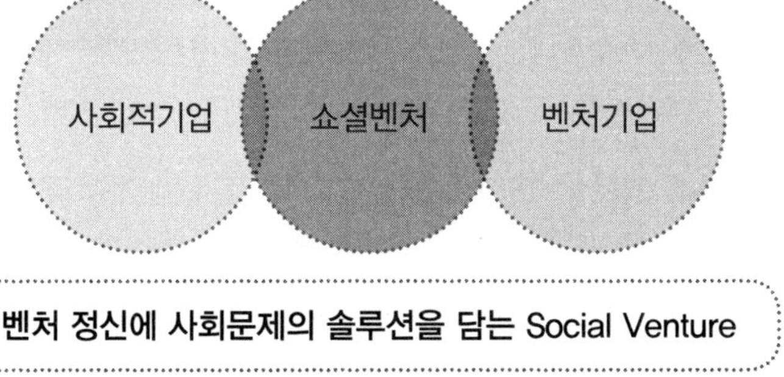

| 표 6-1 | 유사기업과 소셜벤처의 비교

사회적기업	소셜벤처	벤처기업
사회적 문제 해결과 영리적 추구	혁신적 사업모델로 사회적 문제 해결	기술혁신 아이디어를 사업화
인증 필요 (사회적기업육성법)	인증 제한 없음	인증 필요 (벤처특별법)

정부는 사회적기업육성법을 제정하여 사회적 목적의 달성을 위한 영업(이윤 추구)활동을 영위하는 사회적기업을 인증하고 있다. 소셜벤처와 사회적기업은 목적과 운영원리는 유사하지만, 정부의 인증을 받아야 하는 사회적기업에 비해 소셜벤처는 사회적기업 인증제도의 기준에 구애받지 않고 다양한 방식과 형태로 도전적이며 창의적으로 사업화할 수 있는 장점이 있다.

| 표 6-2 | 소셜벤처의 기준(중소벤처기업부, 기술보증기금)

	사회성	점수
1	정부 인증 사회적 경제기업(사회적기업, 사회적 협동조합, 마을기업, 자활기업)	100점
2	정부 소셜임팩트 펀드에서 5000만원 이상 투자	100점
3	B-corp 인증	50점
4	사회적 가치 추구 (정관 명시)	50점
5	사회적 성과 측정 · 보고 (정관 명시)	50점
6	사회문제에 기업 이윤 배분 (정관 명시)	20점
7	소셜벤처기업 대회 수상	20점
8	소셜벤처기업 육성사업 참여	20점
9	사회적 가치 위해 외부기관과 파트너십	10점
10	대표자가 사회적 가치 관련 조직에서 5년 근무	10점
11	대표자가 사회적 가치 교육 20시간 이수	5점
12	대표자가 사회적 가치 관련 대학동아리 등 출신	5점

	혁신성장성	점수
1	벤처기업, 이노비즈기업, 메인비즈기업	100점
2	3년간 매출 · 고용 연 20% 이상 증가	100점
3	전부 소셜임팩트 펀드에서 5000만원 이상 투자	100점
4	민간 임팩트 투자기관서 3000만원 이상 투자	50점
5	기술력 · 상품성 관련 정부 인증	50점
6	특허권 등 지식재산권 보유	40점
7	2년간 매출 대비 R&D 5% 이상	40점
8	5년 내 국제 창업경진대회 수상	40점
9	창업플랫폼 입주 · 보육 진행	30점
10	정부 R&D사업, 부설연구소 보유	20점
11	정부 주관 창업경진대회 수상	20점
12	민간 사회적경제 사업서 3000만원 이상 투자	20점
13	혁신성장공동기준으로 제품 생산	20점
14	대표자가 자연계 교수 · 연구원 등 출신	10점

※ 소셜벤처 판별 기준 : 사회성과 혁신성 모두 평가 기준의 합계가 70점 이상이어야 함

국내에서는 정부와 민간의 예비사회적기업의 발굴 · 지원과 각종 경연대회 개최를 통해 소셜벤처의 창업을 장려하고 있으며 특히, 청년 계층의 소셜벤처 창업과 중소기업 또는 퇴직자의 소셜벤처로의 전환 등도 두드러진 이슈로 형성되고 있다.

소셜벤처는 사회적기업육성법과 인증제도에 구애받지 않고 자유롭고 혁신적인 사업모델로 다양한 사회문제를 해결하고 기업으로서 지속가능한 성장을 동시에 추구하여 기존의 사회적기업의 문제들을 해결할 수 있는 기업으로 건강한 사회혁신의 생태계를 조성하는데 효과적일 것이라는 많은 기대를 받고 있다. 소셜벤처는 중소벤처기업부와 고용노동부를 중심으로 창의적인 소셜벤처의 아이디어를 발굴하여 혁신적인 사회적경제기업의 모델로 창업의 저변을 확대하고자 다양한 정책 지원을 하고 있다.

소셜벤처 정책방향

중소기업벤처부는 '소셜벤처 활성화 대책' 이후 소셜벤처에 대한 개념을 정립하고 지원기반을 마련하는 등 인프라 조성에 주력해 왔으며, 소셜벤처 전용 창업 · 사업을 마련하고, 임팩트 금융을 확대하는 등 소셜벤처의 창업 · 성장을 위한 지원을 하고 있다고 밝혔다.

소셜벤처 활성화 대책('18.5)

① 소셜벤처 판별 · 평가 기준을 마련하고, 실태조사를 추진하는 등 체계적인 소셜벤처 육성 기반 조성

② 소셜벤처의 창업지원과 지역기반 생태계 조성을 통한 소셜벤처 창업 활성화

③ 소셜벤처에 대한 임팩트금융 확대, 소셜벤처 Hub 구축, 국내외 판로, R&D 지원을 통해 성장 촉진

또한, 소셜벤처가 전국적으로 확대될 수 있도록 지역 창조경제혁신센터를 중심으로 지역 소셜벤처 허브를 확대해 나갈 계획임을 강조했다.

(중소벤처기업부 소셜벤처 간담회 : 2020. 5. 6)

| 표 6-3 | 2020 국내 소셜벤처 실태조사 주요 내용[39]

1. 국내 소셜벤처 기업수 : 1,509개사 (2019년 조사내용을 보완 폭넓게 실태 전체를 조사)

2. 대표자 연령, 기업력 및 기업형태

대표자 연령

평균 연령	20~29세	30~39세	40~49세	50~59세	60세 이상	30대 이하 청년 창업
44.6세	3.1%	28.9%	32.9%	25.0%	9.1%	33.0%

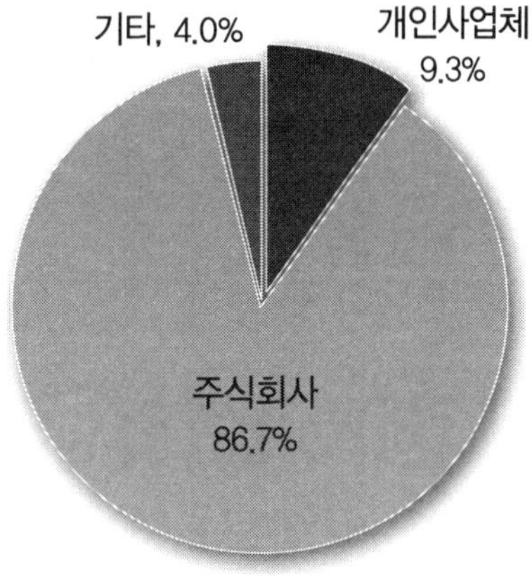

3. 고용창출 효과

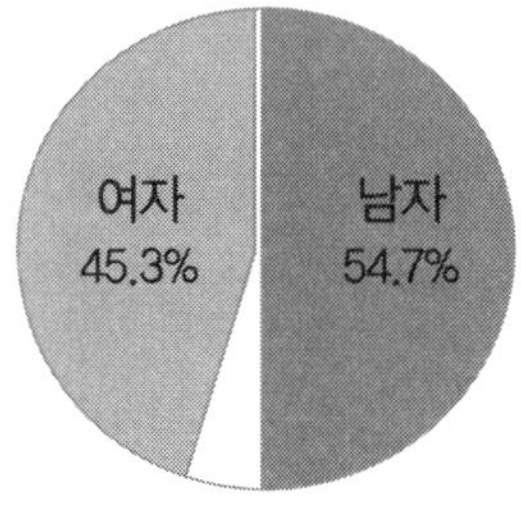

취약계층 고용비율	취약계층 유형별 고용인원 (1,147개사 기준)			
	만55세 이상 고령자	장애인	기타 취약계층	종합
506개 (44.1%)	평균 7.1명	평균 1.6명	평균 1.4명	평균 10.1명

39) 중소벤처기업부 소셜벤처 간담회 자료 (2020. 5. 6)

4. 유형 : 사회적가치 실현 효과

5. 해결하려는 주요 사회문제

순위	해결하려는 주요 사회문제	비 율
1	좋은 일자리 확대와 경제성장	22.7%
2	건강하고 행복한 삶 보장	20.7%
3	빈곤감소 및 사회안전망 강화	11.7%
4	지속가능한 소비/생산 증진	6.4%
5	에너지의 친환경적 생산과 소비	6.4%
6	교육증진	5.6%
7	사회기반시설구축, R&D 확대 및 경제성장	5.6%
8	불평등 해소	5.6%

6. 지원받은 경험 : 자금(투자 등)지원이 47.7%로 가장 높고,
실제 도움이 된 항목에서도 가장 높게(57.0%) 나타남

정부 및 공공기관	대기업	중간 지원 조직	학계 (대학 /연구 기관 등)	은행	기타	없음
43.1%	5.0%	7.3%	2.6%	6.4%	1.7%	33.9%

3

소셜벤처의 생태계

소셜벤처가 추구하는 가치실현으로 사회적 혁신이 원활하게 이루어지기 위해서는 사회적경제와 관련된 다양한 주체들이 서로 유기적으로 협력하면서 선순환되는 생태계가 조성되어야 한다. 소셜벤처 사회혁신 생태계는 거시적 환경에 영향을 받으며 혁신공급(정부 정책, 공공 조달 등)과 혁신수요(캠페인, 수요자 데이터 구축 등)가 선순환된다. 이 과정에서 소셜벤처에게 필요한 전문성, 네트워크, 시장, 자본, 유무형의 자원을 연계하여 다양한 형태의 시너지 효과를 내는 필수조직을 중간지원조직이라고 한다. 소셜벤처에 의한 사회혁신 생태계에서는 매개체인 중간지원조직의 활동에 따라 수요와 공급이 활성화되는데, 이러한 중간지원조직의 역할은 정부나 민간기업만으로 할 수 없는 영역을 포괄한다.

| 표 6-4 | 소셜벤처의 생태계[40]

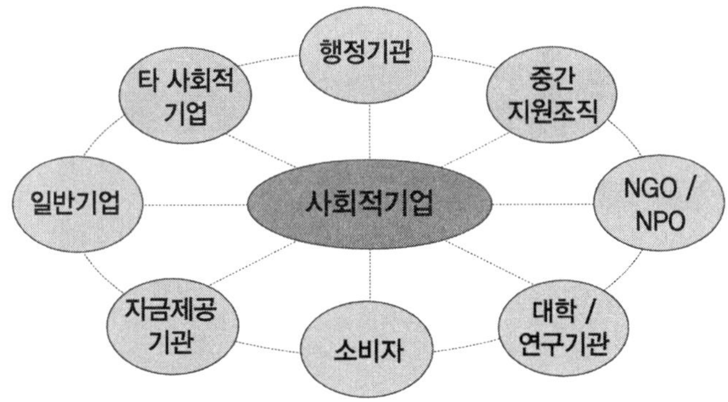

40) '사회적 혁신 클러스터 주체(Tanimoto, 2007)', 김찬미, 김경민, 서울시 사회적기업의 사회적 네트워크 연구 재인용(2014. 9)

국내의 소셜벤처 생태계는 약 1,500여 개의 소셜벤처(2020 기준[41])와 이를 지원하는 임팩트 투자 펀드, 그리고 자금을 소셜벤처에 중개하고 각종 지원사업을 제공하는 중간지원조직으로 구성되어 있다.

임팩트 투자는 기업의 재무적 이익과 사회적 가치 모두 평가하는 자본 투자를 의미하는데, 전 세계적인 추세와 함께 국내에서도 소셜벤처의 증가로 임팩트 투자에 대한 긍정적인 분위기가 확산되고 있다.

중간지원조직은 소셜벤처의 발굴과 임팩트 투자를 연계해 줄 뿐만 아니라, 소셜벤처가 사업을 영위하는데 직면하는 다양한 어려움을 해결해주고 있어 여러 가지 불확실성이 높은 소셜벤처 생태계에서 중요한 역할을 수행한다고 할 수 있다.

우리나라의 경우 소셜벤처에 대한 정부나 공공기관 등의 지원과 정책이 점차로 확대되고 있어 사업을 준비하는 시점에서부터 이에 대한 고려가 필요하다.

※ 2021 소셜벤처 및 사회적기업 육성사업 공모

41) 2020년 소셜벤처 실태조사 결과(2020.12, 중소기업벤처부)

2020년 소셜벤처 실태조사 결과에는 현재 국내 소셜벤처의 반 이상이 정부나 공공기관 및 중간지원조직의 지원을 받은 경험이 있다고 보고되었다. 이러한 지원에는 자금지원을 비롯하여 판로와 컨설팅 등 다양한 지원 정책이 수립되어 있어, 창업의 전 생애 주기별로 소셜벤처 생태계에 유기적인 연계와 적극적인 활용방안을 모색하는 것이 효과적이다.

| 표 6-5 | 국내 주요 중개지원기관[42)]

업 체	지원프로그램				특 징
	A	B	C	D	
HG initiative	○				– 정경선(현대가 3세) 투자 자본금 50억원 – 가치 기반의 삶 확산을 위한 부동산 개발 및 투자
SOPOONG	○	○	○	○	– 자본금 200억원(46개 기업 투자) – 다음창업자(이재웅) 투자, 코워킹공간 카우액독 운영
D3쥬빌리	○				460억원 펀드 운용 – 총 43개 기업 투자, 8개 기업에서 자금 회수
크레비스벤처스	○	○	○	○	– 사업 초기 단계 벤처에 투자, 파트너 벤처들과 코워킹 스페이스를 공동으로 입주
루트임팩트	○	○	○	○	– 코워킹 스페이스를 헤이그라운드 운영 – 임팩트 허브의 한국지부 역할
엘로우독	○				– 다음창업자 이재웅 투자 – 산은, SK, 이재웅 공동 조성한 임팩트펀드 운용

※ 주 : 임팩트 투자(A), 인큐베이팅(B), 엑셀러레이팅(C), 지원공간 보유(D)

42) 착한 스타트업 '소셜벤처' 생태계와 지원현황, KB 지식 비타민(2019.12)

Part 2

사회적기업의 창업

7. 사회적기업의 지속가능성과 기업가정신
8. 사회적기업의 마케팅
9. 디자인 씽킹 : 고객의 입장에서 문제 해결하기
10. 사회적기업의 비즈니스 모델링
11. 사업계획 수립

여러분들이 사회적기업의 창업을 준비하고 있다면 어쩌면 특정한 사업 아이템으로 추구하려는 사회적 미션 수행을 위한 어떤 비즈니스 모델이 준비되어 있을 수도 있을 것이다.

사회적기업은 사회적인 가치의 실현을 주목적으로 하지만 영리기업과 마찬가지로 경제적인 가치의 실현이 병행되어야 지속적인 목적사업을 수행할 수 있다. 그러므로 사회적기업의 창업도 영리기업과 유사한 창업의 과정을 밟게 된다. 하반부에는 사회적기업가에게 요구되는 기업가적 역량은 무엇인가를 알아보는 것을 시작으로 사회적기업의 마케팅과 비즈니스 모델링, 마지막으로 사업계획 수립에 대한 실제적인 내용을 학습할 것이다.

앞서 말했듯이 창업은 창업자의 가설을 증명하는 일이다. 이를 위해서 고객과 사용자를 선정하고, 선정된 고객의 의중을 파악하여 제품과 서비스를 개발하며, 어떠한 채널을 통하여 가치를 전달할 것인가, 또한 그러한 가치를 창출하기 위한 내부의 역량은 어떻게 준비할 것인가를 필요로 한다. 이러한 전 과정을 비즈니스 모델을 수립하는 과정이라고 한다.

그러한 과정에서 만날 수 있는 경험과 지식 부족에서 오는 시행착오와 같이 기존의 불확실성을 극복할 수 있는 디자인적 사고도 함께 학습할 것이며, 사안별로 다양한 이해관계자와 호혜와 협동을 통하여 문제를 해결하는 방법도 배우게 될 것이다.

7 사회적기업의 지속가능성과 기업가정신

1 기업가정신

기업가정신(entrepreneurship)은 '미래의 불확실성과 높은 위험에도 주도적으로 기회를 포착하고, 도전하며 혁신적인 활동을 통해 새로운 가치를 창조하는 기업가의 실천적 역량'으로 설명할 수 있다. 처음으로 기업가정신을 학문적으로 연구한 미국의 이론경제학자 슘페터(Joseph Alois Schumpeter)는 '새로운 사업에서 생길 수 있는 위험을 감수하고 어려운 환경을 헤치며 기업을 키우려는 뚜렷한 의지'라고 정의하였다. 미국의 경영학자인 피터 드러커(Peter Drucker)도 기업가정신을 '위험을 무릅쓰고 포착한 기회를 사업화하려는 모험과 도전의 정신'이라고 정의하고, 기업가정신과 혁신은 분리될 수 없으며 '기업가정신만이 경제를 지속적으로 발전시킬 수 있는 핵심요소'라고 강조했다.

미국에에서는 40여 개 주에서 기업가정신을 정규교육으로 채택하였고, 유럽의 초 · 중 · 고등학생도 학교에서 기업가정신을 배우고 있다. 우리나라도 2018년부터 중 · 고등학교에서 기업가정신을 교육하고 2020년까지 초 · 중 · 고교 정규과목으로 도입할 계획이다.

이렇게 세계 각국이 기업가정신을 주목하는 이유는 기업가정신이 지속적인 경제 발전을 이룰 수 있는 원동력이 되기 때문이다. 이렇듯이 기업가정신을 가진 기업인들의 끊임없는 혁신을 통하여 새로운 일자리를 창출하고 지속적인 경제 발전을 이루게 된다.

사회적기업가정신도 과거의 수많은 경제 발전의 이유를 미래의 불확실성과 위험을 무릅쓰고 사업의 기회를 찾았던 기업가들의 모험과 도전정신에서 찾고자 한다.

2
사회적기업가정신은 기업가정신에서 출발

1980년대 초 사회적 기업가(social entrepreneur)라는 개념을 처음으로 내세웠던 아쇼카 재단의 빌 드레이톤(William Drayton)은 사회적 기업가는 "물고기를 주거나, 물고기를 잡는 방법을 가르치는 것이 아니라, 수산업시스템을 혁신하여 지속가능한 산업으로 발전하기 위하여 최선을 다하는 사람[43)]"이라고 정의하였다.

이와 같이 사회적 기업가가 추구하는 혁신적인 사고는 많은 기관과 단체, 대학 등지에서 사회문제를 해결하고 사회적 가치를 실현하는 영향력 있는 아이디어로 활용되고 있다. 이렇듯 사회적기업가정신은 "사회적 기업가들이 혁신의 주체로서 사회문제를 근본적으로 해결하기 위하여 창조적으로 사고하고, 새로운 기술과 방법을 적용하여 지속적인 혁신을 추구하는 과정"이라고 설명할 수 있다.

---

43) "Social Entrepreneurs are not content just to give a fish or teach how to fish. They will not rest until they have revolutionized the fishing industry." Bill Draton.
Bill Draton 사회적기업가의 구루로서 사회적기업가를 선발하고 교육하며 지원하는 사회적 벤처 펀드인 아쇼카(Ashoka)재단의 창립자겸 대표.

사회적기업가정신을 기업가정신으로부터 찾으려는 시도가 있었는데, 다음의 소개하는 자료는 '사회적 기업가정신 : 개념 정의의 예(Social Entrepreneurship : The Case for Definition)'[44]이다.

Fortune지는 현시대의 가장 위대한 기업가를 선정하여 발표한 적이 있는데, 혁신의 아이콘인 애플의 스티브 잡스(Steven Paul Jobs)를 시작으로 2. 마이크로소프트의 빌 게이츠(William Henry Gates III), 3. 페덱스의 프레드 스미스(Frederick Smith), 4. 아마존의 제프 베조스(Jeff Besos), 5. 구글의 래리 페이지와 세르게이 브린(Larry Page & Sergey Brin) 등에 이어 12번째로 방글라데시 그라민은행의 무하마드 유누스(Muhammad Yunus)스를 선정했다.

여기에서 주목할 점은 사회적 기업가인 무함마드 유누스가 별도의 사회적 기업가 영역으로 분류하지 않고도 '위대한 기업가'에 순위에 포함되었다는 것이다. 이것은 이 위대한 사회적 기업가가 추구하는 기업가정신이 사회적인 영역을 넘어서 보편적인 가치를 지니고 있다는 것을 시사한다. 기사에서는 선정된 위대한 기업가들의 8가지의 공통적인 특성을 분석하여 '사회적기업가정신'의 근본을 찾으려고 하였다.[45]

44) IMPACT BUSINESS REVIEW (2012년 4월17) '사회적기업가정신, 그 뿌리를 찾아 나서다: 스티브 잡스부터 무하마드 유누스까지'의 포스팅 기사를 요약 발췌하였음.

45) 12명의 위대한 기업가가 지니고 있었던 8가지의 공통적인 특성을 효과적으로 설명하기 위하여 각 특성에 적합한 다른 혁신가들의 사례를 소개

2-1. 위대한 기업가들의 8가지 공통적인 가치

① 안정된 균형에서 불편함을 느끼다.

'안정된 균형'이란 현재의 체제에서 사람들이 큰 불편함이 없이 대상 서비스나 제품을 사용하는 상황을 의미한다. 기업가는 이러한 '안정된 균형'의 상황에서도 불편함을 명확하게 인지하고 그것을 넘어서서 새로운 기회를 찾으려고 한다. 위대한 기업가들은 이 새로운 기회의 영역인 '새로운 균형상태'를 끊임없이 탐색하려는 강력한 동력을 갖고 있다.

제임스 다이슨
James Dyson

'날개 없는 선풍기'로 잘 알려진 '다이슨(Dyson)'은 '먼지봉투 없는 진공청소기'를 세계 최초로 개발해, '영국의 애플'이라 할 만큼 혁신의 대명사로 불린다. 흡입력이 점점 떨어지는 청소기에서 불편함을 느꼈고, 먼지가 먼지봉투의 미세한 구멍을 막으면서 청소기 흡입력이 떨어진다는 걸 알아낸 후에 제재소에서 공기 회전을 이용해 공기와 톱밥을 분리하는 '싸이클론(Cyclone)' 방식을 발견하고 이를 진공청소기의 문제점과 연계하여 발명에 성공하였다.

② 가치제안의 기회를 포착하다.

위대한 기업가는 '안정된 균형'에서 불편함을 감수하고 고객은 어떻게 이를 해결하고 있는가를 발견하고 새로운 기회의 요인으로 생각한다. 가치제안이란 기업이 고객에게 전달하고자 하는 편익(benefits)이나 가치(value)를 의미하는데, 기업가는 기존의 균형상태에서의 불편함을 바탕으로 현재 상황에서 새로운 균형을 만들어낼 수 있는 가치제안의 기회를 포착한다.

제프 베조스
Jeff Bezos

인터넷이 등장한 1990년대 초에 앞으로 매년 인터넷 이용자가 기하급수적으로 급증할 것이라는 기사에서 인터넷 사용자를 대상으로 온라인 서점을 열겠다는 아이디어에서 아마존이 탄생하였고 창업 2년 만인 1997년 5월 나스닥에 상장되어 인터넷 회사의 신화가 되었다.

③ 바꾸기 위한 동기를 부여하다.

위대한 기업가는 기존의 균형상태에서 불편함을 해소할 수 있는 새로운 균형을 만들 수 있는 가치제안을 발견하면 이를 위하여 자신의 최대한의 역량을 쏟아 넣는다. 가치제안의 기회를 포착한 후 가치창출에 이르기까지는 수많은 개선의 과정을 수반하게 되는데, 위대한 기업가는 이를 가치있게 여기며 여기에서 창출되는 변화를 통하여 강한 동기를 부여받는다.

토마스 알바 에디슨
Thomas Alva Edison

나는 결코 실패한 것이 아니다. 나는 전구를 발명하기 위한 2,000단계의 프로세스를 진행하였을 뿐이다.

④ 창조적인 솔루션을 만들어내다.

동기부여의 다음 과정은 기존의 균형상태를 변형, 수정, 개량을 넘어 문제의 본질을 해결할 수 있는 완전히 창조적인 솔루션을 마련한다는 것이다. 기존의 시스템에서 '더' 좋게 혹은 '덜' 불편하게 만드는 것은 혁신이 아니라, 현존하는 제품을 뛰어넘어 완전히 새로운 수준으로 나아가는 것이 바로 창조적인 혁신이며, 이러한 혁신이 기업가정신을 규정한다.

카카오톡 서비스
(김범수, 이제범, 이확영 등)

모바일 기반의 무료 커뮤니케이션 서비스인 카카오톡은 PC 기반에서 모바일로 플랫폼 전환이 이루어지던 2010.3 트위터를 벤치마킹하여 개발했다. 카카오톡은 아이폰과 갤럭시폰이 출시되면서 2010년에 500만을 시작으로 2011.7 700만, 2012.6에는 5,000만명을 돌파했고, 2020년 현재 월간 이용자 5000만명, 하루 평균 송수신 메시지 110억 건 등 우리나라의 메시지 시장의 96%를 점유하고 있다. 이후에 콘텐츠 · 금융 · 모빌리티 등 사업영역을 확대하면서 '모바일 생활 플랫폼'기업으로 성장하고 있다.

⑤ 즉각적인 행동을 취하다.

아무리 좋은 솔루션이 있고 훌륭한 기회를 포착한다 해도 실행을 통한 행동이 없으면 결코 추구하려는 가치 창출과 새로운 균형을 이룰 수 없을 것이다. 위대한 기업가들은 그들이 인식하고 있는 불균형 상황을 다른 사람이 대신 문제를 해결하기 전에 제반 상황을 명확하게 이해하고 요구되는 활동을 즉시 실행한다.

정주영
"이봐, 해봤어?"

현대그룹을 창업한 우리나라의 1세대 기업인으로 창조적으로 사고하고 철저히 실천하여 수많은 영역에서 성공의 역사를 기록하였다.

⑥ 용기로 위험을 감수하다.

위험을 예측하고 감수하여 이를 극복하는 것은 기업가정신의 결정적인 요소로 이를 통하여 다른 사람들이 불가능하다고 생각했던 일을 해낼 수 있다는 것이다. 위험이나 위기가 없는 기업은 있을 수 없으며 대내외적으로 사업의 진행을 반대하고 저항하는 사람이 상존한다. 위대한 기업가는 이를 극복하고 설득할 수 있는 해법을 항상 찾을 수 있어야 한다는 것이다.

마이클 조단
Michael Jordan

"나는 선수 경력을 통틀어 9,000개 이상의 슛을 놓쳤고, 거의 300회 이상의 경기에서 패배했다. 또한, 경기에서 역전할 수 있는 슛의 기회에서 26번이나 실패했다. 나는 살아오면서 계속 실패했다. 그렇지만 계속 시도하였다. 그것이 내가 성공한 이유이다."

오프라 윈프리
Oprah Winfrey

"조금도 위험을 감수하지 않는 것이 인생에서 가장 위험한 일일 것이라 믿는다."

⑦ 성과를 통해 증명하다.

그들이 위대한 결정적인 이유는 그들의 좋은 의도, 창의적인 아이디어, 용기와 같은 비가시적인 요인이 아니라 성과를 통해 그들의 창조적인 비전을 증명해 보였기 때문이다. 기업가는 소비자들에게는 확실한 편익을 제공해야 하며, 투자자에게 확신을 심어줌으로써 투자를 끌어와 사업을 유지하고 규모를 키워나가는 등을 통해 기업가정신을 발휘하여야 한다.

플로렌스 나이팅게일
Florence Nightingale

나이팅게일은 전투 중의 사상자보다 군 병원에서 감염에서 발생한 사상자의 수가 훨씬 많다는 사실을 발견하고 군대의 병원 시스템을 혁신하여 공중위생 개념을 처음 도입하였다. 이를 적용한 결과 크림전쟁에서 영국군의 사망률을 42.3%를 2~3%로, 인도에 주둔한 영국군의 사망률을 75%로 감소시켰다. 나이팅게일 간호학교와 여성 의과대학을 설립하고, 55년간 12,000통의 설득 편지, 200권의 책을 저술, 수많은 논문과 보고서를 작성한 통계학자이자 의료행정가이면서 사회혁신가이다.
"사람들은 말만 하면서 그들의 에너지를 낭비해요. 그러나 우리는 결과를 가져오는 행동을 해야 하죠"

⑧ 새로운 균형에서 생태계가 만들어지다.

위대한 기업가의 혁신적인 솔루션을 통하여 후발 주자들의 모방, 경쟁, 확산을 통해 새로운 생태계를 만들어지는데 이는 관련 시장의 확장으로 이어지고, 이를 중심으로 공급자, 소비자, 중간 유통 채널, 판매자, 미디어 등 다양한 주체들로 이루어진 새로운 생태계가 구축되는 것이다.

스티브 잡스
Steve Jobs

2007. 6월 출시된 아이폰은 이메일, 인터넷 검색, 일정 관리, 게임 등 PC로만 가능했던 모든 기능을 스마트폰에 집약하여 서비스하는 휴대전화기의 개념을 바꿔 놓았다. 그 이후로 스마트폰이 모든 정보기기의 허브로서 다양한 서비스가 제공되는 새로운 생태계가 만들어졌다.

3 사회적 기업가정신 = 사회적 + 기업가정신

사회적기업가정신이 무엇인가에 대해서는 수많은 영역에서 설명 하고는 있지만, 개념에 대해서 아직 합의되거나 완전하게 정리되어 있지 않아 다양한 해석이 시도되고 있다. 그렇지만 이러한 설명에 공통적으로 포함되어 있는 핵심어는 '사회적(Social)'과 '기업가정신(Entrepreneurship)'이다. 이는 사회적기업도 영리기업과 마찬가지로 기업의 지속성이 담보되어야만 그 미션을 완수할 수 있다는 것이다. 그렇더라도 사회적기업의 근원적인 속성인 '사회적 가치지향'이 전제되어야만 사회적기업의 생존과 지속적인 발전 가능성을 유지해 줄 수 있는 강력한 수단이 될 수 있다는 것이다.

다시 말하면, 사회적 기업가의 미션인 사회적 가치실현을 위하여 사회적 기업가 역시 위대한 기업가들이 기회를 발견하고 끊임없는 성과를 통해 비전의 달성하는 기업가정신으로 무장되어 있어야 한다는 것이다.

그라민은행의 공로로 2006년 서울평화상과 노벨평화상을 수상한 유누스,
그라민은행의 소액대출 서비스를 이용하는 방글라데시 여성들

그라민은행의 사례 = 마이크로(사회적) + 크레딧(기업가정신)

1. 경제학과 교수였던 유누스는, 자신의 모국인 방글라데시 시골 지역의 사람들이 빈곤에서 벗어나지 못하고 살아가는 상태를 안정적이지만 공평하지 못한 차선 균형으로 인식한다.

2. 주민들의 잠재력을 펼칠 수 있는 소규모 대출 서비스를 받을 수 있게 하여 그들이 빈곤으로부터 벗어나고 더 나은 삶을 영위할 수 있을 것이라는 가치제안의 기회를 포착하였다.

3. 주민들이 스스로 빈곤에서 벗어날 수 있는 자립 능력을 갖추고, 새로운 삶으로 변화하는 과정 그 자체가 그에게 중요한 동기가 되었을 것이다.

4. 빈곤이라는 사회문제를 정부나 비영리단체의 원조 등과 같은 기존의 방식과는 완전히 다른 무담보로 대출을 해주는 '마이크로크레딧'이라는 새로운 차원의 창조적인 솔루션을 만들었다.

5. 수중에 있는 27달러로 직접 '조드라'라는 마을의 주민 42명을 대상으로 돈을 직접 빌려주고 그 돈이 제대로 상환되는 것을 경험하여 마이크로크레딧 비즈니스의 가능성을 보았다.

6. 상환 능력이 없는 사람을 대상으로 대출하는 그의 아이디어는 많은 반대와 비난을 받았지만 유누스는 자신의 고객이 빌려간 돈으로 새로운 자본을 창출하고 대출금도 상환받을 수 있을 것이라 믿고 실행에 옮겼다.

7. 1976년 '조드라'에서 프로젝트 형태로 출발한 소액대출 사업은 1983년 공시적인 그라민은행으로 전환하였다. 이후 2011년 10월까지 방글라데시에서 총 가입자 835만 명을 보유하고 방글라데시 전체 마을의 97%가 넘는 81,379개 지역에서 2,565지점을 보유한 국가대표급 은행으로 성장하였다. 그라민은행의 97%가 넘는 자본 회수율 등 설립 후 꾸준히 이윤을 창출해 왔다.

8. 이후 그라민은행의 시스템을 모방한 수많은 마이크로크레딧 서비스 기관이 생겨나고 메이저 금융기관에서도 그들의 새로운 사업의 영역으로 마이크로크레딧에 주목하는 등 그라민은행을 통해 새로운 생태계가 만들어졌다.

8 사회적기업의 마케팅

사회적기업이 진정성만으로는 지속적인 경영을 유지하기 어려운 이유는 사회적기업의 속성인 공익성과 함께 수익성이 동시에 충족되어야 하기 때문이다. 사회적기업은 상대적으로 규모나 브랜드인지도가 낮은 경우가 많으므로 사회적기업의 마케팅은 소셜미션과 함께 경영목표 달성을 위한 전략이 동시에 고려되어야 한다.

1 마케팅의 이해

마케팅은 인간의 욕구를 충족시키기 위한 가치를 제공하는 방법을 찾는 것이다. 즉, 고객이 원하는 것이 무엇인가를 찾아내어 그 욕구를 만족시킬 상품이나 서비스를 개발하여 효과적으로 제공할 것인지에 대한 최선의 방법을 찾는 것으로 기업의 핵심적인 활동이라고 할 수 있다. 이러한 최선의 방법을 세스 고딘(Seth W Godin)[46]은 "단순한 판매기법이 아니라 누군가에게 변화를 일으키는 행위이며 마케터들은 이러한 변화를 통하여 더 나은

46) Seth W Godin. 세계에서 가장 영향력 있는 마케팅의 Guru로 스텐포드 경영대학원에서 MBA과정을 마치고 다양한 글로벌 기업의 CEO를 역임.

상황으로 개선할 수 있다."라고 하였다.

> "마케팅은 변화를 일으키는 행위다. 누군가를 변화시키기 전에는 영향을 미친 것이 아닐뿐더러 마케팅을 한 것이 아니다."
>
> – 세스 고딘

인간에게 있어서 '필요(Needs)'는 의식주, 안전, 소속감, 존경 등 기본적인 만족감의 결핍을 말하며, '욕구(Want)'는 기본적인 needs를 충족시킬 수 있는 구체적인 것을 말한다. 즉, 배고파서 무엇인가 먹고 싶다면 필요(Needs)이고, "나는 탕수육이 먹고 싶어!"이면 욕구(Want)라고 할 수 있다. 이처럼 필요가 수반되는 욕구는 구체적이고 쉽게 변화하는 특징을 가진다. 이러한 특징을 지닌 욕구는 제품이 지니는 브랜드 이미지와 연결되기도 한다. 특정 브랜드를 선택했을 때 만족감을 느꼈다면 향후 그 브랜드를 재구매할 욕구가 생긴다고 할 수 있는 것이다. 시장에 물건이 부족했던 과거에는 시장에 제품의 공급만으로 충분했지만 무한 경쟁이 가속화되는 현대에서는 고객의 필요와 함께 다양한 욕구를 충족시키는 마케팅 전략을 수립하여야 한다.

2 마케팅 전략

마케팅의 핵심적인 목표는 시장에서 판매될 수 있는 제품을 개발하고 제품 판매를 촉진시키는 것이다. 이러한 마케팅이 이뤄지는 일련의 과정을 요약하면 일반적으로 소비자조사, STP, 4P[47]의 과정이라고 할 수 있다. 즉, 사전에 시장과 소비자에 대한 조사를 한 후에 이를 통해 시장을 세분화(Segmentation)하고 목표 고객을 정한(Targeting) 다음에 목표 고객을 상대로 기업이 제품이나 서비스가 나타내고자 하는 이미지를 정하는(Positioning) 것이다.

이 분석이 마무리되면, 이에 맞춰 어떤 제품(Product)을 어떤 가격(Price)에 어떤 채널(Placement)에서 어떻게 차별화(Promotion)할 것인지를 고민한다. 이처럼 STP에서 발현된 소비자의 인식에 4P의 역할을 잘 조합하여 차별화된 이미지를 구현하는 것을 마케팅 믹스라고 한다.

마케팅 프로세스[48]

① Research(조사)
- 시장을 조사하면서 각기 다른 욕구를 가진 세분화 시장(S)이 나타난다.

② STP
- Segmentation(시장세분화)
- Targeting(표적시장 선정)
- Positioning(포지셔닝)

③ 4P(product, Price, Place, Promotion)

④ Implementation(실행) : MM(Marketing Mix)를 실행한다.

⑤ Control(통제)
- 피드백을 얻고, 결과를 평가하며, STP전략이나 마케팅 믹스 전술을 보완한다.

※ STP는 전략이라면 4P가 전술이다. 따라서 STP + 4P 순서로 진행하여야 한다.

---

47) 1950년대 후반 Michigan State University Business School의 교수였던 Jerome McCarthy가 처음으로 제안한 개념으로 마케팅 관리의 핵심 개념으로 사용되어짐. 최근에는 고객에 대한 서비스의 확장 개념으로 Process(과정), Physical Evidence(물리적 증거), People(사람)으로 7P가 가 나타남.

48) 필립 코틀러(Philip Kotler)는 노스웨스턴대학교 켈로그경영대학원 석좌교수이자 '마케팅의 아버지'라 불리는 세계적인 비즈니스 guru로 1962년 여러 마케팅 이론을 조합하여 마케팅 프로세스(R-STP-4P-I-C)를 발표하여 마케팅의 대중화론 이끈 공헌이 있음.

1990년대 이후에는 판매자 중심의 4P에서 고객 관점의 4C로 마케팅 믹스의 변화가 이루어지는데, 여기에서 4C는 Customer(고객), Cost(고객이 지불하는 비용), Convenience(접근/활용 등의 편의성), Communications(의사소통)으로 정의된다.

| 표 8-1 | 4C vs 4P

4C	Description	4P
Customer Value (고객가치)	고객에게 어떤 가치를 줄 수 있는가	Product (제품)
Cost (비용)	얼마나 비용을 지불해야 하나	Price (가격)
Convenience (편리함)	얼마나 편하게 구매할 수 있나	Place (유통)
Communication (소통)	고객은 마케팅의 출발점	Promotion (촉진)

※ 마케팅의 핵심이 고객 욕구의 만족에 있음에도 불구하고, 4P는 구매자(고객)의 관점이 아닌 판매자의 관점이 내포되어 있음을 비판하고, 구매자의 관점인 4C로 표현한다.
※ 마케터는 고객의 관점에서 4C를 먼저 고려한 다음 4P의 체제를 수립하는 것도 효과적이다.

2-1. 시장세분화(Segmentation)

STP 전략을 수립하는 목적은 기업의 한정적 자원을 극복하고 효과적인 마케팅 전략을 수립하기 위함이다. 그 첫 단계인 시장세분화(Segmentation)는 기업의 능력과 전략에 적합한 시장을 선정하는 것이다. 이것은 다양한 욕구를 지닌 전체시장이나 소비자를 기업의 제품이 가장 경쟁력이 있는 시장에 집중할 수 있도록 일정한 기준에 따라 동질적인 집단으로 나누는 일을 의미한다. 시장세분화를 통하여 기업은 한정된 자원으로 선택과 집중을 통하여 1차 진입 시장을 교두보로 확보할 기능성이 높아진다.

구광모 LG대표
'LG 2021 새해편지

"고객을 촘촘히 쪼개서 보며 세분화된 고객별로 각각의 니즈(Needs · 요구)를 깊고 구체적으로 파악하고, 평범하고 보편적인 니즈가 아니라 고객을 완벽하게 만족시킬 수 있는 니즈를 찾아야 한다"며, "고객의 모든 경험 여정을 세밀히 이해하고, 라이프스타일부터 가치관까지 고객의 삶에 더 깊이 공감해야 한다"

시장세분화는 일반적으로 대상 시장에 대한 기준변수를 선정하고 기준변수에 따라 시장을 세분화한 다음에 세분화된 시장을 분석하여 적용한다. 이때 경쟁자와 고객도 함께 고려하여야 한다. 효과적인 시장세분화를 위하여 세분화된 시장은 상당한 규모를 가져야 하며, 시장 내의 동질성과 시장 간의 이질성이 높아야 한다. 시장세분화에 이용된 변수는 측정할 수 있어야 하며, 세분화된 시장은 기업이 보유한 기술, 자본, 지리적 등으로 접근할 수 있어야 한다.

시장세분화의 기준변수(예)

- 인구통계적 변수 : 나이, 성별, 소득, 직업, 종교, 인종 등
- 지리적 변수 : 거주지역, 기후, 도시의 규모, 인구 수, 인구밀도 등
- 심리분석적 변수 : 라이프스타일, 사회계층, 취향, 가치관 등
- 행동적 변수 : 사용빈도, 소비량, 추구하는 편익, 충성도. 태도 등

2-2. 목표시장설정(Targeting)

다음 단계로 세분화된 시장에서 기업이 가장 효과적으로 매출을 올릴 수 있는 대상과 범위를 결정하는 과정을 목표시장 설정(targeting)이라고 한다. 즉, 유효한 시장에서 기업의 제품으로 공략가능한 시장을 선정하는 것이라고 할 수 있다.

"마케팅의 목표는 제품이나 서비스가 알맞는 고객에게 판매되는 것을 잘 알고 이해하는 것이다." – 피터 드러커(Peter F. Drucker). 이것은 구체적이고 명확한 그룹의 사람들을 위한 제품, 서비스 및 마케팅 캠페인을 만들어야 한다는 의미이다. "승리전략은 단 한 가지. 목표 시장을 신중하게 선정하고 그 목표시장에 우수한 제품을 제공하는 것이다."- 필립 코틀러(Philip Kotler). 목표시장은 기업이 제공하는 제품의 대상이 되는 특정된 최종 소비자 그룹으로 목표시장을 파악하는 것은 제품, 서비스, 그리고 이를 홍보하기 위해 사용되는 마케팅 노력의 발전에 있어 필수적인 단계다. 목표시장과 대상 범위를 결정하는 과정은 평가기준과 표적시장의 접근전략을 종합적으로 검토하여 설정한다.

목표시장을 위한 평가기준

- 목표시장의 규모(시장잠재력, 시장규모)와 성장성, 성장률, 제품확산 속도
- 구조적인 특성: 경쟁, 세분화된 시장의 포화정도, 시장방어력, 환경적 위협
- 제품과 시장의 적합성(전략적 일치성, 다른 시장과의 관계, 수익성)

목표시장 접근전략

- 단일시장 집중화 : 하나의 상품으로 하나의 시장에 침투하는 전략
- 선택적 특화 : 다양한 상품으로 각각 다른 시장에 침투하는 전략
- 시장특화 : 다양한 상품으로 매력적인 한 시장에 침투하는 전략
- 제품특화 : 하나의 제품으로 여러 시장으로 침투하는 전략
- 전체시장 공략 : 다양한 상품으로 모든 시장에 침투하는 전략

페르소나(Persona)

'목표고객'은 '목표시장'과 혼용되어 사용되기도 하지만 조금 더 세분화된 개념이다. '목표고객'은 궁극적으로 마케팅의 목표에 최종단계의 대상이 되는 고객이다. 이러한 '목표고객'의 실질적인 이해를 위하여 가상의 캐릭터를 부여하여 구체적으로 실체가 있는 특정인으로 의인화하는 것을 '페르소나(Persona)'라고 한다.

목표시장을 선정할 때 고객을 대표하는 사람으로 페르소나를 설정하면 시장과 고객에 대한 논의 방향이 분산되지 않게 중심을 잡아주며 특별한 상황에서도 고객의 행동을 예측할 수 있도록 도와준다. 페르소나는 제품에 대한 특성이나 진정성을 알 수 없는 소비자에게 기업이 지향하는 브랜드 이미지를 전달할 수 있도록 방향을 잡아주기도 한다.

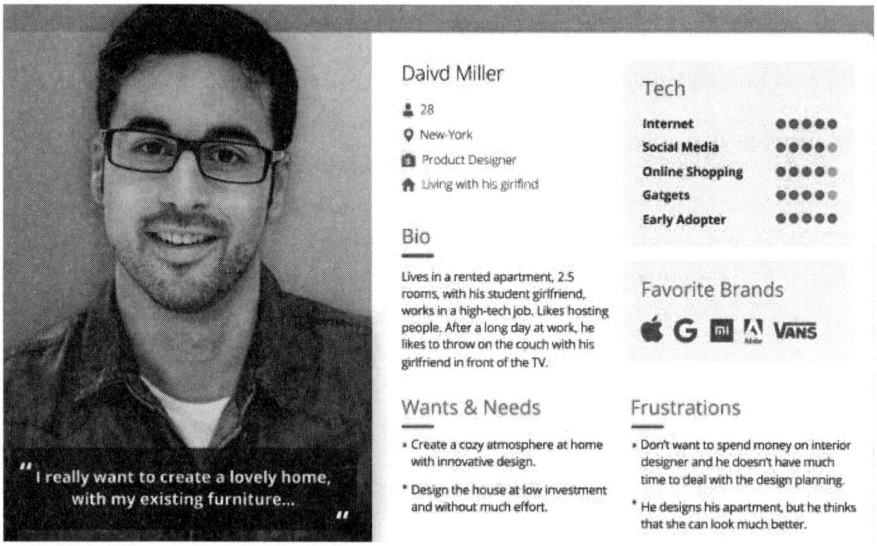

페르소나(예)–dribble.com

페르소나의 설정은 실제 사용자의 속성을 바탕으로 만들어지기 때문에 각 단계의 주요 의사결정을 페르소나의 관점에서 의견을 수렴하고, 이에 맞춰 검증해 나가는 작업이 필요하다.

2-3. 포지셔닝 전략

포지셔닝(Positioning)은 목표시장에서 경쟁제품에 비교하여 우리 제품이 고객들의 마음속에 잠재적으로 차별적인 우위의 이미지를 전달하려는 마케팅 전략이다. 보통 고객은 제품을 구매하기 전에 유사 제품과 여러 가지 조건을 비교하곤 한다. 이때 우리 제품이 경쟁사의 제품보다 차별화된 이미지로 고객에게 각인되게 할 수 있다면 보다 유리한 상황에서 지속적으로 사업을 수행할 수 있을 것이다. 마케팅의 관점이 제품 자체에 대한 것이 아니라 고객의 인식이 관점인 것 같이 포지셔닝은 고객의 인식에 목표가 맞춰지며 고객의 심리적인 변화를 자사에 유리한 방향으로 끌어오려고 하는 것이다.

> If you can't make it good at least make it look good.
> 제품을 좋게 만들 수 없다면 적어도 좋게 보이게라도 하라.
> – 빌 게이츠

1) 포지셔닝의 수립과정

① 목표시장 조사

목표시장에서 현재 사용되고 있는 경쟁제품의 평가와 함께 목표고객이 요구하는 바를 정확하게 파악하여야 한다. 이러한 시장조사는 마케팅의 편견에서 벗어나게도 하고 소비자가 무엇을 원하는지를 알아낼 수 있어 포지셔닝 전략의 방향을 정하는 데 효과적이다.

② 제품의 차별화된 강점 파악

목표시장에 제품 자체가 주는 물리적, 디자인, 성능 등의 우수한 점을 부각하고 부가적인 서비스 부문에서 차별화 모색한다. 또한, 기업의 사회적 가치 실현, 구성원들의 역량 등과 같은 기업과 제품의 이미지도 중요한 요소라고 할 수 있다.

③ 최적의 경쟁우위 포지션 선정

차별화된 강점을 파악했으면 어떤 우위점을 선택할 것인지, 몇 개의 우위점으로 차별화된 포지셔닝 전략을 수립할 것인지를 정하여야 한다.

| 표 8-2 | 경쟁우위 포지션 선정을 위한 요소

요소	주요내용
중요성	목표시장의 고객에게 확실한 편익을 제공
차별성	경쟁자들과는 확실하게 차별화된 내용을 제공
우수성	동일한 편익이라도 상대적으로 뛰어난 방법을 제공
전달성	차별점이 고객에게 구체적으로 전달되거나 보여줄 수 있어야 함
선점성	경쟁자들이 쉽게 모방하거나 따라오기 어려워야 함
가격적절성	기업의 가격전략과 일치하고 고객의 구매력이 수반되어야 함
수익성	기업에게 이익을 제공할 수 있어야 함

④ 포지셔닝 실행 및 관리

지금까지 과정으로 얻어진 결과를 바탕으로 경쟁우위를 유지할 수 있는 제품의 차별화요인을 바탕으로 목표고객에게 적합한 제품의 포지셔닝을 실행한다. 포지셔닝이 실행된 이후에는 포지셔닝 전략이 고객에게 전달되는지를 확인하여야 하며 정기적인 모니터링을 통하여 목표고객과 이상점과의 괴리가 발생되지 않도록 적절하게 리포지셔닝을 실시하여야 한다.

2) 포지셔닝 맵의 활용

포지셔닝 전략의 수립과정에 포지셔닝 맵(Positioning Map)을 활용하는 것도 좋다. 포지셔닝 맵은 세분화된 시장에서 우리제품과 경쟁제품에 대하여 잠재적인 고객들이 어떻게 인식하느냐를 시각적으로 표시한 다이어그램 기법이다.

| 표 8-3 | 포지셔닝 맵의 활용

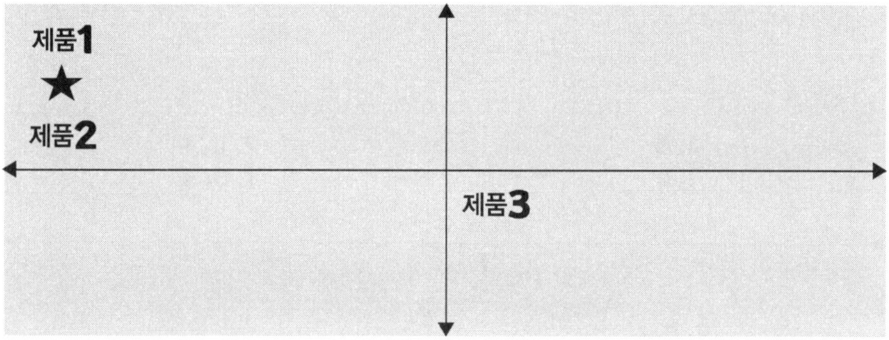

자사제품과 경쟁제품이 위치 비교

- 소비자가 제품1, 제품2를 어떻게 인식하는지 알 수 있다. 제품1과 제품2가 다른 회사일 경우 대체 가능성이 큰 경쟁 관계에 있다. 제품1과 제품2가 같은 회사의 제품일 경우 자기잠식의 우려가 높기 때문에 중복을 피하는 전략이 필요하다.
- 제품3은 이상 점에 멀리 떨어져 있으므로 경쟁에 큰 영향을 미치지 않는다. 이상 점에 가까운 제품1과 제품2는 서로를 상대로 경쟁전략을 세워야 한다.
- ★ : 소비자가 가장 이상적으로 생각하는 제품의 속성을 나타낸 점

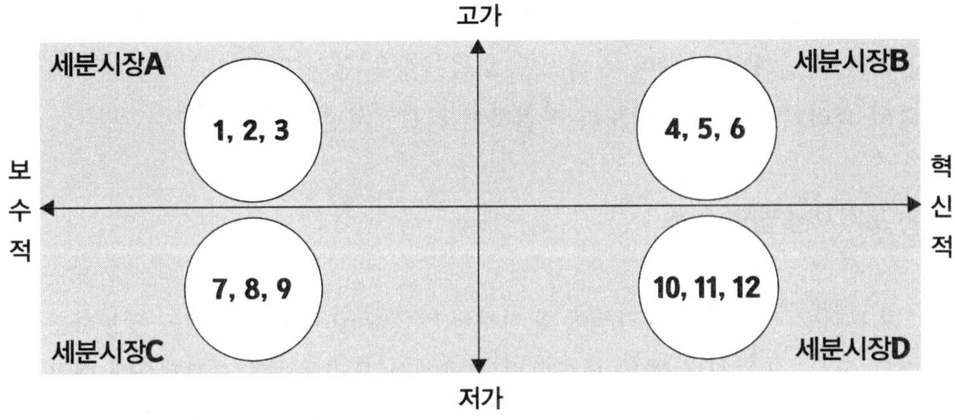

포지셔닝 맵으로 본 시장세분화

- 소비자들이 생각하는 이상적인 제품의 위치를 파악
- 제품의 위치로 소비자들이 바라는 제품에 대한 특성과 욕구를 파악
- 분포도를 이용해서 인접한 이상점들을 묶어서 시장을 세분화

- 적용사례
  - 세분시장 A: 고가의 보수적인 제품을 선호
  - 세분시장 B: 고가의 혁신적인 제품을 선호
  - 세분시장 C: 저가의 보수적인 제품을 선호
  - 세분시장 D: 저가의 혁신적인 제품을 선호

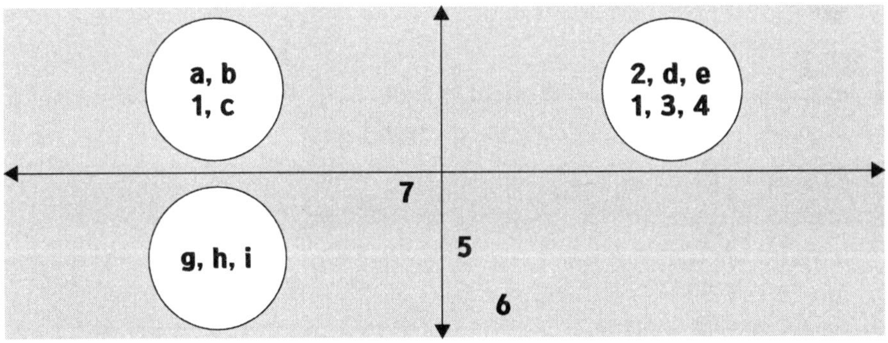

이상점과 제품 포지션을 이용한 시장의 기회발견과 마케팅 전략 수립

- 제품1은 이상점의 위치에 포지셔닝되어 있고 경쟁제품도 없다.
- 제품 2, 3, 4는 이상점의 위치에 포지셔닝되어 있지만 경쟁자가 많으므로 차별화된 Marketing Mix전략을 세워야 한다.
- 제품5, 제품6은 이상점과 멀리 떨어져 있으므로 리포지셔닝 전략을 수립하여야 한다.
- 제품7은 이상점 g, h, i가 있는 세분시장으로 리포지셔닝해야 한다.
- 이상점 g, h, i가 있는 세분시장은 경쟁제품이 없으므로 이 세분시장을 공략할 수 있는 마케팅 전략을 수립하여야 한다.

3
사회적기업의 마케팅 전략

사회적기업은 사회적으로 가치 있는 제품의 창출함을 기본으로 스스로를 정의한다. 사회적기업의 활동은 사회적으로 가치 있는 제품을 생산, 판매하면서 사회구성원 공동의 이익을 창조하는 과정이다. 이를 토대로 사회적기업은 미션인 '사회적 가치실현'을 꾀하게 되는 것이다.

사회적기업의 제품은 이윤의 창출만을 목적으로 하지 않기 때문에 기업이윤과 구매자 모두를 고려한 가격정책(적정가격)이 필요하다. 이러한 '착한 기업'의 이미지만으로는 기업을 알리고 지속적인 경영활동을 유지하기가 어렵다. 사회적기업도 지금까지 설명한 영리기업의 마케팅 전략과 같이 '고객의 니즈를 충족'하는 제품을 개발하고 판매를 촉진할 수 있는 전략을 수립하여야 한다. 다만 사회적기업에서 구사하는 마케팅의 전 과정에서 사회적인 가치가 내재되어 있어야 한다는 것이 가장 중요한 성공 요소라고 할 수 있다. 이러한 제한된 입장에서 사회적기업이 적용하면 효과적일 수 있는 마케팅 방안을 소개하고자 한다.

3-1. 마음을 움직이게 하는 코즈 마케팅(Cause Marketing)

기업의 이미지가 곧 제품에 대한 인식으로 이어져 선한 영향력을 가지는 기업의 제품에 점점 더 많은 소비자들이 선호하는 선순환되는 시대가 도래했다. 기업의 사회적 책임(Corporate Social Responsibility: CSR)이 중요해지고 소비자들은 사회에 선한 영향력을 주는 기업의 제품을 구매함으로 사회에 긍정적인 영향이 전해지기를 원하고 있다. 이러한 소비자들의 의식변화에 소비자는 구매를 통해 기부에 동참하고, 기업은 사회적인 이슈에 적극적으로 참여하고 선한 이미지를 통하여 수익을 창출하는 마케팅 기법을 코즈(Cause) 마케팅이라고 한다.

코즈 마케팅은 '원인, 이유' 등을 뜻하는 'cause'와 'marketing'을 합친 단어로 '착한 소비' '대의 마케팅'으로도 불리며 기업의 경제적 가치와 공익적 가치를 동시에 추구하기 위해 시행하는 마케팅 기법'이다. 이러한 코즈 마케팅은 기업의 존재 이유가 이윤 창출을 넘어 경제적인 가치와 사회적인 가치를 동시에 창출하여야 한다는 공유가치창출(Creating Shared Value: CSV)[49] 개념의 실천방안으로 널리 각광을 받고 있다.

최초의 코즈 마케팅은 1984년 American Express사가 카드를 사용할 때마다 1센트, 신규 가입할 때마다 1달러의 성금을 자유의 여신상 복원을 위해 기부한 것을 그 시작으로 보고 있다. 그 결과 American Express의 카드 사용율이 27%, 신규 가입자 수가 45% 증가하고, 총 170만 달러의 기금을 모을 정도로 폭발적인 성공에 이르렀다.

사회적 비즈니스에서 코즈 마케팅의 사례로 '내일을 위한 신발'이라는 슬로건의 TOMS가 많이 알려져 있는데, One for One이라는 일대일 기부방식을 적용하였다. 이는 자사의 신발 한 켤레를 구매하면 제3세계의 어린이에게 한 켤레의 신발을 기부하는 행사로 엄청난 호응을 불러일으켜 탐스가 세계적인 브랜드에 이른데 중요한 역할을 하였다.

국내의 사례로 CJ제일제당의 '미네워터 바코드롭' 캠페인은 1000원에 판매하는 미네워터 구입시 기존의 바코드에 물방울 모양의 바

49) 공유가치창출(Creating Shared Value): Michael Porter, Mark Kramer, Havard Business Review 2011. 1, 네이버 트렌드 지식사전 발췌

코드를 한 번 더 찍으면 소비자 100원과 함께 CJ제일제당과 훼미리마트가 100원씩 더해 매병마다 300원을 아프리카 식수 정화에 사용되고 있다.

그렇지만 코즈 마케팅은 좋은 의도에서 시작하였음에도 불구하고 결국은 마케팅이라는 상업활동이기 때문에 소비자와 기업의 입장 차이로 생기는 충돌로 오히려 역효과가 나는 경우도 있다. 선한 의도인 줄 알았는데 알고 보니 제품 판매를 위한 수단이라고 오해를 받는 경우나 기업의 역할이 소비자의 요구 수준에 미치지 못하는 경우는 효과를 거두기가 어렵다고 할 수 있다.

코즈 마케팅의 성공을 위해서는 우선 기업과 제품의 성향과 캠페인이 적절한 연관성이 있는 cause를 선택하는 일이다. 다음으로 소비자와 유기적인 코즈(cause)의 공유로 지속적인 캠페인이 이어갈 수 있게 하는 것이다. 마지막으로 가장 중요한 '캠페인에 대한 진성성'으로 코즈 마케팅을 판매의 수단으로만 여기지 않고 진실하게 다가간다면 소비자들의 마음을 얻을 수 있을 것이다.

기업의 사회적 공헌 활동이 다양한 이해관계자에게 영향을 미치며 기업의 새로운 경쟁력으로 되돌아온다는 사회적 책임에 기반한 가치경영이 기업 생존의 필수 요건이 되는 시대가 되었다. 소비자들도 기업의 공익적인 활동 함께 선한 의도가 내재된 제품을 구매하는 윤리적인 소비활동에 높은 관심을 보이고 있다. 이러한 상황에서 기업의 이윤추구와 소비자의 기부가 동시에 이루어지는 코즈 마케팅은 기업과 소비자 모두에게 득이 되는 방법이다.

특히, 사회적가치 실현이라는 선한 이미지가 기본적으로 내재되어 있는 사회적기업에게 코즈 마케팅은 또 다른 기회의 요인으로 다가갈 수 있다. 사회적기업만의 특성인 사회적 공감에 기반한 차별점을 모색한다면 코즈 마케팅은 효과적인 접근 방법이라고 할 수 있다.

3-2. 협동조합의 '연대와 협력의 마케팅

협동조합은 기본적으로 협동을 기반으로 조합원의 사회적 · 경제적 권익을 도모하고 지역사회에 공헌하는 사업조직이다. 따라서 조합원의, 조합원에 의한, 조합원을 위한 마케팅 전략으로 매출과 수익을 창출할 수 있는 역량이 요구된다. 이른바 연대와 협동의 마케팅이라고 하는데, 공통의 욕구를 가진 조합원들이 협동조합 시스템을 통하여 호혜와 협동으로 지속적인 비즈니스로 발전시키는 체제를 말한다.

연대와 협력은 다양한 형태로 이루어질 수 있지만, 무엇보다도 협동조합 간의 협동은 협동조합의 생존 전략이자 발전 전략이다. 역사적으로 협동조합은 연합조직을 만들어 공동으로 대응하고, 협업을 통해 규모의 경제를 실현하고, 기금을 조성하여 성장과 발전을 도모하여 왔다.

| 표 8-4 | 연대와 협동의 마케팅

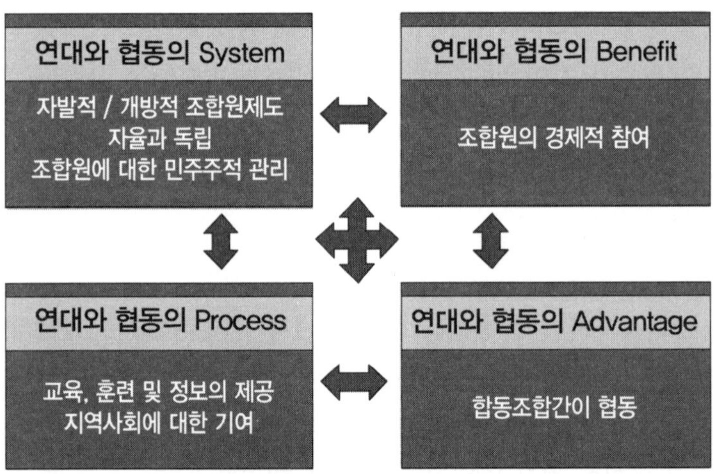

※ 조합원과 함께 공통의 욕구를 발전시켜 지속가능한 비즈니스로 발전 도모

사람이 중심이 되는 협동조합에서는 대부분의 업무 영역에서 '협력과 연대로 인한 규모의 마케팅', '제품의 이점이 이용자의 편익이 되는 마케팅', '이용자가 수혜자가 되는 마케팅' 등 상생을 위한 다양한 마케팅 전략의 수립이 가능하다. 이러한 마케팅 활동으로 조합원들을 확대하고 고객의 만족을 위한 지속적인 정책 적용으로 선순환적 마케팅을 실현하여 협동조합의 비전과 미션을 달성하게 한다.

사회적협동조합과 같은 공익사업이 주사업인 비영리조직인 경우 '사회적협동조합 제품 우선 구매지침' 등과 같은 '사회책임조달' 정책에 편승하여 공공조달시장에서 기회의 요인을 찾는 것도 좋다.

3-3. '사회책임조달'을 위한 공공시장 마케팅

공공조달에서는 공공기관이 사회적 가치를 고려한 제품이나 서비스를 우선적으로 구매함으로 사회적 가치창출을 도모하고 있다. 이러한 제도를 '사회책임조달제도'라고 하는데, 사회적경제가 활성화되어 있는 서유럽과 미주지역의 국가들에게서 오래전부터 운영되고 있다. 이러한 공공시장에서의 마케팅은 사회책임조달의 또 다른 이름이라고 할 수 있다. 사회책임조달이 활성화되기 위해서는 수요자인 공공부문에서 사회책임조달에 대한 인식 전환과 구매기획, 기업의 육성 등의 역할과 함께 사회적 가치의 창출을 주목적으로 하는 기업부문의 공급역량이 수반되어야만 온전히 구현될 수 있다.

| 표 8-5 | 상업 마케팅과 공공시장 마케팅의 차이

구 분	상업 마케팅	공공시장 마케팅
목적	이윤추구	기업의 지속가능성 확보 사회적가치 및 공공성의 강화
핵심주체	일반기업	일반기업, 사회적기업, 비영리조직 등
원리	가격 경쟁 / 효율	효율과 평등, 최적가치

사회적기업이 공공조달시장의 참여를 위해서는 공공조달 제도에 대한 이해와 이를 통한 수익창출 여부를 확인하고 조달기회를 인지한 후에 참여요건과 사업수행을 위한 필요역량를 확보하여야 한다.

일반적으로 조달기회를 얻기 위하여 정부의 정책목표와 공공기관의 예산서를 분석하여 잠재적 수요를 파악하여 시장진입의 기회를 탐색하게 되는데 이때 구매담당자를 중요한 고객으로 인식하고 진정성으로 소통에 힘써야 한다. 특히 자사의 제품이나 서비스를 통하여 '공공기관의 사회적 가치 창출의 효과'를 제시하는 것도 좋다. 이는 최근 공공기관의 경영평가에서 일자리 창출, 상생 협력 등 사회적 가치실현 부문이 상당부문의 평정[50]이 배정되어 있어 사회적기업에게 전략적 수단으로 활용될 수 있기 때문이다.

| 표 8-6 | 공공기관 경영평가 사회적 가치 세부 항목(2018)

구분	내용
일자리 창출	• 비정규직 간접고용의 정규직 전환실적 • 청년 미취업자 고용실적, 시간선택제 일자리 실적
균등한 기회와 사회통합	• 장애인 의무고용, 국가유공자 우선채용, 용역근로자 보호지침 • 공정한 과정을 통한 채용 • 청년 고졸자 및 지역인재 채용 • 여성관리자 확대,여성인력 양성 및 경력단절 여성 고용 • 고졸자, 무기계약직, 불합리한 차별 해소
안전 및 환경	• 온실가스 감축 및 에너지 절약 실적 녹색제품 구매 • 산업재해 안전관리, 재난관리체계 구축 및 운영 • 개인정보 보호 및 정보보안 관리체계 구축 운영 • 업무 특성에 적합한 환경보전의 개념정의, 예방, 훼손방지

50) 우리나라 35개 공기업의 '2018 경영평가 결과'에서 공기업들의 명암을 가른 것은 사회적 가치였다. 전체 평가점수 100점 만점에서 사회적 가치 관련 배점만 30점에 달했다.(기획재정부)

구분	내용
상생협력 및 지역발전	• 중소기업 · 기술개발 · 사회적기업 · 협동조합 · 여성기업 · 장애인 · 국가유공자 생산품 등 우선구매, 전통시장 온누리 상품권 • 지역사회 참여, 지역경제 활성화 • 협력위탁업체 적기 자금결제 등 공정 결제질서 확립 • 중소기업, 소상공인에 대한 경쟁력 강화를 위한 기술 지원 • 사회적경제 기업 지원과 구매
윤리경영	• 윤리경영체계의 구축 운영 • 투명성 제고 및 윤리경영 실현 • 내부경제시스템 • 인권교육, 인권침해 구제절차 등 인권존중

4
마켓 5.0[51)]

> "마케팅의 목적은 사람들의 삶을 더 낫게 만들고, 공익을 위해 헌신하는 것이다"
>
> – 필립 코틀러

마케팅에 대한 사고가 제품 중심으로부터 인간 중심적으로 전환하는 데에는 70년 가까운 시간이 흘렀다. 그동안 마케팅 전략은 제품만 좋으면 팔

51) 필립 코틀러(Phillip Kotler), 마켓 5.0(Marketing 5.0), 2021.5

리던 시대(마켓 1.0)에서 고객의 수요를 분석하는 시대(마켓 2.0)를 거쳐 품질은 기본이고 차별화된 가치를 제공하는 인간 중심의 마케팅(마켓 3.0)의 요건을 갖추려고 노력하여 왔다. 이러한 수십 년간의 진화과정으로 (마켓 3.0)을 전통적인 마케팅의 최종적인 단계로 간주하였다.

4차 산업혁명으로 촉발된 디지털 사회로의 전환은 고객의 모든 경험을 다양한 접점에서 대응하기 위한 새로운 도구들이 필요로 하는 단계(마켓 4.0)에 이르렀다. 이는 마케팅에 인공지능, 자연어처리, 센서기술, 사물인터넷 등과 같은 혁신적인 기술이 적용되어 마케팅의 판도를 획기적으로 바꿔놓을 수 있는 상황이 도래되었다는 것을 의미한다. 이와 같이 바뀌어진 시장의 판도를 선점하여 비즈니스의 우위를 점하려는 수많은 시도가 현재 진행되고 있다. 한편으로는 혁신적인 기술을 바로 적용하기에는 시장의 여건이 완전히 조성되어 있지 않은 과도기로서 좀 더 시간이 필요하다는 인식도 시장 저변에 흐르고 있었다.

| 표 8-7 | 펜데믹으로 촉발된 새로운 마켓의 시대

마켓 1.0	마켓 2.0	마켓 3.0	마켓 4.0	마켓 5.0
제품 중심 (4P 전략)	소비자 중심 (STP 전략)	인간 중심 가치와 스토리 전략	마케팅 전환시대 전통 ➔ 디지털	인간과 기술의 융합 마켓3.0 + 마켓4.0

소비자는 이전의 시대보다 더 영리하고 까다로워졌으며 다양한 트렌드를 동시에 상대하여야 하는 복잡한 상황을 맞이하고 있다. 정교한 기술과 휴머니티의 융합으로 개인에게 맞춤화된 고객 경험을 제공하는 등 인간의 역할을 대신하는 (마켓 5.0)은 이미 상용화되어 있으며 시장에서 정교하게 이용하고 있다.

(마켓 5,0) 인간 중심의 (마켓 3.0)과 디지털 기술 기반의 (마켓 4.0)을

모두 포괄하고 인간 마케터의 인지능력을 실현하는 혁신적인 기술이 내재되어 있다. 특히 최근의 AI(Artificial Intelligence, 인공지능) 기술은 비정형 고객 데이터 등을 활용하여 인간의 인지능력을 실현하는 등 마케터에게 유익한 통찰력을 제공할 수 있도록 발전하여 왔다.

필립 코틀러는 첨단의 디지털 기술이 어떻게 마케팅 효과를 높일 수 있는가를 다음과 같이 다섯 가지를 제시하고, 마케터는 디지털 채널이나 미디어에 추가로 투자해야 한다고 역설했다.

① 더 많은 정보를 가지고 의사결정을 하게 해준다.

고객의 수많은 접점에서 발생하는 풍부한 정보의 소스로부터 고객의 행동패턴을 분석하고 대규모 1:1 마케팅을 실현할 수 있는 마케팅 환경이 조성되어 높은 수준의 의사결정을 가능하게 하여 준다.

② 마케팅 전략과 전술의 결과를 예측한다.

AI 기반 분석은 효과적인 마케팅 활동을 기초로 최적화된 마케팅 전략을 수립할 수 있으며, 마케팅 활동의 패턴을 분석하고 학습하여 리스크를 예방하고 예측가능한 활동을 수행할 수 있게 하여 준다.

③ 맥락적 디지털 경험을 실제 세계에 접목한다.

디지털 마케터는 고객의 활동 데이터를 기반으로 개인화된 콘텐츠를 제공하는 경험을 갖게하여 줄 수 있다. 이러한 맥락적 기반의 마케팅[52]은 IOT, 센서기술 등으로 옴니채널[53]의 모든 고객에게 맞춤형 서비스를 제공할 수 있게 하여 준다.

---

52) 맥락 마케팅(Contextual Marketing) : 고객의 행동자료에 기반하여 고객의 관심사에 부합하는 광고를 노출하는 온라인 · 모바일 마케팅 기법.

53) '모든'이라는 뜻의 단어 omni와 '경로'를 뜻하는 channel의 합성어로, 기존 온 · 오프라인 유통채널에 IT · 모바일 기술을 융합한 유통 전략을 의미.

④ **일선 마케터의 역량을 강화하여 가치를 제공한다.**

인간과 디지털 기술 간의 최적화된 공생 관계를 유지하여 업무 생산성을 극대화할 수 있다. VR(Virtual Reality, 가상현실)과 AR(Augmented Reality, 증강현실)은 기업이 인간의 개입을 최소화한 채 제품을 소개할 수 있어 마케터에게 소비자와의 상호작용에 집중할 수 있게 하여 준다.

⑤ **마케팅 실행속도를 올려준다.**

항상 접속되어 있는 디지털 기반의 고객은 신속한 시장 실험과 실시간 검증을 가능하게 하여 고객의 욕구를 정확하게 파악할 수 있다. 이를 기반으로 제품의 출시를 획기적으로 단축하고 효과적인 고객과의 관계를 유지할 수 있게 하여 준다.

필립 코틀러는 첨단의 혁신적인 기술이 마케팅에 부가가치를 제공할 수 있다는 것을 기저로 다음과 같이 (마켓 5.0)의 다섯 가지 구성요소를 정의하였다. (마켓 5.0)은 예측 · 맥락 · 증강 마케팅이라는 세 가지 기법을 중심으로 '적용'하는데, 이 적용은 데이터 중심 및 애자일 마케팅이라는 두 가지 조직적 '원칙'을 기반으로 이루어진다.

1. 제1 원칙 : 데이터 중심 마케팅

다양한 고객의 접점에서 빅데이터를 수집 · 분석하고, 마케팅 의사결정을 주도화고 최적화하기 위해 데이터 생태계를 구축하는 활동

2. 제2 원칙 : 애자일(Agile) 마케팅

분산된 다양한 조직 구성원들의 역량을 유기적으로 활용하여 끊임없이 변화하는 시장에 기민하게 대응할 수 있도록 제품개발과 마케팅 캠페인을 개념화, 설계, 개발, 검증하는 활동

3. 첫 번째 적용 방법 : 예측 마케팅

제품의 출시 전에 마케팅 활동의 결과를 예측하기 위하여 기계 학습을

통한 예측 분석 방법 등을 구축하고 활용하는 것을 말한다. 기업은 이를 통하여 시장에 능동적으로 대응할 수 있다.

4. 두 번째 적용 방법 : 맥락 마케팅

실제 공간에서 센서와 디지털 기술 등을 활용하여 고객과 맞춤형 상호작용을 하는 활동이다.

5. 세 번째 적용 방법 : 증강 마케팅

챗봇이나 가상 비서와 같이 인간의 인지능력을 모방한 디지털 기술을 활용하여 고객과 대면하는 마케터의 생산성을 높이는 활동이다. 증강 마케팅은 디지털 기술의 빠른 처리와 휴머니티적인 접점을 통하여 따뜻함과 공감을 갖게 하여 준다.

| 표 8-8 | 마켓 5.0의 기본요소

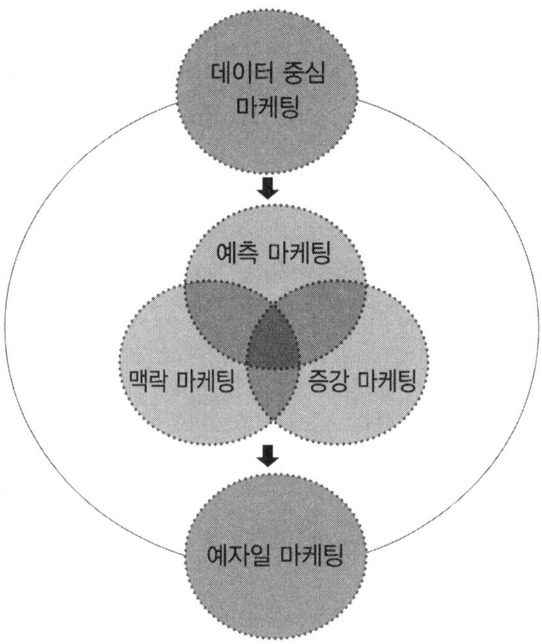

9

디자인 씽킹 : 고객의 입장에서 문제 해결하기

1 디자인 씽킹 이해하기

오늘날 기업이 당면한 문제는 기존에 기업이 추구했던 방식인 효율성과 속도만으로는 경쟁우위를 점하기도 어렵고 해결할 수 없는 것들이 많아진다는 것이다. 고객은 기업이 정해놓은 프레임 안으로 들어오려고 하지도 않고 제품과 서비스에 대한 요구사항도 다양하게 나타나고 있다. 그래서 고객의 본질적인 욕구를 찾는 것에서 출발하는 '디자인 씽킹'이 대안으로 제시되었다. 그런데 고객의 욕구는 대체로 드러나 있지 않고 숨겨져 있어서 이를 찾기 위한 통합적인 접근방법이 요구된다. 이러한 과정은 고객의 잠재적인 욕구를 파악하여 고객에게 새로운 가치를 제안함으로 고객과 이해관계자 중심의 새로운 패러다임을 구축하는 것을 의미한다.

디자인 씽킹은 50년 이상의 역사[54]를 가지고 있지만, 2008년 세계적인 디자인경영 그룹 IDEO사의 CEO인 팀 브라운(Tim Brown)이 Harvard Business Review에 'Design Thinking'을 기고하면서 알려지기 시작

54) 1965년 L.Bruce Afcher의 'Systematic Method for Designer'에서 최초로 사용, 위키피디아

하였다. 그후로 2009년 독일의 SAP사의 후원으로 Stanford 대학원에 d.School의 설립을 후원하면서 본격적으로 확산되기 시작했다. 팀 브라운은 2009년 출간된 'Change by Design[55])에서 "디자인은 만족스러운 경험의 전달에 대한 것이다. 디자인 씽킹은 모든 구성원이 대화에 참여하는 기회를 통해서 다극화된 경험을 만들어내는 과정이다."라고 정의했다. 또한 IBM에서 디자인 연구자로 일하는 조단 세이드(Jordan Shade)는 "디자인 씽킹에는 협력과 교류라는 가치가 내재되어 있으며, 이는 단순히 어떤 아이디어를 만들어서 신속하게 실행해 보는 수준에 그치는 것이 아니라, 서로 다른 생각을 할 수 있는 각계각층의 다양한 그룹에서 충분한 협력을 하는 것을 의미한다."고도 정의했다.

| 표 9-1 | 디자인 씽킹의 접근방식

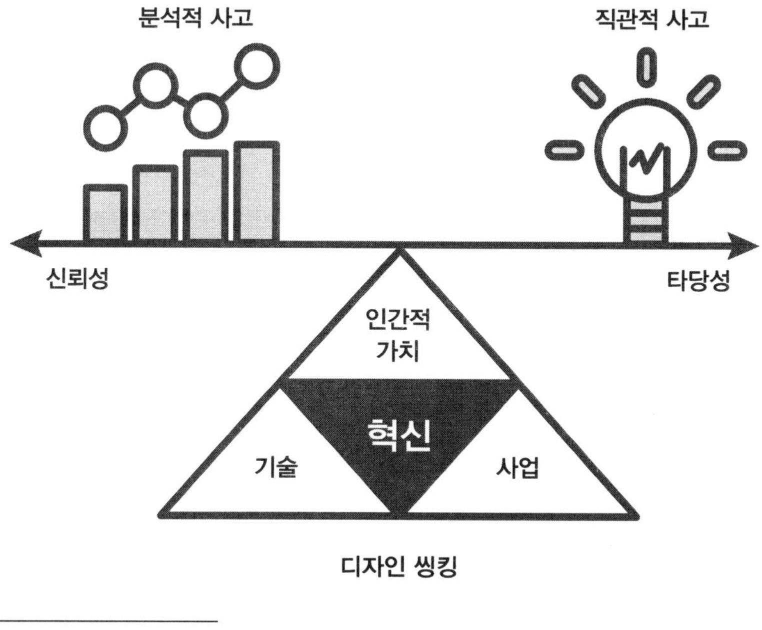

55) '디자인에 집중하라'라는 제목으로 2010년 김영사에서 출간

> “생각의 가장 완벽한 방식은 분석적 사고에 기반을 둔 완벽한 숙련과 직관적 사고에 근거한 창조성이 역동적으로 상호작용하면서 균형을 이루는 것이다.”
>
> – 로저 마틴

최근의 경영 환경이 지식기반으로 변화되면서 고도화된 고객의 욕구를 충족시키기가 까다로워졌을 뿐 아니라 다양한 이해관계로 인하여 복잡하여진 문제 자체를 정의하기도 어려워졌다. 그러므로 사용자의 감성과 인간 중심의 사고로 고객의 Needs를 이해하고 차별적 가치를 제공하는 유용한 수단으로써 디자인 씽킹이 각광을 받고 있다.

그동안 비즈니스 현장에서는 수많은 경험과 데이터를 분석하여 최적화된 의사결정을 하는 비즈니스적인 씽킹이 주를 이루었다. 이 모형의 목표는 수많은 분석과정으로 계량화된 역량으로 리스크를 피하고 빠른 의사결정을 내릴 수 있게 한다. 이와 상반되는 개념으로 “계량적인 사고로는 창조적인 상품이 만들어지지 않는다.”하고 순간적인 통찰과 창조적인 직감으로 사물을 이해하는 혁신적인 접근방식의 모형이 있다. 디자인 씽킹은 이 두 모형 중에서 양자택일하는 것이 아니고 이들을 잘 조화시켜 문제를 해결하는 접근방식을 의미한다.

| 표 9-2 | 비즈니스 씽킹 vs 디자인 씽킹

비즈니스 씽킹 Business Thinking	디자인 씽킹 Design Thinking	창조적 사고 Creative Thinking
좌뇌 중심	좌뇌와 우뇌의 조화	우뇌 중심
이성과 논리	이성과 직관의 조화	직관과 감정
분석적	분석과 이상적 해결의 통합	이상적 해결

비즈니스 씽킹 Business Thinking	디자인 씽킹 Design Thinking	창조적 사고 Creative Thinking
문제의 명확한 정의	재정의에서 출발	정의되지 않는 문제
문제는 해결해야 할 대상	문제는 프로세스의 시작	문제는 문제가 아니다
실수는 곧 실패	실수는 배움의 시작	실수에 연연하지 않음
조사 → 분석 → 의사결정	공감 → 정의 → 아이디어	인식 → 아이디어 → 결정

디자인 씽킹은 인간의 공감 능력을 활용하여 겉으로 드러난 요구뿐만 아니라 숨겨진 욕구를 충족시킬 수 있는 해법을 제공하여 프로세스 혁신과 새로운 비즈니스모델, 창업을 위한 유용한 방법론으로 활용되고 있다.

> "많은 경우, 사람들은 원하는 것을 보여주기 전에는 무엇을 원하는지도 모른다."
> "고객이 원하는 것인 무엇인지 알아내는 것은 고객의 일이 아니다."
>
> – 스티브 잡스

2
디자인 씽킹 학습을 위한 사전준비

우리는 디자인 씽킹을 통하여 문제를 해결하는 방법을 학습하기에 앞서 사전준비로 팀원을 구성한 다음에 팀원들과 함께 비즈니스의 동향을 감지하고 사전 조사를 통하여 기회 영역을 탐구할 것이다.

2-1. 팀 빌딩

다양한 사회적 문제를 해결하기 위한 제품이나 서비스를 혼자서 개발한다는 것은 불가능하다. 사회적 기업가는 사회적 문제를 해결하기 위하여 사용자와 더불어 다양한 이해관계자와 지속적이고 유기적인 소통 능력을 갖추어야 한다. 동일한 사회문제를 보더라도 다양한 관점이 존재하는데, 이 차이를 수렴하는 과정이 필요하기 때문이다.

사회적 기업가는 함께 사회문제를 해결할 팀을 구성하고 이를 통하여 사회적인 가치실현의 열매를 나눌 수 있어야 한다. 좋은 팀을 구성하기 위하여 평소 동일한 미션과 관심을 가진 다양한 전공의 팀원을 지속적으로 탐색하는 기회를 가져야 한다.

일단 팀이 구성되면 서로를 이해하고 공통의 미션을 공유하며 관심과 참여를 이끌어 낼 수 있는 팀 빌딩 프로그램을 운영하는 것이 좋다. 서로가 다름을 인정하고, 주어진 상황에서 개개인의 역량과 아이디어가 긍정적인 에너지로 선순환되어, 함께 문제를 해결할 동지로서 유대감을 갖도록 하여야 한다.

2-2. 핵심 가치와 내용의 공유

팀원들 간 평소에 생각했던 사회문제의 해결을 위하여 개발하고 싶었던 제품이나 서비스에 대하여 각자의 경험과 지식을 공유하며 브레인스토밍 등을 통하여 각자가 생각했던 사업의 내용을 팀원들과 생각을 공유하고 이해하는 과정이 필요하다.

다음의 단계로서 사업의 방향과 핵심 가치, 중요한 이해관계자, 조직의 형태, 대략적인 일정과 역할에 대하여 팀원들과 공유하고 정리한다. 이때 유의할 점은 구성원 상호 간 신뢰를 기반으로 과정이 진행되어야 한다.

2-3. 기초자료 조사

대략적인 방향과 핵심 가치가 정해지고 공유되었으면 디자인 씽킹의 절차를 진행하기 위한 기초자료를 조사한다. 자료의 조사는 우선 관련 사이트와 문헌 등을 통하여 해결하려는 사회문제와 동향을 이해하고 이를 해결했던 유사 사례를 조사하여 디자인 씽킹 과정에서 검토해야 할 핵심적인 요소들을 탐색한다.

주요 조사내용으로 사회적경제 조직의 유형별로 정책과제 및 법과 제도적인 내용, 해당 전문가의 의견 등을 청취한다. 또한 해결하려는 사회적인 문제의 대상자와 이해관계자가 참여할 수 있도록 고려하여야 한다. 특히, 핵심 인물을 중심으로 이해관계자를 유형별로 식별하여 지도를 작성하면 이해관계자의 전체적인 구조를 파악하는 데 효과적이다.

2-4. 이해관계자를 식별

| 표 9-3 | 이해관계자 관리 양식

No	이해관계자	소속	직위	역할	영향력 / 관심도		요구사항	참여빈도	비고
1	홍길동	지원그룹	관리자	품질	높음	높음	성능	비상시	
2	김협동	사업조직	담당자	개발자	보통	높음	인터페이스	상시	
•									
•									

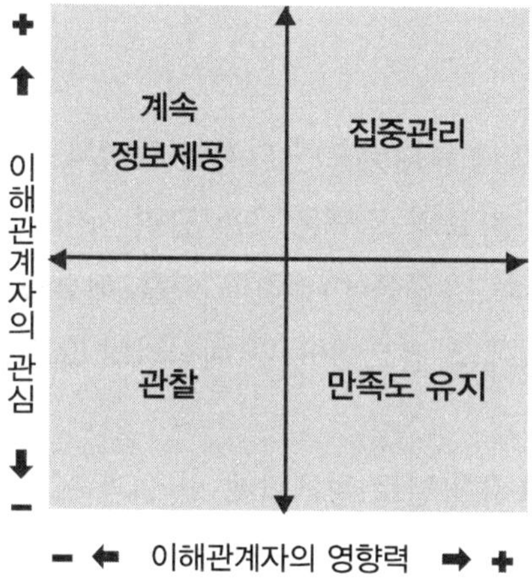

영향력	관심도	관리방안	이해관계자 (사례)
높음	낮음	집중관리	핵심후원자 업무 책임자
높음	낮음	만족도 유지	잠재적 최고경영자
높음	낮음	정보제공	우호적 담당자, 사용자
높음	낮음	관찰	무관심 비관련자

3
디자인 씽킹의 프로세스

기본적인 준비가 되었으면 디자인 씽킹의 과정을 시작한다. 디자인 씽킹은 사용자의 요구를 이해하며 이를 해결할 수 있는 기회를 찾아내어 공감적 태도를 활용하여 문제를 해결하는 접근방법이다. 디자인 씽킹의 프로세스는 오랜 기간 많은 종류가 생겨나고 진화하였지만, 여기서는 스텐포드 D.School이 개발한 5단계 프로세스를 활용하도록 한다. D.School의 프로세스는 공감하기(Empathize), 정의하기(Define), 아이디어 찾기(Ideate), 시제품 만들기(prototype), 검증하기(Test)라는 5단계로 이루어져 있다. 각 단계는 논리적으로 분리되어 있는 것이 아니고 단계별로 융합적인 사고로 확산과 수렴을 반복하면서 상호 관련성을 추구하면서 진행된다.

| 표 9-4 | 디자인 씽킹의 프로세스

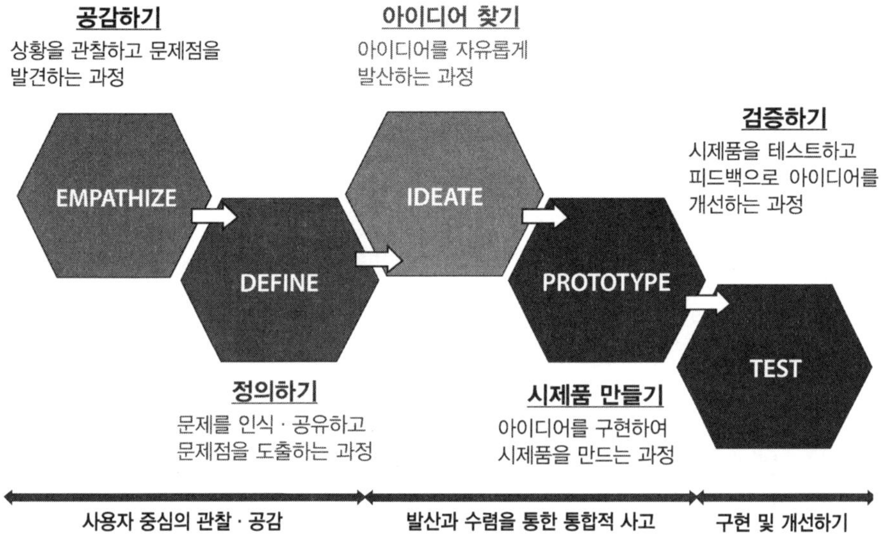

3-1. 공감하기 (Empathize)

공감이란 디자인 결과를 사용할 상대방(보통 비즈니스 현장에서는 고객)의 입장을 있는 그대로 이해하는 것이다. 그러기 위해서는 상대방을 둘러싸고 있는 환경과 감정의 변화 등을 관찰하여 상대방이 무엇을 원하는가에 초점을 맞추는 것으로 공감이라는 과정을 통하여 상대방의 문제를 파악하는 과정이다.

공감하기는 상대방과 문제에 대한 선입견이나 이미 알고 있는 정보 등으로 더 좋은 제품이나 서비스를 개발하여야 한다는 생각에서 벗어나야 한다. 팀원들의 서로 다른 지식과 경험 등을 공유하여 완벽하지 않아도 다양한 아이디어가 자유롭게 나올 수 있어야 한다.

사용자와 인터뷰의 사례

- 사용자에게 OO는 어떤 의미를 주는가?
- 나의 생활의 핵심가치는 무엇인가 ?
- 생활 속에서 느끼는 불편한 점이나 개선 점은 무엇인가 ?
- 사용자가 이상적으로 생각하는 OO의 기능은 무엇이 있는가 ?

사용자와 인터뷰 요령

- 인터뷰 전 친밀감 쌓기, 부드럽게 대화하기, 답변을 먼저 제시하지 않기, 구체적으로 묻기,
- 사용자의 답변을 경청하고 관찰하기, 메모하기 등

※ 인터뷰는 사용자의 생각을 관찰하는 것이다. 사용자가 대상을 설명할 때 사용자의 그림을 그려달라고 요청하는 것도 시각적으로 구체화할 수 있어 좋다.

3-2. 정의하기 (Define)

디자인 씽킹은 문제의 해결이 아닌 고객의 니즈를 탐색하는 과정이다. 정의하기(Define)는 공감하기 단계에서 획득한 통찰로부터 고객을 이해하고 해석하여 고객의 니즈에서 해결하여야 할 문제가 무엇인가를 재정의하는 단계이다.

공감을 통해 고객의 내면에 있는 불편사항이나 요구를 찾았다면 '공감지도'와 '고객의 관심사항'을 정리하여 고객 내면의 이유를 발견하는 과정이 필요하다. 고객 내면의 이유를 통하여 문제의 핵심 요인을 파악할 수 있고 고객을 위한 맞춤형 해결방안도 제시할 수 있기 때문이다.

| 표 9-5 | 공감지도 작성하기

• 사용자를 인터뷰한 후 느낌을 정리한다.

사용자가 말한 것	관찰자가 생각한 것
사용자가 행동한 것	관찰자가 느낀 것

• 사용자의 관점 서술문 작성하기

(**사용자의 이름 / 묘사**)은/는 (**사용자가 소망을 이루고 싶은 이유 / 또는 나의 생각**)하므로

( ) 하기를 원한다.

3-3. 아이디어 찾기 (Ideate)

정의하기 단계에서 불편함과 소망에 기인한 고개의 니즈를 찾았다면 그 니즈를 충족시키기 위하여 고객에게 적합한 해결방안을 찾는 단계이다. 아이디어를 찾기 위하여 실현가능성이나 현실적인 문제를 고려하지 않고 다양하고 창의적인 의견이 거론되는 것이 중요하다.

이 과정에서는 사업의 이해관계자들로부터 현재보다 개선된 아이디어를 찾아가는 단계로서 브레인스토밍 등을 통하여 다양한 사람들과 함께 아이디어의 확산적 수렴과정을 유도한다.

"우리가 어떻게 하면 ~ 할 수 있을까? (How Might We, HMW)"

브레인스토밍의 효과적인 방법

① 어떤 아이디어도 절대로 무시하면 안된다.

② 아이디어의 질보다 양을 추구한다.

③ 시각화하여 설명할 수 있게 유도한다.

④ 계속 주제에 집중한다.

⑤ 한 번에 한 가지씩 그리고 한 명씩 말한다.

⑥ 자유분방하고 직관적인 아이디어도 수용한다.

⑦ 다른 아이디어로부터 결합을 수용한다.
(아이디어로부터 새로운 아이디어 이끌어내기, 아이디어의 결합

| 표 9-6 | 아이디어 발상법 – SCAMPER기법[55)]

SCAMPER기법	내 용	적용사례
대체 (Substitute)	고객에게 어떤 가치를 줄 수 있는가? 기존의 제품이나 서비스를 다른 것으로 대체하거나 변경할 수 있는가?	• 주식인 쌀을 과자로 • 파스타 면을 친환경 빨대로
결합 (Combine)	기존의 제품이나 서비스의 용도나 기능 등에서 두 가지 이상의 것을 합쳐서	• 맥가이버 칼 • 복합기

55) 스캠퍼(Scamper) 기법: 브레인스토밍 기법을 창안한 오스본(ALex Osborn)의 체크리스트를 에버를(Bob Eberle)이 7개의 키워드로 재구성하고 발전시킨 브레인스토밍 기법의 하나

SCAMPER기법	내 용	적용사례
응용 (Adapt)	기존 제품이나 서비스에 적용되던 원리를 새로운 것에도 적용하여 보기	• 조명램프를 살균램프로 • 온도계를 체온계로
변형(Modify), 확대(Magnify), 축소(Minify)	기존 제품이나 서비스의 특성이나 모양 등을 변형 · 확대 · 축소를 시도하여 새로운 것을 창출	• 엠보싱 화장지 • 꼬부라진 물파스 • 대형 TV
다른 용도로 사용 (Put to other Users)	기존 제품이나 서비스의 기능이나 특성을 다른 용도로 적용하여 새로운 것을 창출	• 베이킹파우더를 청소용 도로 사용 • 유모차를 노인용 보행보조기 활용
제거 (Eliminate)	어떤 기능이나 부품 등을 일부분 제거하여 새로운 것의 창출 가능성 타진	• 날개 없는 선풍기
재구성 (Reverse)	주어진 것에서 순서나 모양 등을 거꾸로 하거나 순서를 바꾸어 새로운 아이디어 생성	• 양말에서 벙어리장갑으로 누드김밥

3-4. 시제품 만들기 (Prototype)

아이디어 찾기 단계에서 선정된 방안을 실제 구현이 가능한 모습의 시제품을 제작하는 단계이다. Prototype은 고객에게 경험을 제공할 수 있는 물건이나 문제 해결을 위한 방법, 스토리텔링, 역할극, UCC, 노래 등 그 어떤 것도 가능하다. Prototype은 완벽할 필요가 없고 최소의 기능으로 신속하게 만들어(MVP) 고객이 즉시 사용해 볼 수 있게 하여 유용한 피드백을 얻을 수 있게 하여야 한다. 이러한 빠른 시도와 반복을 통하여 프로토타입의 완성도는 높아지게 된다.

시제품이 만들어진 후에는 고객에게 Prototype을 경험할 기회를 주고 의견을 청취하는 과정을 가져야 한다. 청취된 의견으로 문제점을 보완하여 계속해서 다음 단계의 prototype 제작과정으로 실행 가능한 구체적인 디자인 구현이 가능하여진다.

| 표 9-7 | POC vs Prototype vs MVP

POC (Proof of Concept)	Prototype	MVP (Minimum Viable Product)
• 제품의 형태와 무관하게 초기 단계에서 특정기능을 중심으로 아이디어와 동일하게 구현이 가능한지 여부를 파악 • 추후에 나타날 위험이나 실패를 미리 경험하고 점검	• 제품의 디자인, 기능, 사용성 등 대부분의 형태를 갖춰진 전체적인 모형의 점검 • 기존 고객이나 잠재고객을 대상으로 반복적인 테스트와 피드백으 프로토타입을 개정	• 핵심적인 내용을 중심으로 생존하기에 최소한 기능의 제품으로 테스트 • 제품의 시장가치를 확인하면 초기고객의 확보와 생존자금을 마련하여 제품을 Release

연구결과[56]에 의하면 프로토타이핑의 과정으로 제품의 문제점 개선을 위한 시간을 25%, 수정요청 사항의 80%가 감소하며 제품의 완성도는 50% 향상될 수 있다고 실험연구를 통하여 정량적인 효과를 확인하였다.

3-5. 검증하기 (Test)

프로토타이핑 과정에서 만들어진 시제품의 실제 가치를 알기 위하여 객관적으로 평가하는 과정으로 다양한 고객과 이해당사자의 검증하기 단계이다. 이 단계에서 체득한 의견을 바탕으로 최종적인 제품이나 서비스를 구현

56) 실험을 통한 프로토타이핑 효과, 타드 자키 워플(Todd Zaki Warfel, 2011)

하는 단계이다. 이러한 검증을 바탕으로 디자인 제작이 완료된다.

검증하기 단계에서는 평가자가 prototype을 마음대로 이용할 수 있게 하여 사소한 의견도 쉽게 적용될 수 있도록 고려하여야 한다. 이때 개발자는 자신의 아이디어에 집착하지 않고 평가자의 니즈와 의견에 집중하여 제품에 반영하여야 한다.

4
디자인 씽킹의 시사점

사회적기업이 실현하고자 하는 사회적인 문제는 표면적인 이유보다는 저변의 이해관계와 문제를 둘러싸고 있는 환경문제 등이 복합적으로 얽혀있는 경우가 대부분이다. 복잡한 문제일수록 저변에 있는 사람들 간의 이해관계가 문제의 근원적인 이유인 경우가 많아 공감과 이해를 통한 문제해결 방법인 디자인 씽킹은 매우 유용하다고 할 수 있다. 공감과 이해는 미래 사용자와의 기대 수준을 찾는 과정으로 사용자에게서 표면적으로 드러나지 않는 인간 중심의 욕구를 파악해 근원적인 문제를 해결할 수 있다.

'직관'과 '분석'의 두 사고가 역동적인 상호작용으로 균형점을 찾는 '디자인 씽킹' 이론은 다양한 사람들과 협업을 통해 창의적인 해결방안을 찾는다. 즉, 새로운 해결책을 찾기 위해 서로 상충되는 아이디어와 조건까지 모두 적용하여 확장하고, 수용과 결합의 수렴과정을 거쳐 통합적, 수평적 사고를 이룰 수 있다. 이러한 과정으로 고객이 진정으로 원하는 욕망을 찾아낼 수 있고 이것이 디자인 씽킹이 추구하는 사고체계이다.

비즈니스에서 디자인 씽킹을 적용하여 제품을 개발하는 실질적인 과정은 〈표 9-8〉과 같다. 사용자에 대한 공감과 이해를 바탕으로 고객의 니즈를 정의하고, 개발 과정을 거쳐 첫 번째 단계의 시제품(MVP)을 만들어 고객의 평가를 거친다. 다음 단계에서는 고객의 평가를 중심으로 개선된 아이디어가 반영되어 점진적으로 제품을 만들어가는 과정이라고 할 수 있는데, 단계가 진행될수록 고객의 니즈와 시장에 친화적인 제품으로 완성되어 갈 것이다.

| 표 9-8 | 디자인 씽킹을 적용한 시제품의 개발 프로세스

1. 고객의 니즈, 위험분석

2. (개발)계획수립

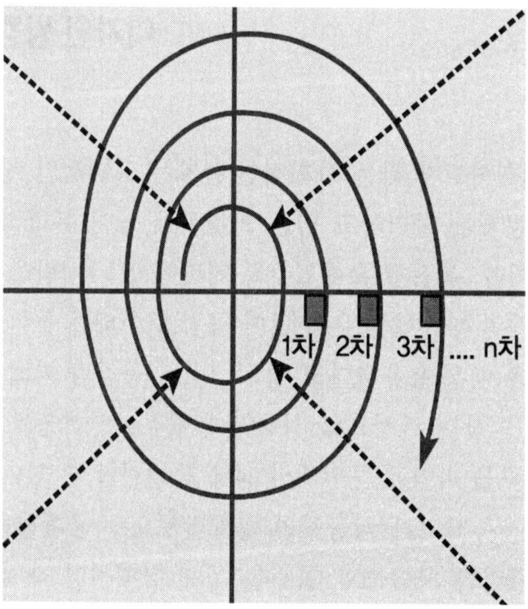

3. 시제품(MVP)개발 (1차, 2차..N차)

4. 고객의 평가

10 사회적기업의 비즈니스 모델링

1 비즈니스 모델의 이해

비즈니스 모델링은 창업자가 고객이 어떤 문제를 해결하려 하는지, 어떤 욕망이 있는지를 파악하여 고객의 니즈에 적합한 제품의 개발과 마케팅, 제작 등 비즈니스의 전 과정을 체계적으로 표현한 것이다. 그러므로 비즈니스 모델은 기업의 핵심 자원과 핵심 프로세스를 명확하게 규명하고 사업의 재무적인 활동을 구체화하며 이해관계자들 간의 역할을 명확히 규명하는 등 사업 전반의 자원의 상태를 보여주는 한 장짜리 사업계획서라고 말할 수 있다.

비즈니스 모델에 대한 정의

"어떤 제품이나 서비스를 어떻게 소비자에게 편리하게 제공하고 어떻게 마케팅하며, 어떻게 돈을 벌겠다는 아이디어."

– 다음 백과사전

"하나의 조직이 어떻게 가치를 창조하고 전파하며 포착해내는지를 합리적이고 체계적으로 묘사해낸 것"

– 이브스 피그누어 & 알렉산더 오스터왈드

비즈니스 모델링은 한정된 자원으로 창업하는 창업자의 가설을 검증하는 방법론이다.

창업에 성공한 사업가가 처음의 좋은 계획으로 성공에 이른 것이 아니라 다양한 시행착오와 검증으로 최적의 방안을 찾는 비즈니스 모델링 과정을 거쳤기 때문이다. 비즈니스 모델링에는 고객의 니즈가 고려된 디자인 씽킹의 과정을 통하여 이루어진다. 고객의 근본적인 니즈가 사업에 적용되는 것인 만큼 여기에서 도출된 아이디어를 비지니스 모델에 적용한다면 훨씬 높은 성공확률을 기대해도 좋을 것이다. 이렇듯 비즈니스 모델링은 자신의 성공적인 사업모델을 만들어가는 과정이라고도 할 수 있다.

2 비즈니스 모델의 발전

1900년대 초 '면도날만 바꾸면 새것이 되는 질레트 면도기' 모델과 같이 오래전부터 제품과 서비스에 대한 창조적인 아이디어로 수익을 창출하기 위한 수많은 노력이 있었고 최근 정보기술의 발달로 수많은 영역에서 급속도로 확산되고 있다.

지금은 익숙한 개념이지만 1996년 미국의 Priceline의 '역경매(Reverse auction)'와 1999년 Amazon의 '1 click service'가 비즈니스 모델로는 처음으로 미국의 특허를 취득하였다. 그 뒤로 1998년 옥스퍼드 대학의 티머스(Paul Timmers) 교수의 논문[57]에서 제품과 서비스, 정보의 흐름을 총체적으로 다루고 비즈니스 모델이 관여하는 다양한 이해관계자의 역할을 규정한 아키텍쳐를 구상하였다. 2008년 하버드 대학의 크리스텐슨(Clayton

57) Paul Timmers), 'Business for Electronic Markets', Journal of Electronic Marketsi 1998 2

Christensen) 교수는 현재의 비즈니스 모델에서 사용하는 '고객가치제안(Customer Value Proposition)', '이윤공식(Profit Formula)', '핵심자원(Key Resources)', '핵심프로세스(Key Process)'의 개념을 정의하였다.[58)]

2010년 스위스 로잔대학교 교수인 피그누어(Yves Pigneur)와 오스터왈드(Alexander Osterwalder)는 전 세계 45개국의 470명과 공동작업으로 비즈니스 모델 개발도구인 'Business Model Canvas(이하 BM Canvas)'를 창안하였다. BM Canvas는 비즈니스의 핵심적인 9가지 구성요소(block)를 통하여 비즈니스의 전략적 청사진을 제시할 수 있도록 설계되었다.

| 표 10-1 | Business Model Canvas

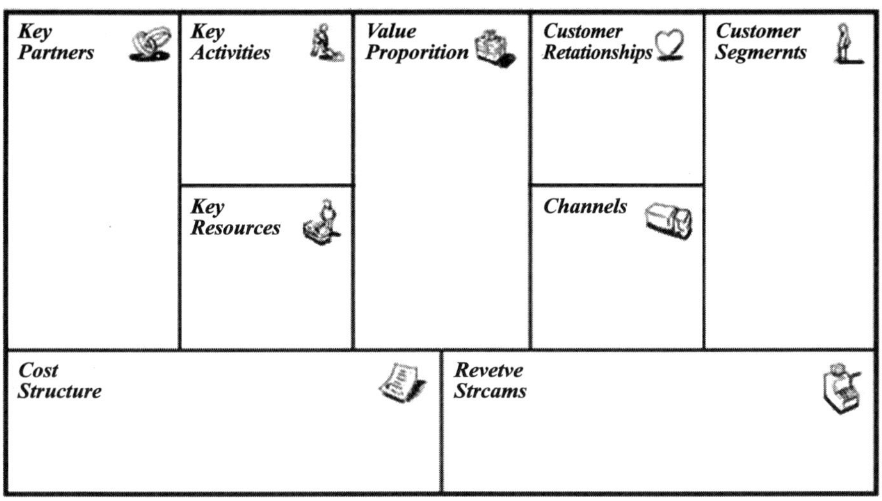

같은 해에 미국의 실리콘 밸리에서 다수의 벤처기업을 창업한 애쉬 모리아(Ash Maurya)가 BM Canvas에서 영감을 받아 스타트업 기업 등에 적합한 비즈니스 모델 개발도구인 'Lean Canvas'를 창안하였다. Lean

58) Clayton Christensen, 'Reinventing Your Business Model' Havard Business Review, 2008

Canvas는 BM canvas와 더불어 전 세계의 수많은 스타트업 기업과 창업 보육 기관 등에서 활용하고 있다.

| 표 10-2 | Lean Canvas

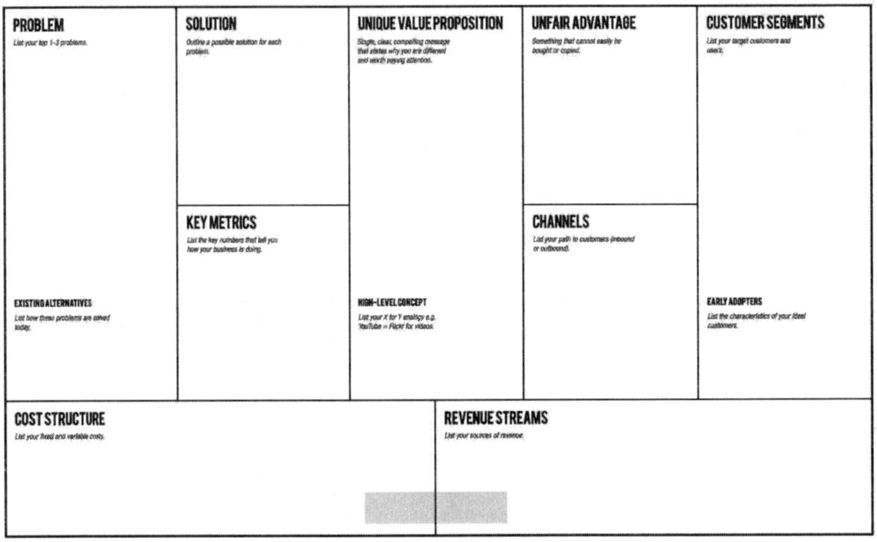

3 Business Model 개발도구

비즈니스 모델링은 고객과 이해관계자 등과 같은 대상이 있는 작업이다. 그러므로 각 모델링 도구의 구성 요소들은 모두 고객과 이해관계자의 의사 결정과 사고가 유기적으로 연계되어 사업 전반의 현황을 한눈에 파악할 수 있도록 설계되어 있다.

또한, 모델링 도구는 '비즈니스의 논리적인 사고의 흐름'과 같은 순서로 진행될 수 있게 설계되어 모델링 도구의 작성 순서에 따라 작업을 진행[59] 하는 것이 매우 중요하다. 그렇게 진행하다 보면 특정한 블록에서 준비가 미흡하여 빈칸으로 남겨두거나 불명확한 표현으로 작성하는 경우가 있을 수 있다. 이런 경우 그 블록에서 정의되어야 할 요소는 아직 준비가 덜 된 사업의 영역이라고 할 수 있다. 비즈니스 모델링 도구에는 이와 같은 미흡한 요소를 지속적으로 식별하고 시뮬레이션하여 개선할 수 있는 디자인 씽킹의 사고가 기본적으로 내재되어 있다.

비즈니스 모델링의 중요함이 날로 커짐에 따라 특정 사업 영역에 특화된 모델링 도구들이 개발되었는데 BM Canvas에서 스타트업과 창업에 적합한 Lean Canvas가 창안된 것도 전형적인 사례라고 할 수 있다. 그 외로 기존의 비즈니스 모델링 도구에 비즈니스 컨셉과 실행계획의 통합이 고려된 '비즈니스 모델 젠'과 협동조합의 사업에 최적화된 'Coop Canvas' 등 다양한 모델링 도구들이 비즈니스 현장에서 사용되고 있다.

이 책에서는 BM Canvas와 Lean Canvas를 중심으로 비즈니스 모델링을 설명하고자 한다. 두 도구는 모두 직관적으로 설계되어 있어 이해하기 쉬우며 이해관계자들 간의 의사소통도 용이할 뿐더러 현재 전 세계적으로 가장 많이 사용되고 있는 검증된 도구이기 때문이다. 좋은 비즈니스 모델은 누구나 쉽게 이해할 수 있게 간결해야 하며, 비즈니스의 스토리가 설득력이 있어야 한다.

최근 미국의 스타트업이 실패하는 가장 큰 이유는 '시장에서 원하지 않는 제품의 취급'이 42%로 1위를 차지하였다. 이는 고객과 시장을 외면한 제품과 서비스는 결코 성공할 수 없다는 것과 경영의 패러다임이 고객의 경험을 전략적으로 관리하고 디자인하는 것으로 옮겨졌음을 의미한다.[60]

---

59) 이해관계자의 의사결정 순서와도 관련이 있다.

60) CB insight 'Top 20 Reasons Strartup Fail'– 미국의 CB insights에서 101개 기업 스타트업을 대상으로 분석 (2019.11.6.)

다양한 비즈니스 모델 도구의 적용에 대하여

새로운 가치가 요구될 때마다 해당 과제에 적합한 모델링 도구가 개발되어 기존의 BM Canvas나 Lean Canvas의 표현의 한계를 지적하곤 한다. 그렇지만 새로운 이해관계나 가치가 요구될 때마다 별도의 관계를 표현하고 블록을 추가 · 적용하는 것은 복잡도가 높아져 이해하기 어려워질 수 있다. 오히려 간결한 모델링 기법이 이해관계자들에게 직관적이고 설득력 있게 설명될 수 있어 효과적이라고 생각한다. 특정 과제에 최적화된 도구의 적용은 대상 사업을 효과적으로 표현하고 이해관계자들을 설득하기에 매우 유용할 수 있지만, 우선 여기에서 제시하는 두 모델링 도구만 충분히 익혀 둔다면 다른 모델링 도구를 익히거나 적용하는데 큰 어려움은 없을 것으로 생각한다.

비지니스에서 사용자경험이 중요한 이유

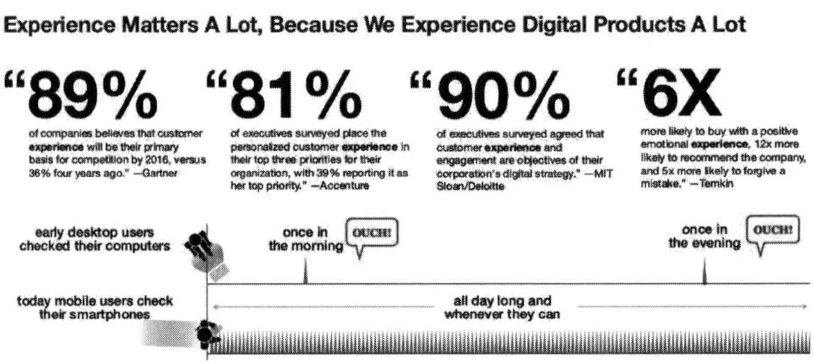

고객의 경험을 중요시해야 한다는 인식은 이미 활발하게 퍼지고 있다.

- 89%의 기업이 '고객 경험'이 핵심 경쟁력이라고 믿고 있다.
- 81%의 경영진이 '개인화된 고객 경험'을 조직의 최고 우선순위 3에 선정했다.
- 90%의 경영진이 고객 경험 및 고객 접점을 만드는 일이 그들의 전략의 목표라고 했다.
- 6배 이상의 구매 가능성, 12배 이상의 기업 선호도, (실수에 대한) 5배 이상의 관대함은 긍정적인 고객 경험이 가져다줄 효과이다.

– 2016년 KPCB가 발행한 'Design in Tech 보고서'.

고객의 의중을 파악하여 고객이 진정으로 원하는 것을 단번에 알아낸다는 것은 쉽지 않은 일이다. 디자인적인 사고는 고객의 내면에 숨겨져 있는 욕구에 접근할 수 있고, 이를 통하여 고객에게 새로운 가치를 부여할 수 있다. 그러므로 대부분의 비즈니스 모델링 도구에는 디자인 씽킹의 사상이 포함되어 있으며, 고객 경험의 이해를 통하여 새로운 가치를 제공하는 과정이 핵심적인 과정으로 되어 있다. 여기서 소개하는 BM Canvas나 Lean Canvas가 '고객'과 '고객의 문제'로부터 출발하는 것도 결코 우연이 아니다.

| 표 10-3 | BM Canvas vs Lean Canvas

	BM canvas	Lean Canvas
공통점	• 심플하다(시각화). • 사업계획서 요약본 • 한 장의 canvas에 핵심요소별 사업 내용을 간략하게 표현	좌동
대 상	• 제품–시장의 적합점 (Product–market fit)을 찾은 뒤 기업의 조직화 단계에서 • 신규 또는 기존의 사업 • 고객, 투자자, 기업가, 컨설턴트 등	• 팀이 아직 작거나 혼자인 경우 • 주로 스타트업, 창업 • 주로 기업가
접 근	• 인프라를 구축하고, 자금 조달의 성격과 출처 및 예상되는 수익의 흐름을 제시	• 문제, 제안된 솔루션, 솔루션 달성을 위한 채널, 관련 비용과 예상 수익의 흐름에서 시작
특 징	• 모든 비즈니스에 대한 고객 세그먼트, 채널 및 고객 관계에 중점 • 제품을 비즈니스로 만드는 데 유용	• 해결하려는 문제점에 집중 • 타겟 고객이 명확 • 아이디어를 제품화하는 데 유용
단 점	• social Value의 부재 • 기업의 목적/비전 등의 부재 • 경쟁 등 외부 환경을 고려하지 않음 • 각각의 항목들의 수준의 차이 • BM 수립 후 실행과 연결방안 모호	• 아이디어 검증 과정에서 창업자가 검토할 핵심 질문들이 제외 • 새로운 아이디어가 성장함에 따라 시장의 확장이 어려움

4 BM Canvas를 이용한 비즈니스 모델링

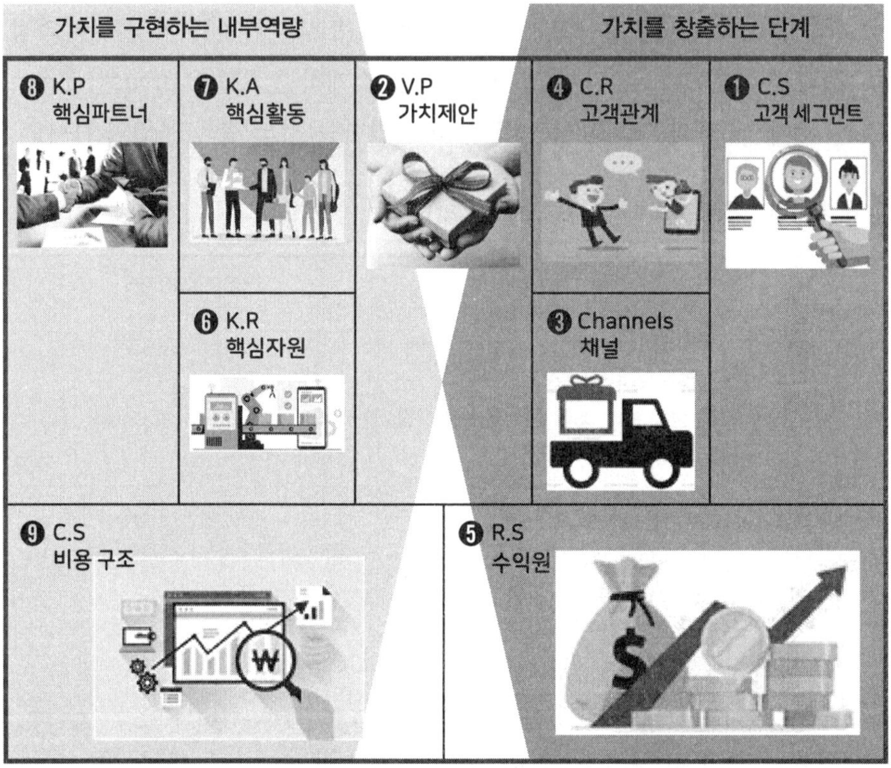

각 블록의 번호는 비즈니스의 논리적인 진행 순서와 동일하며 순서대로 블록을 정의하며 작업을 진행

단 계	순 서	내 용	
가치를 창출하는 단계	1	고객 세그먼트	Customer Segments
	2	가치 제안	Value Proposition
	3	채널	Channels
	4	고객관계	Customer Relationships
	5	수익원	Revenue Streams

단 계	순 서	내 용	
가치를 생산하는 단계	6	핵심 자원	Key Resources
	7	핵심 활동	Key Activities
	8	핵심 파트너	Key Partners
	9	비용 구조	Cost Structure

① Customer Segments (고객 세그먼트)

'고객 세그먼트(Customer Segments)'는 비즈니스에서 가장 중요한 대상인 고객을 선정하는 단계이다. 어떤 비즈니스를 진행하든 고객이 없다면 비즈니스 자체가 성립할 수 없다. 고객을 제대로 만족시키기 위하여 그들의 요구나 행동상의 특징 등을 분류하여 만족시킬 수 있는 고객군을 정하여야 한다. 사전에 STP 전략 수립으로 대상 고객에 대한 세분화가 이루진 다음에 작성하는 것이 좋고 그렇지 않다면 적어도 누구를 위하여 가치를 창조하는지와 누가 비즈니스에 가장 중요한 고객인지를 파악하여 이를 기술하여야 한다.

고객 세그먼트를 정의할 때는 목표로 하는 고객군이 다음 단계에서 제안하는 가치에 연계되는 어떤 문제와 욕구가 있는지를 대해서도 함께 정의한다. 창업자의 대부분이 한정된 자원으로 창업을 진행하기 때문에 다양한 욕구를 지닌 다수의 시장과 고객을 대상으로 정하는 일은 바람직하지 않다. 시장세분화와 목표시장의 선정과 같은 마케팅 전략을 수립한 후에 가장 경쟁력이 있고 창업자가 우선적으로 감당할 수 있는 동질적인 고객군을 선정하여 대상으로 정하는 것이 효과적이다.

세그먼트를 명확하게 하는 고객의 분류기준

- 해당 고객이 전혀 다른 서비스나 상품을 필요로 한다.
- 해당 고객에게 접근하는 유통 채널이 다르다.
- 해당 고객별로 전혀 다른 유형의 고객관계를 필요로 한다.
- 해당 고객별로 수익성에 있어서 현저한 차이가 있다.
- 다른 형태의 상품을 제공해도 기꺼이 대가를 지불할 의사가 있다.

② Value Proposition (가치 제안)

가치 제안은 고객 세그먼트(Customer Segments)단계에서 선정된 고객을 대상으로 제공하려는 상품이나 서비스의 조합을 의미한다. 가치 제안은 단순히 상품이나 서비스를 의미한다기보다는 고객의 욕망을 충족시킬 수 있도록 제안된 것이라면 모두 해당이 될 수 있다. 그러므로 가치 제안에는 고객도 알지 못하는 고객의 숨겨져 있는 욕망까지 찾아내어 해결할 수 있는 '특별한 무엇'이 필요하다. 특정 고객 세그먼트가 필요로 하는 가치를 창조하려면, 해당 세그먼트의 욕망에서 비롯한 니즈에 부응하는 명확한 요소들이 조합되어야 한다. 고객의 욕망을 충족시키는 가치의 특징은 양적(가격, 속도 등)인 것일 수도 있고, 질적(디자인, 고객경험 등)인 것일 수 있다.

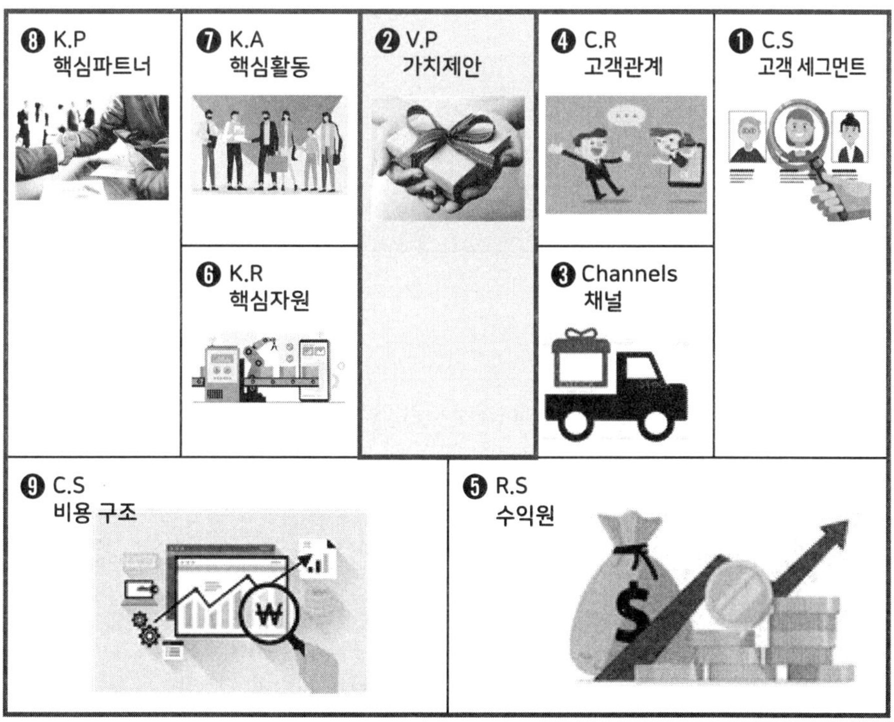

고객에게 가치를 제안하기(고객의 욕망을 충족시키기) 위한 요소

새로움, 성능, 커스터마이징(특화된 요구에 맞춤), 무엇이가를 '되게; 만드는 것, 디자인, 브랜드 지위(소속감 과시), 가격, 비용 절감, 리스크 절감, 접근성, 편리성/유용성 등

③ Channels (채널)

채널은 창업자와 고객과의 만나는 곳으로 제품이나 서비스가 유통되는 경로이다. 채널을 통하여 창업자는 제안된 가치를 고객에게 전달하고, 고객은 제품이나 서비스를 이해하고 구매하게 된다. 또한 채널을 통하여 창업자가 전달한 가치제안을 평가하기도 하고, 다양한 부가 서비스가 이루어지기도 한다.

| 표 10-4 | 채널의 유형

<table>
<tr><th colspan="3">직영매장</th><th colspan="2">파트너</th></tr>
<tr><th colspan="2">직접</th><th colspan="3">간접</th></tr>
<tr><td>영업부서</td><td>웹사이트</td><td>직영매장</td><td>파트너 매장</td><td>도매상</td></tr>
</table>

| 표 10-5 | 채널의 구성요소

이해도	상품이나 서비스에 대한 고객의 이해도를 어떻게 높일 것인가?
평 가	고객이 가치제안을 제대로 평가하기 위해 어떻게 도울 것인가?
구 매	고객이 효과적으로 상품이나 서비스를 구매하게 할 것인가?
전 달	고객에게 어떻게 가치제안을 전달할 것인가?
판매 이후	고객의 구매활동 이후에 어떻게 지원할 것인가?

채널의 선정은 사업의 특성과 파트너의 역량 등을 고려하여 채널의 유형과 단계별 채널의 구성요소를 모든 고려하여 적절한 균형점을 찾은 것이 중요하다.

④ Customer Relationships (고객 관계)

고객 관계는 창업자가 고객과 어떤 방식으로 소통하고 관계를 형성할 것인가를 정하는 블록이다. 고객 관계는 창업자가 제안한 가치와 고객 세그먼트 사이에 어떤 방식의 관계가 형성되기를 바라며, 이를 위해 어떤 방식의 상호작용이 필요한지를 정하는 것으로 규정하였다. 따라서 고객 관계 블록은 '어떤 방식으로 고객과 소통하면서 어떤 관계를 형성할 것인가'의 관점에서 작성하는 것이 필요하다. 고객과 관계를 맺는다는 것은 고객과의 이해를 바탕으로 고객과의 긴밀한 관계 형성을 유지하면서 신규고객을 확보와 기존 고객을 유지하며, 판매를 촉진하여 고객가치를 증대하여 목표를 달성하기 위한 활동이라 말할 수 있다.

효과적인 고객관계를 위하여 고객의 문제해결이나 숨겨진 니즈를 충족시켜야 하고 제공되는 경험이 경쟁자의 그것보다 차별화하여 사업브랜드에 대하여 충성도가 높은 고객군으로 확장시켜야 한다. 한편으로는 고객 관계는 차후 수익을 위한 비용의 개념이다. 따라서 사업 초기에 이 블록을 작성할 때에는 채널 블록과 긴밀한 상태를 유지하면서 핵심 가치가 잘 전달될 수 있도록 고민하여야 한다.

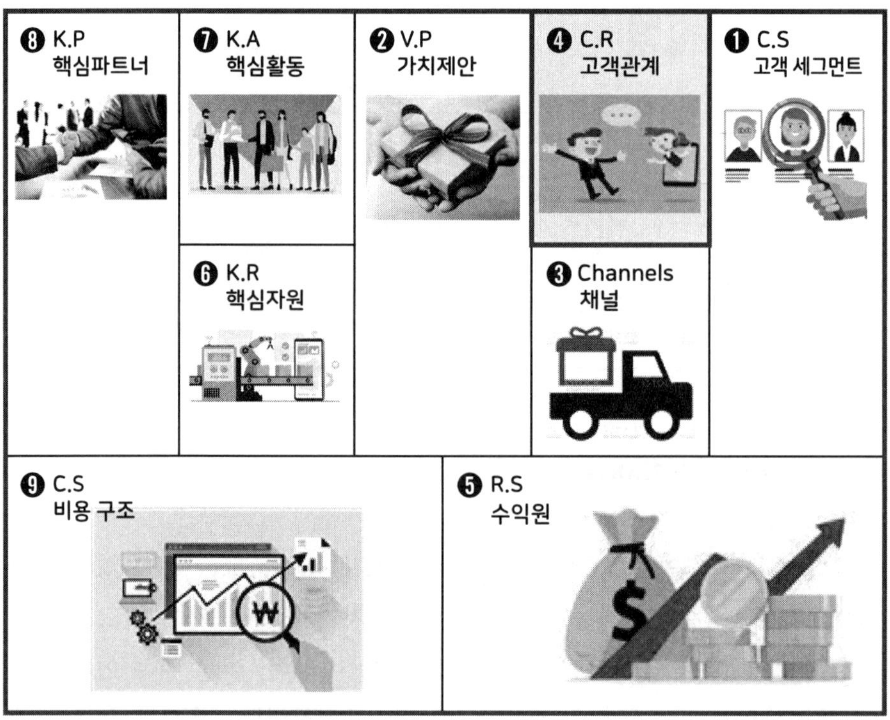

특정한 고객 세그먼트와 고객관계를 형성을 위한 일반적인 방식

- 개별 어시스트 : 고객에게 직접 응대 (예 : 판매직원, 콜센터, 이메일 고객센터 등)
- 매우 헌신적인 개별 어시스트 : 고객별로 전담인력 배정하여 응대 (예 : 프라이빗 뱅킹 서비스, 전용 기사 서비스 등)
- 셀프서비스 : 고객 스스로 해결할 수 있도록 모든 수단과 방법 제공 (예 : 키오스크, FAQ 페이지 등)
- 자동화 서비스 : 셀프 서비스와 자동화 프로세스를 혼합 (예 : 고객 데이터 기반으로 고객 취향에 맞는 맞춤 큐레이션 서비스 등)
- 커뮤니티; 사용자 커뮤니티를 등을 통하여 지식을 제공하고 문제를 해결 (예 : 마이크로소프트 테크커뮤니티, 나이키매니아, 중고나라 등)
- 코-크리에이션 : 유튜브와 같이 고객 스스로 컨텐츠를 창조하도록 유도하는 모델

⑤ Revenue Streams (수익원)

수익원은 창업자가 고객에게 가치를 성공적으로 제공하였을 때 고객으로부터 받는 대가에 대해 설명하는 블록이다.

창업자는 고객이 과연 어떤 가치 때문에 기꺼이 돈을 지불하는지를 알아야 하며, 이에 대한 확실한 대응책이 있으면 창업자는 수익원을 창출할 수 있다. 역으로 얼마만큼의 수익이 발생되어야 지속적으로 고객의 욕망을 충족시키는 가치제안을 할 수 있을까도 생각하여야 한다. 채널과 고객의 역할을 점검하고 이들을 통해 다양한 형태의 수익모델을 생각하여야 하고, 각 수익원에 대한 시뮬레이션으로 실질적인 수익 창출 규모를 산정할 수 있어야 한다.

수익원을 창출하는 방법

- 물품판매 : 물리적 상품의 소유권을 판매 (예 : 책, 음반, 가전제품 등)
- 이용료 : 특정 서비를 이용하면서 발생되는 수익원 (예 : 통신요금, 객실 이용료 등)
- 가입비 : 특정 서비스에 대한 지속적인 이용권한을 판매 (예 : 헬스클럽 이용권, 회원권 등)
- 대여료 / 임대료 : 일정 기간 이용할 수 있는 권리를 제공하는 대가 (예 : 렌터카 등)
- 라이센싱 : 고객에게 지적재산권의 사용을 허가하고 사용료를 부과 (예 : 저작권, SW 사용권 등)
- 중개수수료 : 둘 이상의 거래 당사자들을 대상으로 매개 역할의 서비스를 제공하여 수수료를 받음 (예 : 부동산중개 수수료, 카드 수수료 등)
- 광고 : 특정 상품이나 서비스, 브랜드에 대한 광고비

가치를 창출하는 단계

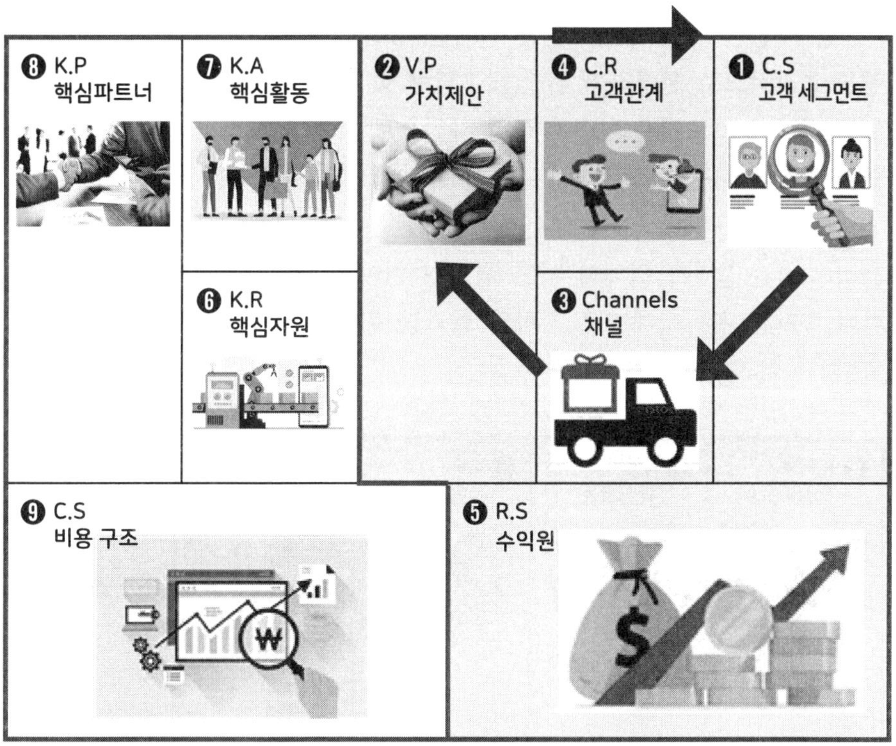

BM canvas에서 ❶고객 세그먼트, ❷가치 제안, ❸채널, ❹고객 관계, ❺수익원까지의 단계는 기업이 어떻게 고객을 선정하고 어떤 제품 및 서비스로 고객에게 가치를 전달하고 관계를 맺어 수익을 창출할 수 있는 모형을 제공한다.

⑥ Key Resources (핵심 자원)

핵심 자원은 지금까지 고안된 가치를 창출하는 단계까지의 비즈니스 모형을 효과적으로 진행하기 위한 내부역량 중 가장 중요한 자산을 의미한다. 모든 비즈니스 모델은 이러한 핵심 자원으로 가치를 창조하고 제안할 수 있으며 시장에 접근하고 고객과 관계를 유지함으로 수익원을 창출한다.

창업자가 제안하는 제품이나 서비스에는, 채널과 고객 관계, 수익원이 효율적으로 운영되기 위해서 어떤 핵심 자원이 필요로 하는지를 점검하여야 한다. 그리고 각 단계별로 최적의 효과를 위하여 핵심 자원의 활용방안을 고민하여야 한다.

핵심자원의 분류

- 물적 자원 : 생산시설, 건물, 자동차, 기계시설, 시스템, 물류 네트워크 등
- 지적 자산 : 브랜드, 독점작 지식, 특허나 저작권, 파트너십, 고객 데이터베이스 등

- 인적 자원 : 모든 영역에서 인적 자원이 필요하지만 기술집약적이고 창조적인 산업 분야에서 특히 중요
- 재무 자원 : 현금이나 신용한도, 스톡옵션 등

⑦ Key Activities (핵심 활동)

핵심 활동은 지금까지 고안된 가치를 창출하는 단계까지의 비즈니스 모형을 효과적으로 진행하기 위한 내부역량 중 가장 중요한 활동을 의미한다. 핵심 활동은 핵심 자원과 마찬가지로 가치를 창조하고 제안할 수 있으며, 시장에 접근하고 고객과 관계를 유지함으로 수익원을 창출한다.

창업자가 제안하는 제품이나 서비스에는 채널과 고객 관계, 수익원이 효율적으로 운영되기 위해서 어떤 핵심 활동이 필요로 하는지를 점검하여야 한다. 그리고 핵심 활동이 최적의 효과를 낼 수 있도록 그 활용방안을 고민하여야 한다.

핵심활동의 분류

- 생산 : 우수한 품질의 제품을 설계, 제작 등 제조회사의 경우 비즈니스 모델 중 생산이 가장 큰 비중을 차지
- 문제해결 : 고객이 처한 각각의 문제를 해결
- 플랫폼 / 네트워크 : 플랫폼 기반의 비즈니스 모델은 다른 소프트웨어와의 인터페이스, 플랫폼의 개발 · 유지 등 플랫폼과 관련된 활동

⑧ Key Partners (핵심 파트너)

비즈니스 모델을 원활히 작동시켜줄 수 있는 외부의 이해관계자들을 의미하는 것으로 많은 기업은 자신의 핵심 역량에 집중하고 비핵심 부분은 전략적 파트너십을 체결하여 사업을 진행한다. 기업들은 비즈니스 모델을

최적화하거나 리스크를 줄이기 위하여 또는 자원을 획득하기 위하여 서로 연합한다. 이러한 파트너십은 많은 비즈니스 모델의 근간으로 점점 더 그 의미가 커지고 있다.

창업자는 어떤 자원과 활동을 전략적으로 파트너십을 체결하여 경쟁자보다 우위를 점하고 경쟁력을 확보할 것인지, 누구와 같이 일을 해야 내가 전하려는 가치를 가장 효과적으로 전달할 수 있는지를 이 블록에서 고민하면 된다.

파트너를 구축하는 이유

- 최적화와 규모의 경제 : 가장 기본적인 형태로 자원이나 활동의 배분을 최적화하여 비용 절감이나 자원 또는 인프라를 공유하기 위한 목적으로 구축.
- 리스크 / 불확실성의 감소 : 불확실성이 상존하는 경재환경에서 리스크를 줄이는데 도움을 준다.
- 자원 / 활동의 획득 : 모든 자원이나 활동을 보유한 기업은 거의 없다. 기업은 오히려 다른 기업의 자원이나 활동을 보유함으로 기업의 역량을 확장할 수 있다.

⑨ Cost Structure (비용 구조)

가치를 만들어 전달하고, 고객을 유지하고 수익을 만들어내는 데는 모두 비용이 발생하는데, 이 블록은 비즈니스 모델을 운영하는데 발생하는 모든 비용을 기술한다. 핵심 자원, 핵심 활동, 핵심 파트너십을 정의하고 나면 비용구조를 비교적 쉽게 파악할 수 있다.

비용은 기본적으로 최소화하는 것이 중요하지만 비즈니스 모델이 비용 자체를 줄이는 모형인지 비용이 들더라도 가치를 제대로 전달하는 모형인지에 따라 비용 절감 전략이 달라져야 한다.

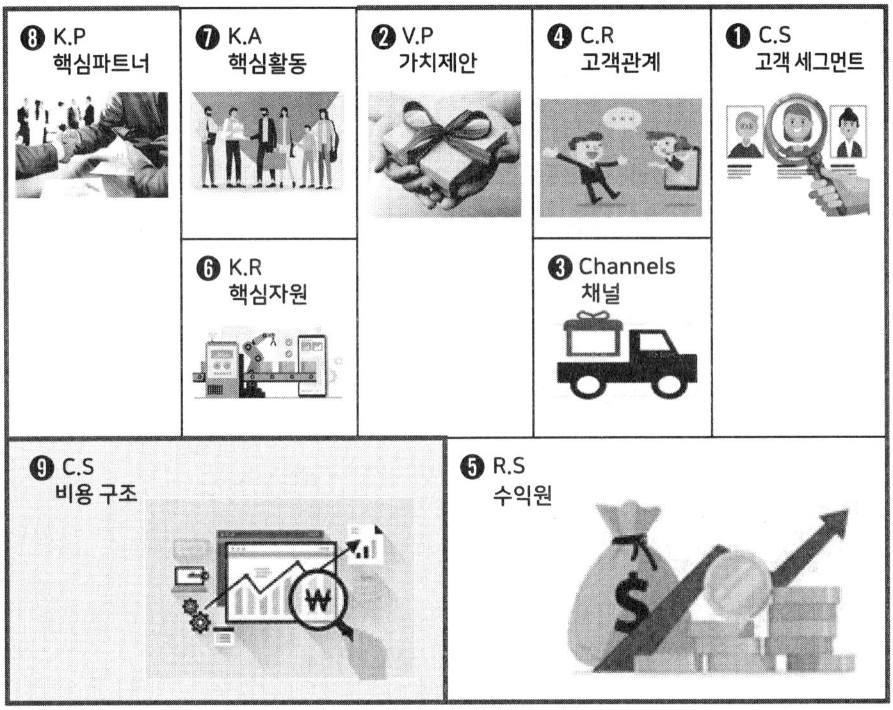

비용 주도 vs 가치 주도 전략

- 비용주도 : 핵심 활동이 최대한의 자동화, 아웃소싱 확대 등의 저가정책으로 비용 절감 자체에 초점을 맞춘다.
- 가치주도 : 핵심 활동이 고품질의 전용서비스 등의 가치제안에 초점을 맞춘다.

가치를 구현하는 내부역량

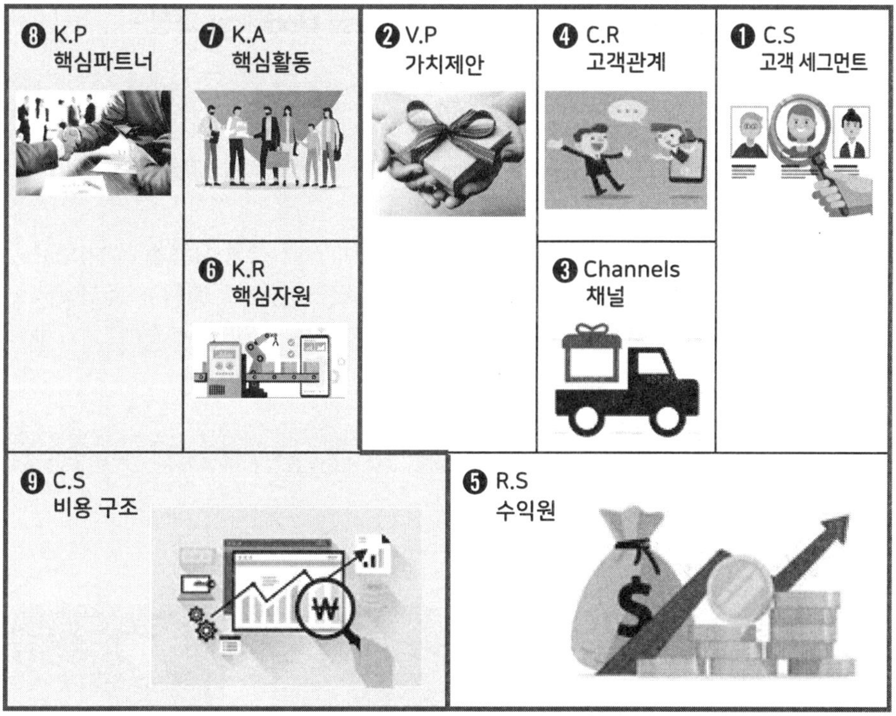

BM canvas의 후반부인 ❻핵심자원, ❼핵심활동, ❽핵심파트너십, ❾비용까지의 단계는 기업이 어떻게 내부 역량(자원, 활동, 파트너십, 비용)을 발휘하여 가치(제품 및 서비스)를 생산할 수 있는 모형을 제공한다.

※ BM Canvas를 이용한 비즈니스 모델링 수립(예)

– Owlet 팀 'Baby Monitor'의 Business Modeling 과정 –

다음의 사례는 2013년 International Business Model Competition에서 최종 우승한 Brigham Young 대학 Owlet팀의 'Baby Monitor'의 비즈니스모델을 완성하는 과정을 설명한 것이다.
처음에는 병원에서 환자들의 손가락에 끼우는 '맥박 상태 측정 장치'를 무선 으로 작동하게 하는 아이디어로 환자나 간호사들은 환영하였으나 병원 관계자들은 추가의 비용부담에 대한 난색으로 무산되었다. 분명 사람의 행동에 기반한 아이디어였지만 Owlet팀은 사용자와 고객은 다를 수 있음을 깨닫고 디자인적인 사고의 전환으로 'Baby Monitor'로 발전시켰다.

1 단계 : 목표 고객과 가치제안 블록의 선정

<table>
<tr>
<td rowspan="2">❽ 핵심파트너</td>
<td>❼ 핵심활동</td>
<td rowspan="2">❷ 가치제안
Smart Baby Monitor
(마음의 평화)
</td>
<td>❹ 고객관계
</td>
<td rowspan="2">❶ 고객
아기의 건강이 걱정 되는 부모
</td>
</tr>
<tr>
<td>❻ 핵심자원</td>
<td>❸ 채널</td>
</tr>
<tr>
<td colspan="3">❾ 비용</td>
<td colspan="2">❺ 수익원</td>
</tr>
</table>

- 미국의 영유아 사망원인 1위인 유아급사증후군(Sudden Infant Death Syndrome: SISD)의 문제 인식

- 환자들이 많이 사용하는 맥박 산소측정기를 이용하여 측정용 센서기를 만들어 아이에게 부착한 후, 문제 발생시 즉시 부모의 스마트폰으로 전송하는 '마음의 평화' 제품에 대한 아이디어를 구체화.

- 서비스대상인 젊은 부모를 상대로 설문 조사한 결과, 96%의 부모들이 제품이 출시되면 사용하겠다는 긍정적인 의사를 확인.

2 단계 : 가치제안을 전달할 채널과 고객관리 방안 수립

- 최소기능제품(Minimum Viable Product: MVP)을 만들어 인터넷과 SNS 등을 통해 공급채널을 타진
- 처음에는 산부인과 병원의 추천을 통해 제품을 소개할 계획이었으나 40여명의 소아과의사와 105명 엄마를 대상으로 공급채널에 대한 문의
- 다른 유아용품과 함께 구매할 수 있는 '유아용품 전문점'이나 '소매용품점'이 선호하는 채널로 확인
- 고객과의 커뮤니케이션과 제품 홍보를 위하여 Facebook과 youtube를 활용

3 단계 : 수익창출 모델 발굴

- 제품의 생산원가를 산정하여 제품가격으로 200달러 이상이 되어야 수익이 확보할 수 있음을 확인

- 높은 제품가격으로 고객 수요의 불확실성으로 비용부담이 적은 대여(렌탈) 방식의 검토

- 제품가격(200달러)에 대한 고객의 의사를 타진한 결과, 고객의 지불 의지를 확인

- 고객에게 유아용품점과 대형소매점을 통해 직접 판매방식으로 선정

4 단계 : 제품 생산을 위한 기술검증과 핵심자원의 확보 등 내부역량의 완비

- 제품의 생산을 위한 기술적 검증을 통한 상품화 가능성 점검
- 신생아실의 간호사 의견을 반영하여 2차 최소기능제품(MVP) 제작
- 몇 번의 프로토타입을 제작하고 신생아 대상으로 실제 테스트 과정으로 제품의 생산 가능 확인
- 사업의 진행 과정에서 본 제품이 의료기기로서 제품화를 위해서는 FDA의 승인이 필요하다는 사실을 새롭게 확인(FDA 승인을 위하여 12만 달러의 비용과 최소 9개월의 소요기간이 예상됨)
- FDA 승인을 회피할 '더 간소화되고 덜 위험한 제품(More Minimal, Less Risky Product)'을 출시 검토

5 단계 : Pivoting 및 비즈니스모델의 완성

<table>
<tr>
<td rowspan="2">❽ 핵심파트너
</td>
<td>❼ 핵심활동
생산역량 점검
</td>
<td rowspan="2">❷ 가치제안
Smart Baby Monitor
(마음의 평화)
</td>
<td>❹ 고객관계
유튜브, Facebook 등 SNS</td>
<td rowspan="2">❶ 고객
아기의 건강이 걱정 되는 부모
</td>
</tr>
<tr>
<td>❻ 핵심자원
</td>
<td>❸ 채널
유아용품 전문점
</td>
</tr>
<tr>
<td colspan="3">❾ 비용
생산원가($40 ~ $60)
</td>
<td colspan="2">❺ 수익원
직접판매방식 : 판매가격 ≒ $200
</td>
</tr>
</table>

- FDA 승인 문제의 해결을 위하여 의료기기 요소를 제외하고 Health Monitor의 적용으로 기능 단순화
- 고객에게 기능이 단순화된 신규 제품에 대한 수요 조사
- 아이의 건강에 대한 복잡한 병적 징후에 대한 알람은 오히려 부모에게 부담되며, 문제의 발견 여부만 확인하면 충분하다는 의견 확인
- 아기의 건강 상태만 확인할 수 있는 최소기능의 제품으로 최종적인 비즈니스모델을 완성

Owlet팀의 Baby Care 시제품

- Owlet팀은 계속해서 총 10개의 대회에서 우승하여 19만 달러의 상금을 받음
- 미국 국립보건소에서 100만 달러의 지원과, 외부로부터 600만 달러의 투자를 받아 시제품을 출시.
- 최근에는 아이의 동작 유형을 분석하여 제공하는 제품을 출시하였고, 2019년 COVID-19 기간에도 5천만 달러의 매출을 기록하고 50%의 이상을 성장
- 2021.2 미국 Utah주 Lehi시에 본사를 둔 Owlet Baby Care는 124명의 직원을 두고 있으며, 뉴욕증권거래소에 상장을 준비하고 있는데, 시장의 예상 가치는 10억 7400만 7400만 달러로 평가하고 있다.

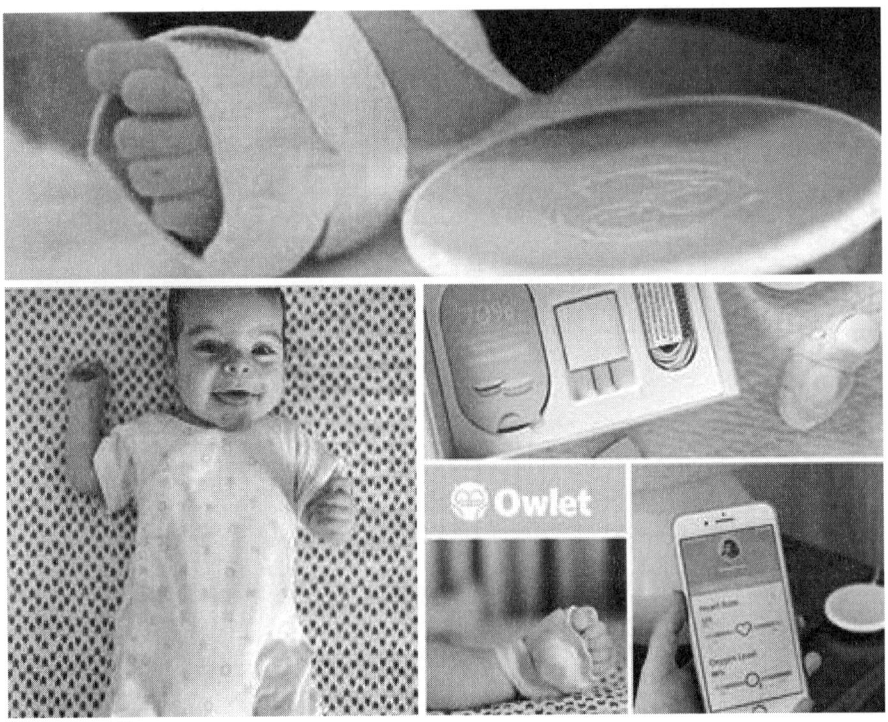

5

Lean Canvas를 이용한 비즈니스 모델링

Lean Canvas는 BM Canvas에서 영감을 받아 창업이나 제품 개발에 있어 비용과 기간의 낭비를 최소화하기 위해 빠르게 움직이는 방법으로('lean'은 낭비를 없애거나 자원을 효율적으로 사용하는 것을 의미) 개발된 모델링 도구이다. Lean Canvas도 9가지 요소를 통하여 비즈니스를 실현할 수 있는 전략적 청사진을 제공한다.

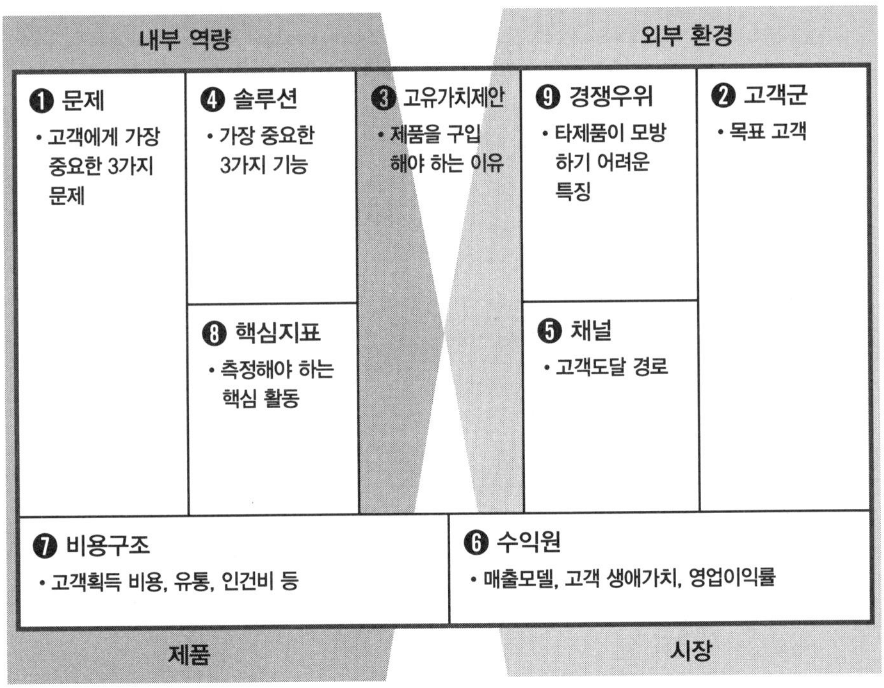

각 블록의 번호는 BM Canvas와 같이 비즈니스의 논리적인 진행 순서와 동일하며 순서대로 해당 블록을 정의하며 작업을 진행하면 된다.[60)]

5-1. Problems (문제)

Lean Canvas가 문제점 분석으로 출발하는 이유는 아무래도 창업이나 스타트업의 경우는 새로운 체제를 처음부터 만들기보다는 기존의 비즈니스에서 고객들의 불편함을 개선하거나 문제의 해결을 사업과제로 선정하는 것이 용이하기 때문이기도 하다.

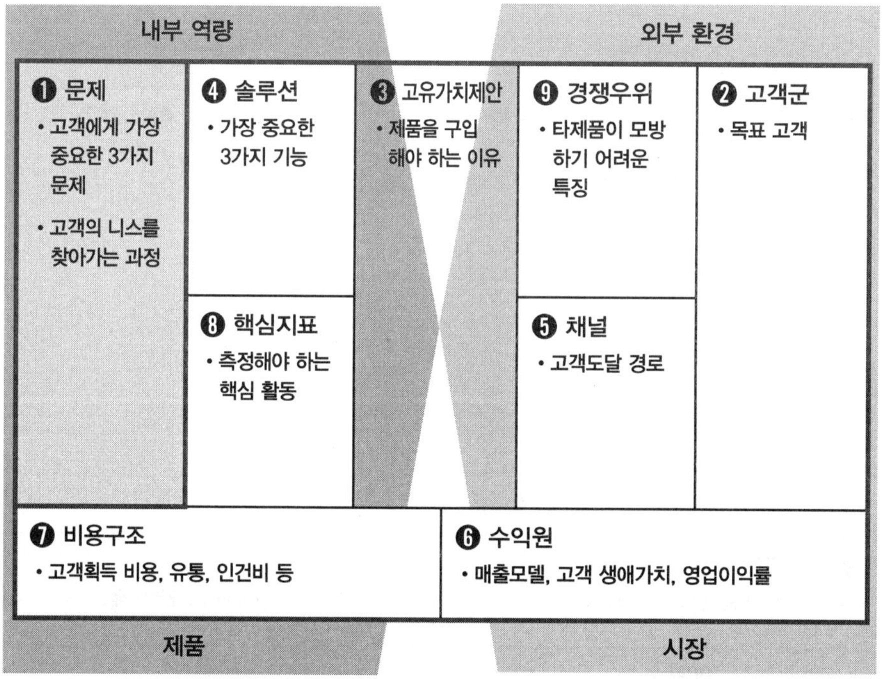

---

60) 모델링은 보통 정해진 순서로 진행되지만 사업 아이템이나 여건에 따라 ❶+❷ ↔ ❷+❶, ❸+❹ ↔ ❹+❸과 같이 순서로 진행하거나 ❶,❷나 ❸,❹를 동시에 고려하여 모델링을 할 수 수 있다.

우선 현재의 비즈니스에서 고객들이 불편함을 느끼고 가장 우선으로 해결하여야 할 문제점을 3가지를 적는다. 그런데 현재 비즈니스에서 이 문제를 해결하기 위하여 고객들에게 차선의 안이 있다면 문제점 아래에 기술한다. 그런데 이 차선의 안을 개선할 수 있는 대안을 제시할 수 있다면 이것이 바로 비즈니스의 기회이다. 이때 유의할 점은 고객의 관점에서 접근해야 한다는 것이다.

5-2. Customer Segments (고객 세그먼트)

BM canvas와 마찬가지로 '고객 세그먼트(Customer Segments)'는 비즈니스에서 가장 중요한 대상인 고객을 선정하는 단계이다. 고객을 제대로 만족시키기 위하여 그들의 요구나 행동상의 특징 등을 분류하여 만족시킬 수 있는 고객군을 정하여야 한다.

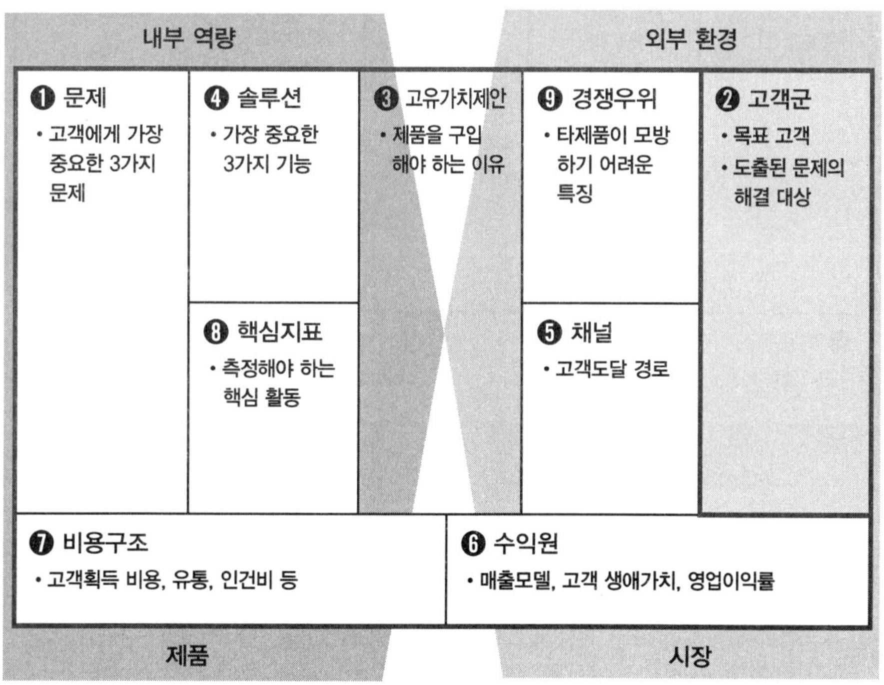

제기된 문제가 완전히 새로운 문제가 아니라면 이미 대부분은 해결방안이 있는 경우가 많다. 현재의 얼리 아답터가 해당 문제를 어떻게 해결하고 처리하고 있는가를 파악하여 가능성 여부를 판단하여 우선적으로 감당할 수 있는 동질적인 고객군으로 분류한다.

5-3. Unique Value Proposition (고유가치 제안)

Lean Canvas에서 가장 중요한 개념으로 제안된 제품이 왜 특별한지, 많은 제품 중에서 왜 이 제품을 써야만 하는지 등 고객의 이목을 집중시킬 수 있는 고유의 가치를 기술한다.

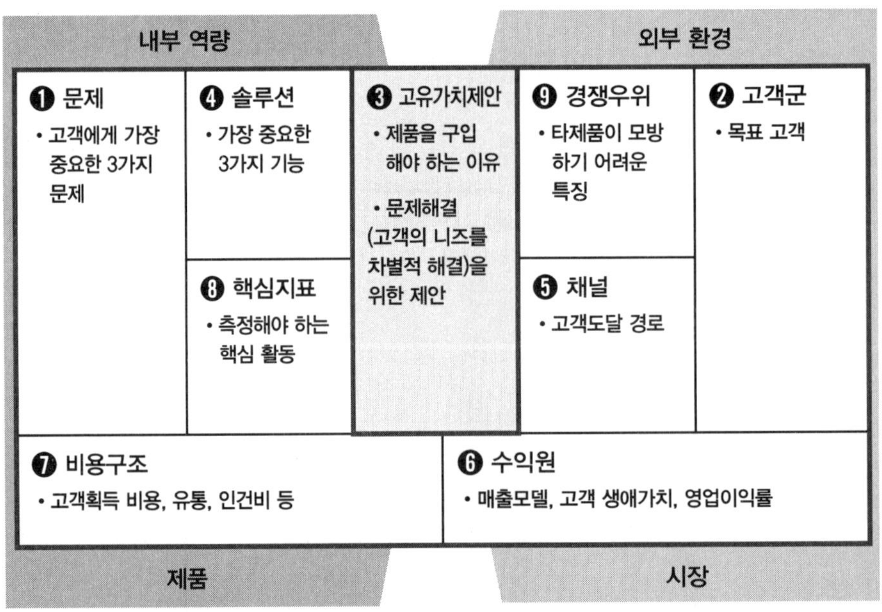

고유가치 제안(Unique Value Propoisition)을 만드는 방법

- 차별화하라 : 해결하려는 가장 중요한 문제에서 UVP를 도출해 내는 것.
- 얼리 어답터를 목표 고객으로 선정한다.

- 고객이 이 제품을 사용하였을 때의 누릴 혜택에 집중한다.
- 브랜딩 캠페인에 사용될 단어를 주의 깊게 선정한다.
- 제품은 무엇이고 고객은 누구인가에 대하여 명료하게 답할 수 있어야 한다.
- 다른 '고유가치 제안(UVP)'을 분석하여 메시지 전달이 왜, 어떻게 효과적인지 분석하라.
- 호소력 있는 선전 문구를 만들어라.

5-4. Solution (솔루션)

솔루션은 처음 발견한 문제점을 어떻게 해결할 수 있는가를 기술하는 영역이다. 문제가 아직 검증되지 않았기 때문에 고객과의 인터뷰 중에 문제의 우선순위나 새로운 문제로 바뀌는 경우가 빈번하다. 처음부터 공을 들여 구체적인 작성을 피하고 대략적인 윤곽을 잡는 선에서 정리한다.

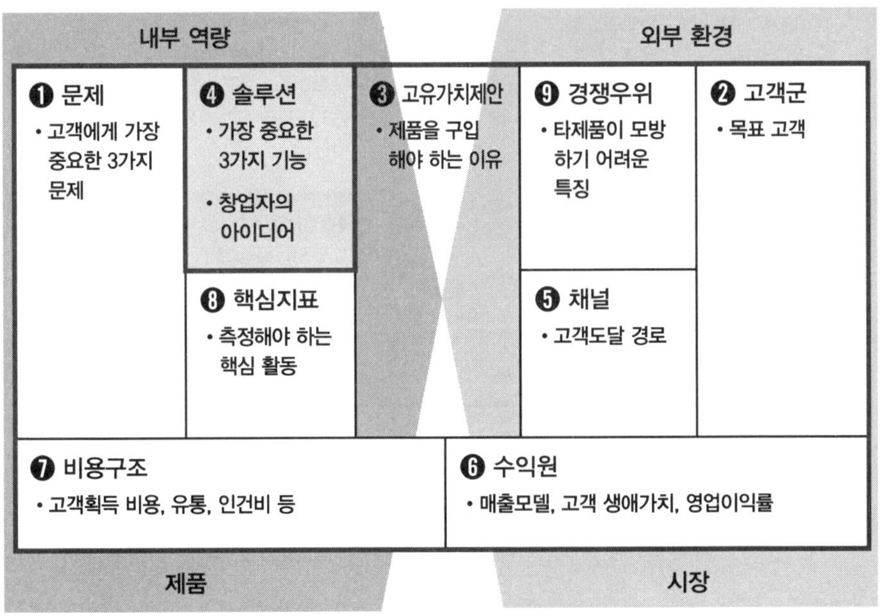

5-5. Channels (채널)

채널은 고객에게 창업자가 제안한 제품이나 서비스를 어떻게 전달하고 매출을 발생시킬 수 방법을 의미한다. 스타트업의 초기 목표는 규모를 키우는 것이 아니라 잠재 고객을 만날 수 있는 다양한 채널의 가능성을 테스트하는 것이 좋다. 이러한 과정으로 '충분한 규모'의 고객에게 도달하는 적절한 경로를 조기에 구축할 수 있다.

채널은 사업의 특성과 파트너의 역량 등을 고려하여 채널의 유형과 단계별 채널의 구성요소를 모든 고려하여 적절한 균형점을 찾은 것이 중요하다.

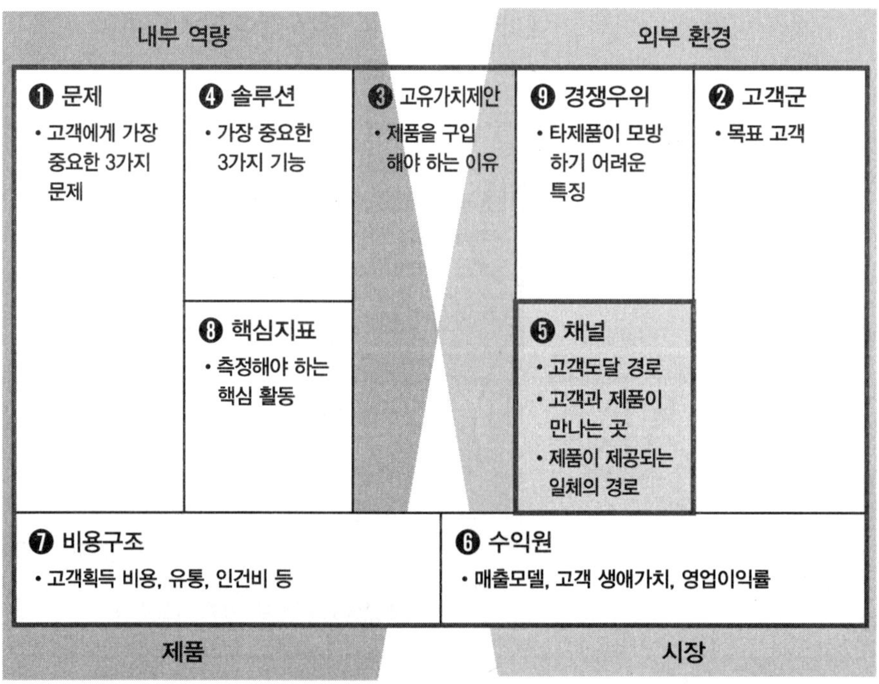

5-6. Revenue Streams (수익원)

제안하는 제품이나 서비스의 수익 원천을 정의하는데, 단순히 수익원만 정의하는 것이 아니라 각 수익원에 대한 가격이나 지불방식도 함께 정의하여 추후에 솔루션의 검증과정에서 같이 검증하여야 한다.

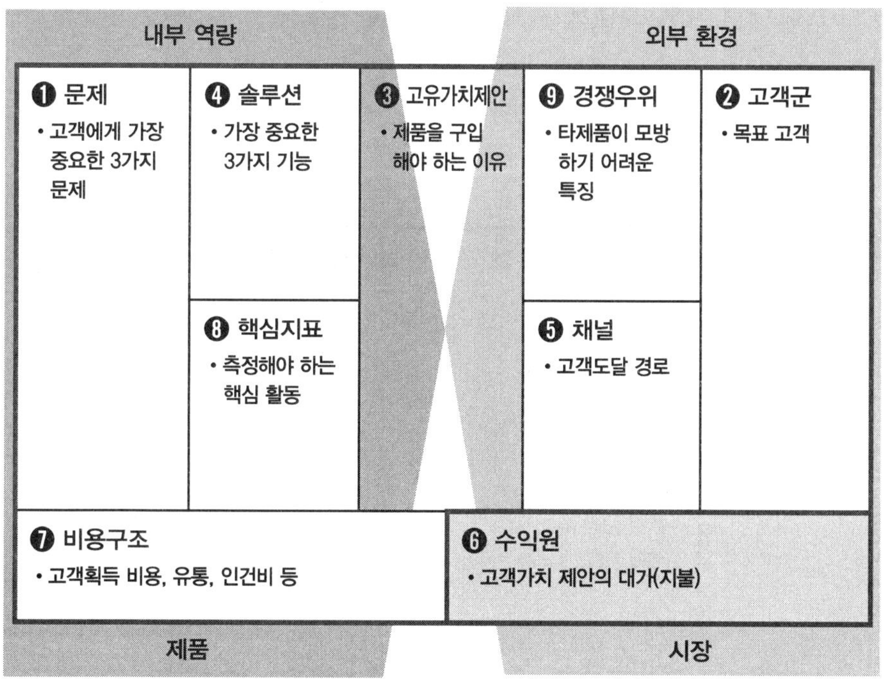

많은 스타트업들이 아직 제품이 완성되지 않았다는 이유로 '가격 결정'을 미루는 경향이 있는데, MVP는 미완성의 결함이 있는 제품이 아니라 합당한 가치로 평가될 수 있도록 설계하여야 한다. 가격도 제품의 일부이고 책정된 가격은 고객을 선정하는 기준이 되기 때문에 제품의 초기에 검증하여야 할 유형이다.

5-7. Cost Structure (비용 구조)

제품을 출시, 판매, 경상적 비용 등 모든 소요 비용을 기술한다. 특히 창업 초기에 필요한 시제품, 유통, 홍보 등에 유의하면서 가능한 비용과 수익 원천을 구체화하여 손익분기점에 도달하기까지 얼마나 많은 시간과 비용, 노력이 필요한지 추정해 본다.

나중에 어떤 사업 모델로 시작할지 우선순위를 정할 때 이를 활용할 수 있다.

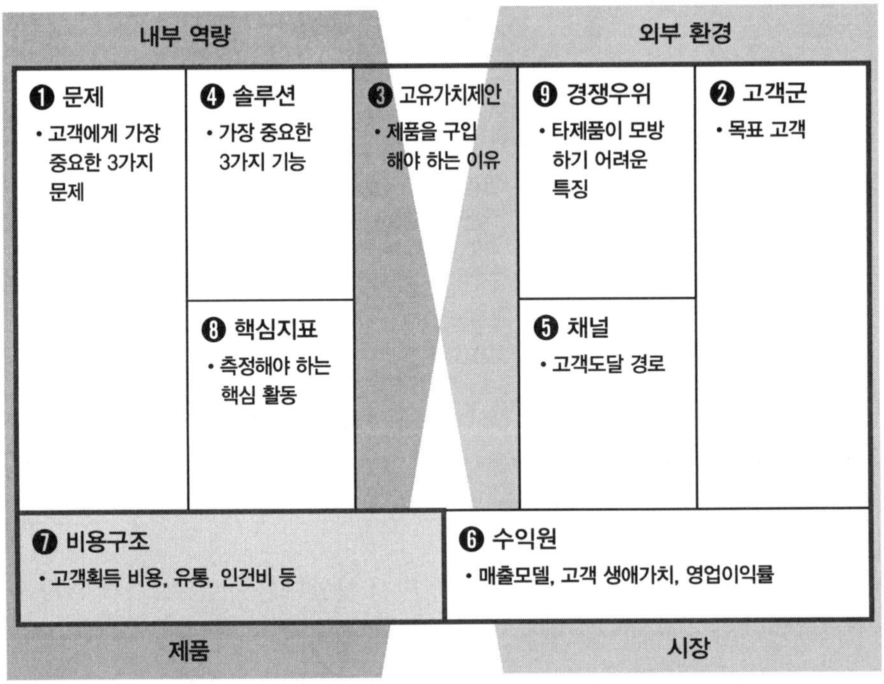

5-8. Key Metric (핵심 지표)

핵심 지표는 사업의 진행 성취도를 측정할 수 있는 지표로 사업 성공을 위하여 성취해야 할 항목과 목표를 정하고 이의 달성을 위하여 얼마만큼 진행되고 있는지 측정할 수 있는 핵심 지표를 파악하여야 한다는 것이다.

다시 말하면 사업의 현황을 알려주는 중요한 숫자를 항상 알고 있어야 한다는 것인데, 이는 사업 아이템에 따라 달라질 수 있지만, 고객의 수, 월간 판매량, 고객만족도, 재방문율 등을 들 수 있는데 실정의 성과가 명확하게 측정될 수 있는 핵심 지표를 찾는 것이 중요하다.

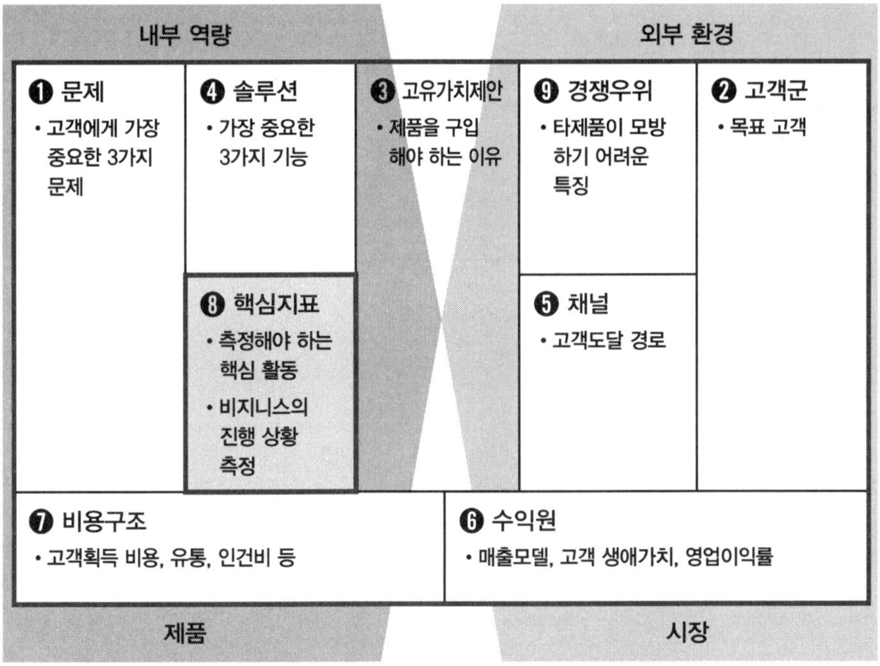

해적지표

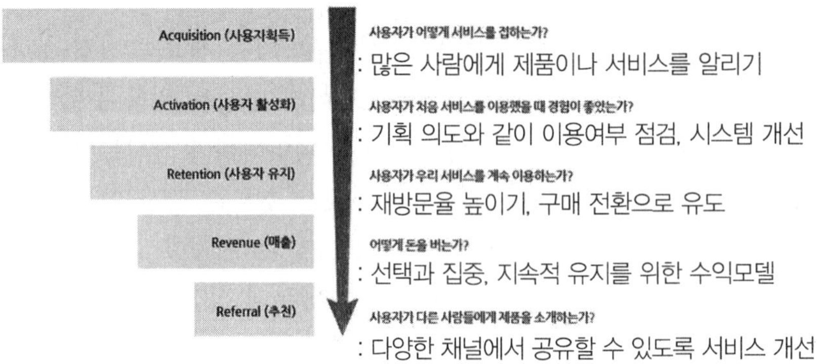

Lean Canvas에서 핵심 지표의 파악을 위하여 고객의 생애주기에서 핵심적인 부분을 파악하는 해적지표(Pirate Metrics, 또는 'AARRR'지표)[61]를 활용하기도 한다. 해적지표는 5단계로 나뉘는데, 각 단계의 목표는 다음 단계로 전환시키는 것이다.

---

61) 해적지표(Pirates Metrics) : 스타트업 인큐베이터 맥크루어(David McClure)가 실리콘 밸리에서 개발한 분석 프레임워크로 스타트업이 서비스를 효과적으로 알리고 사용자를 확보하기 위해 현황을 점검할 수 있는 분석지표

5-9. Unfair Advantage (차별적 경쟁우위)

차별적 경쟁우위는 '불공정할 정도로 유리한 점'으로 번역될 수 있는데, 다른 경쟁자들이 쉽게 모방할 수 없는 기능 등 경쟁우위를 찾아내는 것이다. 스타트업의 경우 처음부터 경쟁우위를 갖는다는 것은 쉽지 않은 일이지만 사업이 일정 궤도에 오르기 시작하면 경쟁자와 카피켓(Copycat)이 시장에 들어온다.

이러한 패스트 팔로워(Fast follower)를 대응할 수 있게 기술력 확보와 독점적 선점, 특허 취득 등 경쟁우위를 점할 수 있는 대응책을 마련하여 지속적인 사업 운영의 안정성을 확보하여야 한다.

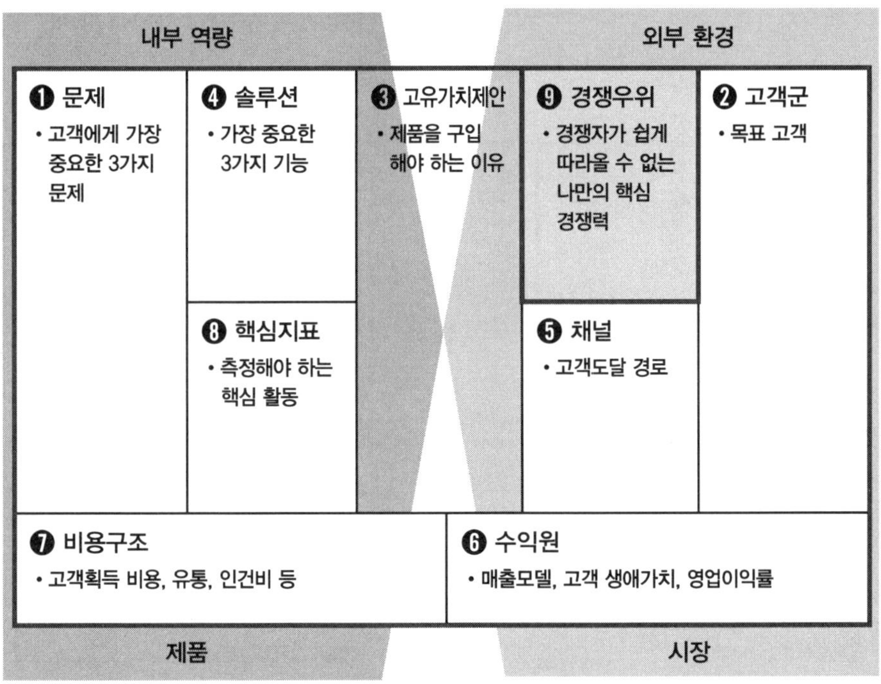

6

Bussiness Model Canvas에서 추가되거나 제거된 블록[62)]

BM canvas에서 영감을 받아 Lean canvas를 만든 애시 모리아(Ash Maurya)는 그의 블로그에 이것을 만든 이유와 Lean canvas의 사상에 대하여 다음과 같이 설명하였다.

> "나는 기업가에 초점을 맞춰서 최대한 활용가능한(actionable) 캔버스를 만들려고 노력했다. 스타트업은 극도의 불확실함 속에서 운영되는데, 나는 사업의 가장 불확실하고 리스크가 큰 부분을 찾아낼 수 있게 함으로써 활용도를 높이고자 했다."

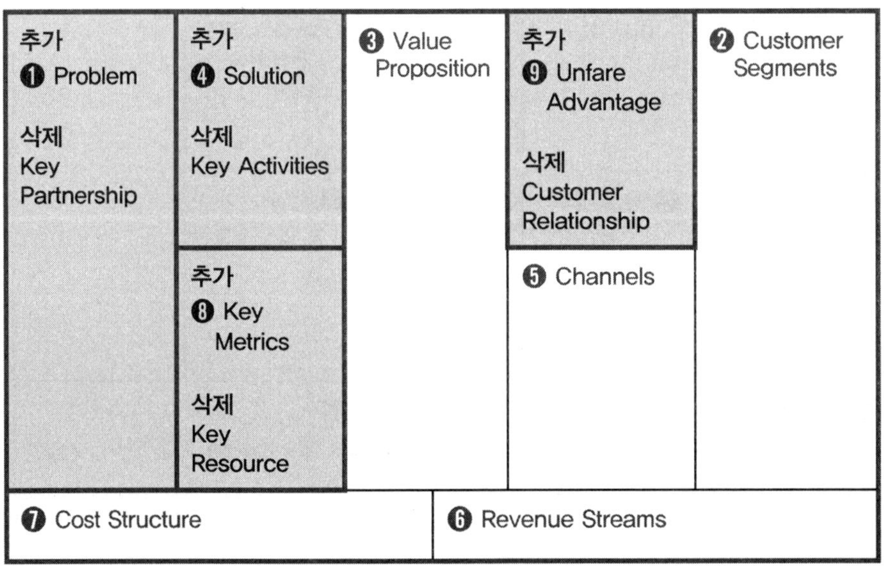

62) https://leanstack.com/why-lean-canvas/ – Ash Maurya의 블로그

추가된 블록

• Problems(해결하려는 문제)
  – 대부분 개발 역량이 없어서가 아니라 잘못된 제품을 만들었기 때문에 실패
  – 문제를 이해하기에 충분한 노력이 요구

• Solution(제품/서비스)
  – 문제를 이해한 후에 해결방안(Solution) 제시
  – 검증이 되지 않은 상태(작은박스에 할당)로 MVP의 사상으로 검증

• Key Metrics(핵심지표)
  – 최소의 핵심활동과 지표로 현황을 인식

• Unfair Advantage(경쟁우위 요소)
  – 사업 초기에는 경쟁우위 요소는 없을 수 있지만 이에 대해 고민과 그걸 찾아내고 만들어가는 노력이 요구.
  – 경쟁자와 카피캣들과 같은 past follower을 방어해내야 함.

제거된 블록

• Key Activities, Key Resource(핵심 활동, 핵심자원)
  – Key Activities(핵심활동) : Solution에서 추출가능하고 MVP로 검증된 이후에 추진
  – Key Resource(핵심자원) : 최근의 동향은 제품 개발이 자원 집약적이지 않고 훨씬 적은 자원으로 제품개발 가능. 핵심자원 ≦ Unfair Advantage.

• Customer Relationship(고객관계)
  – Solution과 Customer Segment에 적절한 고객 관계를 Channels에서 실현 가능

• Key Partnership(핵심 파트너십)
  – 제대로 된 파트너를 만나야 성공확률이 높지만 스타트업에게는 어려움.
  "당신이 검증된 제품 없는 이름모를 스타트업이라면, 처음부터 파트너십을 맺으려고 노력해봤자 시간낭비가 될 수 있다."
  "시간이 흐를수록 파트너는 중요해지기는 하지만 파트너보다는 비용구조와 채널에 지부중하여야 한다."

7
비즈니스 모델 캔버스의 작성 요령

Canvas 도구를 이용하여 모델링을 진행하다 보면 자주 이전 단계로 뒤돌아 가서 수정하고 싶어진다. Canvas의 작성 방법으로 단번에 재빨리(15~20분 안에) 완성하는 것을 권고한다. 이때 Canvas의 일부 블록이 미완성되어 있어도 괜찮다. 미완성된 블록의 '정답'을 찾기 위하여 논쟁을 벌이지 말고, 지금까지의 생각만 적어 놓던가 비어있어도 괜찮다. 완성되지 못하거나 비어있는 블록은 현재의 사업모델에서 준비가 부족한 영역이거나 사업의 약점일 수 있다. 미완성된 블록은 다음 단계에서 내부 및 고객평가 등을 거친 후 개선과정을 거쳐 채워놓으면 그만이다. 이와 같이 계속해서 다음 단계의 Canvas 작성을 진행하면서 완성도를 높여가면 되는 것이다.

항상 전체를 생각하면서 핵심적인 내용을 중심으로 한두 문장으로 간결하게 작성하되 전체 Canvas가 한 페이지를 넘지 않는 것이 좋다. 누구든지 사업계획을 수립할 때 장래를 예측하려고 하지만 실제는 거의 불가능하다. 확실하게 정의된 현재를 중심으로 기술하고 바로 다음에 오는 테스트에 대한 가설이 무엇인가 결정하는 것이 좋다.

마케팅 전략으로 선정되어 세분화된 고객군과 진입 시장을 중심으로 모델링을 전개하라. 작성해 보면 느끼겠지만 고객군이 바뀌면 처음에 구상했던 사업모델이 완전히 바뀔 수도 있다. BM Canvas로 작성한 후에 Lean Canvas로도 작성해 보는 것도 좋다. 다른 관점의 모델링 도구를 활용하다 보면 새로운 아이디어나 약점의 해결방안이 제시될 수도 있다. 반대로 니치(niche)를 찾아내는 데 유용한 Lean Canvas로 시작하여 고객조사 등으로 니치를 찾은 후에 BM Canvas를 사용하는 것도 좋다.

"I think a simple rule of business is, if you do the things that are easier first, then you can actually make a lot of progress."

"비즈니스의 기본원칙은 쉬운 것부터 먼저 시작하면 큰 성과를 이룰 수 있다는 것이다."

– 마크 주커버그(Mark Elliot Zuckerberg), 페이스북의 설립자

11 사업계획의 수립

1 사회적기업의 사업계획서

사업계획서는 사업을 통하여 추구하는 사업목표를 어떻게 달성할 것인가를 체계화시킨 것으로, 창업자가 사업 아이템에 대한 지식과 정보 경험 등을 바탕으로 구체화하고 실행 가능한 계획으로 발전시킬 수 있도록 작성한 문서로 정의할 수 있다.

사업계획서는 창업자의 의지가 사업의 목적과 특성에 맞게 적절한 표현으로 설득력 있게 전개되어야 한다. 이를 위해서 어떻게 하면 고객과 평가자 등과 같은 수요자와 이해관계자들의 요구를 충족하는 사업계획서를 작성할 수 있을까 고민하여야 한다. 사회적기업의 사업계획서는 사회적기업이 추구하는 사회적 가치 창출의 내용이 사업계획서 전반에 내재되어 이해관계자들에게 명료하게 전달될 수 있게 하여야 한다. 특히 사업목표에 대한 제시가 중요한데 이를 위하여 경영목표 달성을 위하여 많이 사용되는 SMART 원칙이 많이 적용되고 있다.

사회적기업의 사업목표 SMART원칙

- Specific (구체성)
  사회적기업이 추진하려는 사업목표가 구체적으로 제시되어 있어야 조직구성원과 이해관계자들에게 명확하게 공유되어 일관성 있게 추진될 수 있어야 한다.
- Measurable (측정 가능성)
  사회적 가치 창출이라는 핵심 목표가 구체화하기 어려울 수도 있지만 가능한 측정 목표를 제시하여 사업에 대한 평가가 가능하여야 한다.
- Attainable (달성 가능성)
  조직과 구성원들의 역량의 범위 내에서 일정한 기간 내에 달성 가능한 수준으로 목표가 설정되어야 한다.
- Realistic & Relevent (현실성, 관련성)
  사업의 목표는 현실적으로 작성되어야 하고 사업의 비전과 관련성이 있어야 하는데, 이는 사업의 목표가 기업의 비전을 달성하기 위한 중간과정이기 때문이다.
- Time-based (기간적 구분성)
  사회적기업의 사업목표는 사업계획의 성격에 따라 분기, 반기, 연간, 3년간 등 기간별로 달성 가능한 실행목표로 정해지는데 각 기간/단계별로 실행과 통제가 가능하여야 한다.

※ SMART원칙은 사업의 성과관리 기준으로 조직원의 직무몰입을 높이고 성과창출이 가능

2 사업계획서의 유형 및 구성

사업계획서 작성의 목적은 크게 목표관리를 위한 기업의 내부용과 심사나 자금조달의 목적인 외부용으로 나눌 수 있다.

| 표 11-1 | 일반적인 사업계획서의 작성 목적별 주요 구성

주요 구성	내부용	투자유치	사업제휴	외부입찰
사업개요	○	◎	◎	
회사소개 : 주요 임원소개, 시설 · 생산, R&D, 비전 등		◎	◎	◎
제품 및 서비스 : 현재 제공되는 제품과 서비스 특성	△	○	○	○
핵심역량 : 핵심 보유 기술	△	◎	◎	◎
시장 등 환경분석 : 대내외 환경 및 시장 동향 등	◎	◎	△	
경영목표 : 단 · 중 · 장기목표, 브랜드, 신제품, 신시장 등	○			
사업 및 개발전략 : 동 사업의 추진 전략	◎	◎	◎	◎
마케팅전략 : 제품, 유통, STP, 커뮤니케이션 전략 등	◎	◎	○	◎
재무계획 : 자금조달 및 운용, 타당성 분석, 제무제표	◎	◎	◎	○
조직 및 인력계획 : 조직 편성, 개편, 충원계획 등	○		△	○
위기분석 및 대응계획	◎	○		◎
투자제안		◎		

중요도: ◎ > ○ > △

2-1. 사회적기업의 사업계획서에 포함되어야 할 주요 내용

사회적기업의 사업계획서의 내용은 작성 목적에 따라 일부 달라질 수 있지만, 영리기업의 사업계획서와 크게 다르지 않다. 그렇지만 사업계획서에는 사회적기업이 추구하는 사회적 가치를 어떻게 창출하고 실현할 것인가에 대한 내용이 진정성과 설득력 있게 전달될 수 있도록 작성되어야 한다.

사회적기업(소셜벤처) 사업계획서의 주요 내용

- **해결하려는 사회적 문제를 충분히 인식하고 해결 방안을 제시하여야 한다.**
  - 문제의 대상이 되는 사회와 고객군의 불편함을 인지(어떤 불편함이 있는가?)
  - 이 문제로 인한 불편함의 원인과 중요성을 인지하고 해결범위를 제시
- **소셜미션, 비전, 핵심가치가 나타나야 한다.**
  - 소셜미션 : 사회적기업의 존재 이유와 사회적 사명을 기술
  - 비전 : 사회적기업이 추구하는 철학이나 가치관을 표현
  - 핵심가치 : 사회적기업의 조직문화(또는 정체성으로)로 의사결정 시 가장 적합한 선택 기준
- **추구하려는 변화의 당위성에 대한 대답**
  - 변화의 대상을 도출(우리는 누구를 위한 변화를 추구하는가?)
  - 핵심 고객을 위한 가치 제공(우리의 만들어 내는 사회적 영향력은 무엇이고, 어떻게 만들어 낼 수 있는가?)
  - 사회적 영향력의 성공 여부를 어떻게 측정할 것인가?
- **사회적 영향력 : 사회적 영향력을 제공할 수 있는 제품과 서비스 창출방안**
  - 사회문제를 해결할 제품과 서비스의 창출 방안을 제시
  - 제공되는 제품과 서비스를 통하여 궁극적인 변화와 결과물(Social Impact)은 무엇인가 제시
- **경쟁자 분석과 파트너십**
  - 경쟁우위를 점하기 위하여 경쟁자와 대체제 등을 파악하여 차별화 전략을 도출
  - 파트너십을 통하여 나타나게 될 시너지 효과 등을 제시

• **사회적 영향력 : 사회적 영향력을 제공할 수 있는 제품과 서비스 창출방안**
  – 사회문제를 해결 할 제품과 서비스의 창출 방안을 제시
  – 제공되는 제품과 서비스를 통하여 궁극적인 변화와 결과물(Social Impact)은 무엇인가 제시

• **비즈니스 모델링 수립**
  – Business Model Canvas 등의 모델링 도구을 이용하여 사업의 핵심 내용을 1페이지로 시각화

• **소셜마케팅 전략 수립 : 표적그룹과 투자자 · 후원자그룹을 함께 고려**
  – 시장세분화와 타게팅, 포지셔닝 전략 등을 통한 마케팅 전략수립
  – 투자자 및 후원자 마케팅 등 마케팅 전략 수립

• **팀 구성과 인력계획**
  – 사회적기업의 비전과 미션을 공유하면서 사업에 필요한 핵심 인력으로 팀 구성
  – 사업의 성장에 따라 인력변화를 예측하여 계획 수립

• **재무계획**
  – 추정재무제표, 자본적 지출, 운영과 관련된 자금조달, 사용계획 등 재무적 목표 기술

– K Startup의 온라인 강좌 〈소셜벤처 사업계획서〉의 내용을 요약 –

---

3 좋은 사업계획서의 특징

창업자에게 좋은 사업계획서를 만드는 것은 중요하다. 인지도가 없는 상황에서 사업계획서만으로 사업에 대한 모든 평가가 이루어지기 때문이다. 또한, 사업계획서가 요구되는 곳에서는 기본적으로 사업계획서 템플릿이 함께 제공되어 다른 사업계획서와 차별화하기도 쉽지 않다. 그렇다면 어떻게 해야 창업자의 의지가 제대로 전달될 수 있는 좋은 사업계획서를 작성

할 수 있을까?

좋은 사업계획서는 사업에 대한 목표가 명확하고 구조적이며 가독성이 높아 창업자가 제안하려는 내용이 잘 전달될 수 있게 하여준다. 이러한 사업계획서는 한 번에 만들어지기는 어려우며 계속해서 문서화와 업데이트 과정을 겪으면서 최적화되어야 한다. 다음은 모두의 공감을 부르는 매력적인 사업계획서가 갖는 몇 가지 특징을 제시한다.

3-1. 수요자가 원하는 가치가 제시되어야 한다.

앞에서 전했던 사례와 같이 실패하는 사업의 가장 큰 이유는 '시장이 원하지 않는 제품의 취급'인 경우이다. 이처럼 고객과 같은 수요자가 원하는 제품이나 결과가 수반되는 제품을 고려하는 것이 매우 중요하다. 이를 위하여 사업계획서는 마케팅 전략과 비즈니스 모델링을 통해 정의되었던 목표 고객에게 어떻게 가치를 창출할 것인가가 명확하게 제시되어야 한다.

사회적기업이 추구하는 사회적 가치를 창출하고 실현하는 내용이 제시되어야 하며, 사업의 수혜자가 돌봐주어야 할 대상이 아니라 사업의 동반자로서 그들이 아름다운 존재로 살아갈 수 있는 진정성 있는 가치가 사업계획 전반에 내재되어야 한다.

사회적 가치 실천계획

양질의 일자리 창출을 위한 중소기업 성과공유제, 비정규직의 정규직화, 근로시간의 단축 등 사회적 가치 & 실천계획을 기재

3-2. 이해하기 쉽고 설득력 있는 이야기가 있어야 한다.

사업계획서는 누구나 쉽게 이해할 수 있게 구조적으로 설계되어 전체적으로 하나의 스토리가 될 수 있게 작성되어야 한다. 이때 적절한 그림과 도

표 등을 삽입하여 직관적인 이해력을 높이고 개조식의 문장으로 가독성이 높은 계획서가 될 수 있게 하여야 한다.

일반적으로 작성되는 사업계획서는 내용을 논문처럼 작성하고 50페이지가 넘는 경우가 허다하다. 하고 싶은 말이 많기 때문이다. 이런 경우 평가자와 투자자에게 서투르다는 생각을 갖게 한다. 핵심내용을 중심으로 15페이지 이내로 간결하게 작성하고 부연 설명이 필요한 경우 별도로 첨부하여 제출하는 방법도 좋다.

3-3. 기술성보다 사업성에 집중한다.

Lean Canvas에서 기술성에 해당되는 블록인 'Solution'이 작은 박스에 할애되었던 것을 기억하자. 창업자의 경우 자신의 기술력에 매몰되어 여기에 과도하게 집중하려는 경향이 있다. 성공한 스타트업의 핵심전략은 '차별화되고 독창적인 서비스 프로세스를 창안하는 것'으로 기술적인 요소는 이러한 비즈니스를 구현하기 위한 수단이라는 것을 인식하여야 한다. 목표시장의 핵심 고객을 파악하고, 시장의 잠재력과 제공되는 제품이나 서비스와 핵심 경쟁력 등 사업의 본질이 무엇인지 명확하게 제시되어야 한다.

3-4. 신뢰성 있는 표현과 근거를 제시한다.

사업의 차별화를 위하여 제시되는 품질, 가격, 사업성 등에서 객관적이고 신뢰할 수 있는 표현을 사용하는 것이 좋다. 사업과 관련된 정책이나 기사 등의 적용과 통계자료의 활용은 사업계획서의 이해도를 높이고 사업성을 입증하는 방법으로 활용되지만 신중할 필요가 있다. 우선, 사업에 딱 들어맞는 통계자료를 찾기가 쉽지 않다. 무리한 적용은 일반화의 오류에 빠지기 쉬워 사업계획서 전체에 대한 신뢰도에 영향을 줄 수 있으므로 통계자료는 정책자료나 언론 기사 등을 활용하여 동향이나 방향 제시 등으로만 활용하는 것이 좋다. 오히려, 직접 발로 뛰어 알아낸 시장의 상황과 업계의 동향 등을 제시하는 것은 창업자가 현장에 대한 이해도가 높다고 인식하게 되어 효과적일 수 있다.

3-5. 팀원과 파트너십 역량을 제시한다.

"그래! 정말 좋은 계획이야. 그런데 어떻게 실현하지?"

지금까지 좋은 사업계획서의 요건을 충족시키기 위하여 많은 준비를 하였다. 최종적으로 평가위원은 제시된 사업계획이 실현 가능한 지 여부를 점검하게 되는데, 이의 주된 판단기준이 사업을 수행하는 팀원의 역량과 파트너십이다.

아직 사업이 검증되지 않았기 때문에 구성된 팀원이 탁월하다는 것을 입증하는 것은 쉽지 않다. 그렇지만 팀원들이 전문가이면서 합리적인 의사결정을 하는 팀이라는 것과 도출된 문제를 해결하고 난관을 해쳐나갈 수 있는 역량과 의지가 있다는 것을 제시하여야 한다.[63]

팀원의 역량과 파트너십

- 대표자 및 직원의 보유역량 : 대표자 및 직원(업무파트너 포함) 보유하고 있는 경험, 기술력, 노하우 등
- 자사의 기술개발 역량 : 제품 · 서비스 개발을 위한 자사의 자체 기술개발 역량을 기재

63) 청년 창업의 경우 창업팀의 구성이 2~3명으로 시작하는 경우가 대부분인데, 이때, 지도교수에게 부탁하여 자문역할과 관할 창업센터 등에 의뢰하여 전문적인 멘토링과 같은 지원체제를 갖추어 제시하는 것도 좋다.

사업 초기에는 구성된 팀원만으로 모든 문제를 해결할 수 없을 뿐만 아니라 많은 이해관계자를 동반한다. 따라서, 핵심역량에 집중하고 전략적인 파트너십을 통하여 문제의 해결방안을 제시하는 것도 필요하다. 또한 사업계획이 추구하는 가치가 시장뿐만 아니라 투자자, 후원자, 중간지원조직 등 다양한 이해관계자들과 공유되어 건강한 생태계를 조성할 수 있다는 것을 보여주는 것도 좋은 시도라고 할 수 있다.

4
프리젠테이션 전략 : 어떻게 마음을 전할 것인가?

사업계획서를 작성하면서 대면 심사를 위한 준비를 함께하는 것이 좋다. 보통 사업계획서의 대면 심사는 짧은 시간 동안에 발표가 진행되므로 창업자는 정해진 시간 이내에 사업내용을 설득력 있게 전달할 수 있도록 준비되어 있어야 한다. 또한 보통 공정한 심사를 위하여 사업계획서가 현장에서 배포되기 때문에 심사자는 많은 사업계획서를 짧은 시간 안에 검토하고 심사를 완료하여야 한다. 이런 상황을 고려하여 발표 자료를 준비하는 것이 좋다.

4-1. 발표 자료의 준비

① 발표 자료가 시간에 맞게 준비되어 있는가?

사업계획서의 발표 시간은 질의 응답시간이 모두 포함되므로 이를 감안하여 발표자료를 준비한다.(사업별로 20분 정도의 발표 시간이 주어진다면 12~15분 정도 분량을 준비한다.)

② 발표 자료의 구성

발표 자료는 심사평가표에 요구되는 사항이 잘 전달될 수 있도록 간결하게 작성하는 것이 좋다. 발표 자료는 단순히 사업계획서를 요약하기보다는 쉬운 용어의 사용과 그림과 도표를 위주로(그림과 도표의 비율은 50% 이상) 전개하여 하나의 이야기가 될 수 있게 준비한다. 발표 자료에서 각 장의 소제목은 심사평가표의 항목이 연상될 수 있도록 부여하면 심사자의 편의를 제공할 뿐더러 요구사항에도 부응하려고 노력하고 있다는 긍정적인 인상을 줄 수 있다.

※ 발표 자료도 심사의 대상에 포함되지만, 일반적으로 사업계획서가 주 대상이기 때문에 발표 시간 중에도 심사자는 사업계획서를 같이 검토하는 경향이 있다. 따라서 발표 자료는 그림과 도표 등을 적극적으로 사용하여 하나의 신뢰성있는 스토리를 전달하는 전략으로 임하는 것이 좋다.

③ 자료의 내용이 문맥과 진행이 자연스러운가?, 오탈자는 없는가?

발표 자료는 평가표의 구성을 고려하여 개조식으로 일관성 있게 작성하여 심사자가 직관적으로 이해할 수 있도록 하여야 한다. 자료에서 오탈자와 문맥상 진행이 자연스러운지 등도 사전에 꼼꼼하게 점검하여야 한다. 가장 좋은 방법은 발표 자료를 소리를 내서 충분히 연습하는 것이다. 그런 와중에 오탈자도 점검할 수 있고, 어색한 내용의 전개나 표현 등이 정비될 수 있다.

④ 기타

파워포인트로 자료를 준비할 경우, 글꼴은 수려하고 일관성을 유지하고 있는지와 해당 글꼴 포트의 준비와 이를 포함하여 저장했는지 여부를 점검하여야 한다. 또한 발표 자료에 동영상이 포함되어 있다면 실행이 가능한지 여부와 발표 장소에서 인터넷이 지원되지 않는 경우도 있으니 담당자로부터 사전에 점검해 두어야 한다.

발표 자료가 핵심적인 내용을 중심으로 설득력 있게 전달하기 위하여 다음과 같은 구성을 소개한다. 파워포인트를 기준으로 주제별 1~2페이지의 분량으로 작성하되 전체적으로 10페이지 정도로 작성하는 것을 권고한다. 이 정도의 분량으로 충분히 사업을 설명할 수 있으며, 오히려 분량이 많아지면 불리할 수 있다. 다음의 발표 자료를 참고하여 어떤 상황과 상대에게도 1분, 3분, 5분, 10분 등의 분량으로 언제나 설명할 수 있도록 훈련되어 있어야 한다.

사업계획서 발표자료 구성과 내용(예)

1. 사업 Items의 소개
   - 회사와 사업내용을 간략히 설명한다.
   - 사업 Item에 대한 설명과 선정 배경을 설명한다.
2. 현재 문제 도출
   - **현재 문제의 도출**
     - 이 사업을 통하여 해결하고자 하는 현재 고객과 시장의 문제는 무엇인가를 정의한다.
   - **현재 문제의 해결 동향**
     - 도출된 문제에 대하여 선정된 고객군은 현재 어떻게 해결하고 있는가를 설명한다.
     - 고객의 행동 양식을 중심으로 대체제품과 경쟁제품을 설명한다.
   - **해결방안(Solution) 제시**
     - 문제를 해결할 수 있는 제품이나 서비스를 제안한다.
     - 고객들이 현재 해결하고 있는 방법보다 무엇이 더 좋은가를 설명한다.

3. 고객군(Customer Segments) 정의
- 사업의 대상이 되는 핵심고객(마케팅 전략으로 선정된 고객)에 대하여 구체적으로 기술
- 사업에서 제시한 해결방안이 정의된 고객에게 얼마나 유용한지에 대하여 기술

4. 타겟시장 선정
- 잠재적인 시장의 규모(적절한)와 동향(발전 가능성, 근거와 함께)에 대하여 기술
- 1차로 진입할 시장과 진입 전략을 기술

5. 수익모델
- 이 사업을 통하여 매출 및 이익을 어떻게 얻을 것인가에 대한 전략을 기술한다.

6. 팀원의 구성: 가치를 생산할 내부 인적자원
- 사업에 참여하는 핵심 인적자원의 역량(경력, 경험, 기술역량 등)
- 지원그룹(멘토, 자문가), 핵심파트너 등

4-2. 발표

심사는 지원자와 심사자 간의 비대칭적인 정보를 소유한 상황에서 다수의 지원자 중에서 일부를 선정한하는 과정이라고 할 수 있다. 기본적으로는 잘 준비된 사업계획서가 우선적인 선정 기회를 얻을 수 있겠지만, 심사장에서의 상황도 변수가 될 수 있다. 그러므로 준비된 사업계획이 심사위원에게 제대로 전달되기 위한 노력과 함께 좋은 분위기를 연출하는 것도 중요하다. 아직은 미완성인 상태라도 시제품이나 시제품이 운용되는 상황을 나타내는 그림 등을 준비하여 발표 시간 중에 상시로 제시하는 것도 심사자에게 사업을 설명하는데 긍정적인 효과를 준다.

발표는 주어진 시간을 준수하고 자신감 있게 발표하라. 특히 정책적인 이슈와 관련된 사항이나 심사평가표에 중요한 요소를 설명할 때는 같은 표현으로 해결방안으로 제시하면 효과적이다. 발표의 진행 중에 심사위원의 직설적인 지적에 대하여 이견이 있는 경우 "좋은 말씀 감사합니다." 등과 같이 긍정적인 표현을 한 후에 부드럽게 본인의 주관을 설명하면서 설득하는 게 좋다. 심사위원을 설득하지 못했거나 부족한 부분이 있는 경우든 어떤 경우에도 논쟁을 피하고 발표 마지막에 "사업에 선정되면 사업계획서에 위원님의 의견을 반영하여 다시 작성하겠다."는 표현으로 마무리하는 것이 좋다.

※ 대면 평가에서 심사자 질의의 핵심은 "이 사업으로 어떻게 사업의 목적을 달성할 수 있는가?"이다. 사전에 사업계획서의 각 행간에서 적절한 답을 제시할 수 있도록 면밀하게 검토하고 개선한다면, 사업계획서의 완성도도 높아지고 대면 평가에서도 좋은 결과가 있을 것으로 생각한다.

5
정부지원 사업계획서(PSST 방식)

정부의 창업사업화 지원사업을 통하여 소셜벤처 등의 창업을 준비하는 경우는 PSST(Problem, Solution, Scale up, Team) 방식의 사업계획서 작성에 대한 이해가 필요하다. PSST 방식의 적용은 사업성을 최우선으로 했던 이전의 평가방식에서 Venture Capital 등에서 적용하는 방식인 창업자가 해결하려는 문제를 명확하게 이해하고 그 해결방안을 제시하는지에 대한 방식으로 정책 방향이 변경되었음을 의미한다. 이는 정부의 지원도 창업기업 스스로 도전과제를 정확하게 인식하고 이를 해결하기 위해 실질적으로 필요한 요소를 지원한다는 것이다. 즉, PSST 방식의 사업계획서는 창업기업이 문제를 인식하고(Problem) ➡ 해결방안의 모색(Solution) ➡ 성장가능성에 대한 목표를 설정(Scale up) ➡ 팀원/파트너의 보유역량과 필요역량에 대한 계획수립 (Team) 과정으로 사업계획서를 작성하여야 한다.

PSST방식의 구성

- Problem(문제인식)
  창업 아이템의 개발과정에서 어렵거나 지원이 필요한 부분을 3가지 관점의 해결과제로 도출
  ① 제품 · 서비스의 해결과제, ② 고객의 니즈의 개선과제,
  ③ 시장 · 경쟁자 대비 개선과제
- Solution(실현가능성)
  Problem 단계에서 도출된 3가지 관점의 문제의 해결방안을 제시
  ① 제품 · 서비스의 개발(개선)방안, ② 고객의 니즈의 대응방안,
  ③ 시장 · 경쟁력 확보 · 강화방안
- Scale up(성장전략)
  사업 아이템의 개발비용과 예상 매출을 추정하고 이의 실현을 위한 다음의 방안 수립
  ① 소요자금 및 자금조달 계획, ② 시장진입 및 성과창출 전략,
  ③ 출구목표 및 전략
- Team(팀 구성)
  필요한 인적자원(팀원과 파트너 등)과 필요 기술의 보유 등 다음의 방안을 수립
  ① 대표자 및 팀원의 보유역량, ② 팀의 기술개발 역량,
  ③ 사회적 가치 실천계획

PSST기반 사업계획서의 작성은 사업계획서의 형식이 지정되어 있어 형식에 맞게 작성하면 된다. 다만 작성에 필요한 아이디어와 사업계획서를 수려하게 작성하는 것은 개인의 몫이다. 여러 번 작성하면서 시행착오의 과정을 가져야 자기 것이 될 수 있다. 중소기업벤처부에서 운영하는 "창업에듀 사이트나 사회적기업진흥원에서 운영하는 교육사이트를 참고하기 바란다. 사업계획서 이외에도 창업의 단계별로 다양한 강의가 제공되고 있으며 강의 콘텐츠도 훌륭하다.

1. 2021 사회적기업가 육성사업 공고

2. 창업사업화 지원사업 사업계획서 작성 목차

3. 창업사업화 지원사업 사업계획서

1 2021 사회적기업가 육성사업 공고

한국사회적기업진흥원 공고 제2021 - 7호

2021년 사회적기업가 육성사업 창업팀 모집 공고

혁신적인 아이디어를 가지고 사회문제를 해결하는 '예비 사회적 기업가'의 창업활동을 지원하기 위한 2021년도 사회적기업가 육성 사업 창업팀을 다음과 같이 모집하오니, 많은 참여 바랍니다.

2021년 1월 29일

한국사회적기업진흥원장

1 사업 개요

□ 사업목적

o 사회적 목적 실현 및 사업화 등 창업의 전 과정을 지원하여 사회문제를 창의적인 방법으로 해결해 나가는 사회적기업가 육성

- 창의적인 아이디어가 실제 사회적기업 창업으로 연계될 수 있도록 창업공간 및 창업자금, 교육·멘토링 등 지원

□ 추진절차

창업팀 모집 공고 (한국사회적기업진흥원)	➡	창업팀 신청·접수 (온·오프라인 접수)	➡	우선순위 창업팀 선정 (창업지원기관)
'21. 1. 29.(금)		'21. 2.3.(수)~2. 25.(목)		'21. 2. 25.~3. 22 ①서류심사 '21.2. 25.~3.4. ②심층면접 '21.3.4.~3.15. ③대면심사 '21.3.15.~3.22.
				⬇
창업활동 및 사업수행 (창업팀)	⬅	**공고 및 협약체결** (창업지원기관-창업팀)	⬅	**창업팀 최종선정** (한국사회적기업진흥원)
'21. 4월~12월		'21.3월 4주		'21. 3.25~26

* 상기 일정은 추진 상황에 따라 변경될 수 있음

□ **(지원규모) 창업팀 620팀* 내외**

* '20년 소셜벤처 경연대회 전국대회 수상(일반창업, 글로벌 부문)에 따른 우선선발 대상 및 기관별 사전선발 대상자 포함

□ **지원내용**

o **(창업공간)** 창업활동에 필요한 업무공간 및 사무집기 제공

o **(창업자금)** 운영경비, 사업모델 개발비, 홍보 및 마케팅 등 창업에 필요한 자금

- **(사업비 배정)** 창업팀 선정 후 일괄 1천만원 협약('21.4월 예정) → 중간평가('21.6~8월)를 통해서 최종지원금 확정

* 최종지원금은 중간평가 결과에 따라 확정하며 최초 협약금을 포함하여 1천만원~5천만원 범위 내에서 차등지급(평균 3천만원 내외)

- **(사업비 교부)** 창업지원기관 교부기준에 따라 일정기간* 집행 예정 금액 사전 신청 → 적정성 여부 검토 후 승인 → 교부

* 사업비 교부기간은 주, 월, 분기 등 창업지원기관별 기준에 따라 다르며, 사업비 신청시 집행계획서 및 기타 증빙자료를 제출하여야 함 (자세한 사항은 운영지침 및 회계처리기준 참조)

o **멘토링**

- **(담임멘토링)** 팀별 담임멘토를 배정하여 육성사업 추진 진도 점검 및 창업과정의 상시적 상담 제공
- **(전문멘토링)** (예비)사회적기업 진입, 경영 및 업종·분야별 전문가, 선배 창업팀 등을 통한 심화 멘토링 제공

o **(교육)** 사회적기업가 정신 및 창업과정에 필요한 교육 제공

- 창업팀은 반드시 20시간 이상 교육을 이수하여야 함

o **(자원연계·사후관리)** 지역사회 및 민간의 자원을 연계하고, 사회적기업으로 성장할 수 있도록 교육·컨설팅 등 후속지원

□ **인큐베이팅 추진 방식**

- o 사회적기업가 양성 인프라를 보유한 창업지원기관을 통해서 상시적·전문적인 창업 인큐베이팅 서비스 제공

  - 창업지원기관은 ①권역기관, ②특정 업종·분야를 지원하는 특화기관, ③창업 재도전을 지원하는 재도전기관으로 구분

  * 권역 및 특화기관은 초기창업 및 2년차 지원만 진행하며 재도전팀('19년 이전 창업팀의 재창업 도전)은 재도전기관에서만 선정하여 지원함

<창업지원기관 구분>

분야	주요내용
권역 기관	- 창업지원기관이 소재한 권역의 창업팀 육성을 담당하며 업종 무관 - 권역은 광역행정구역을 기준으로 구분하되, 1개 기관이 2개 이상의 권역을 담당하거나, 1개 권역을 2개 이상 기관이 담당할 수 있음 - 일부 권역기관은 특화기관 및 재도전 기관을 병행함
특화 기관	- IT, 도시재생, 글로벌, 특산물제조, 환경, 산림, 디자인제조, 농어촌, 산림, 협동조합형, 의료복지, 사회서비스, 그린뉴딜, 지역순환경제, 에너지, 관광, 로컬콘텐츠 등 특정 업종·분야 창업팀 육성 담당 - 일부 특화기관은 권역기관(업종무관)을 병행함
재도전 기관	- '11~'19년에 육성사업에 참여한 창업팀의 창업 재도전 지원 *(공고문 7페이지의 세부 신청요건 참조)

<참고: 일부 기관은 권역, 특화, 재도전 지원을 동시 운영>
* (예시) (사)ABC는 서울 권역의 전체 업종에 대한 창업지원과 도시재생 분야에 대한 특화지원을 동시에 진행함. 따라서 도시재생 분야가 아니더라도 해당 기관에 신청 및 인큐베이팅 가능

- o 창업팀 모집 및 선정, 인큐베이팅(멘토링, 사업비 배정 등)은 창업지원기관별로 진행함

  - 신청시에는 반드시 창업지원기관 중 1개소를 선택하여야 하고, 해당 창업지원기관의 선정일정과 절차를 준수하여야 함

  * 창업지원기관 현황(☞ 붙임1 참조)

  ** 2개 이상의 창업지원기관을 선택할 수 없음. 중복신청 시 선정취소 등의 조치를 취할 수 있으며 이에 대한 책임은 신청인에게 있음

  - 신청 후에는 기관변경이 불가함에 따라 공고의 창업지원기관 현황 및 역량표 등을 꼼꼼히 확인하여 신중하게 선택하여야 함

2 신청 및 접수

□ **(신청기간) 2021. 2. 3.(수) ~ 2. 25.(목) 18:00 까지**

□ **(신청방법) 온라인 또는 오프라인**(우편·방문)으로 신청

① **(온라인)** 통합정보시스템(http://www.seis.or.kr)에 접속, 신규가입 후 구비서류 등을 첨부파일로 업로드하여 신청

- 통합정보시스템은 대표자 개인의 공동인증서(구, 공인인증서)로 가입이 가능함에 따라 이를 반드시 사전에 준비하여야 함

* 아이핀(I-PIN)은 오류 발생이 많아 사용 금지(통합정보시스템 가입 및 신청방법 ☞붙임 2 참조)

- 접수마감 임박 시에는 다수 접속자가 폭주하여 시스템 불안정으로 신청이 어려울 수 있으니 마감 이전 신청 권고

② **(오프라인)** 신청 서류를 갖추어 희망하는 창업지원기관에 직접 방문 또는 우편으로 신청

- 신청 시 신청서류 겉봉투에 '2021년도 사회적기업가 육성사업 창업팀 공모 신청 서류' 표기
- 우편 및 방문 접수는 **'21. 2. 25.(목) 18:00 도착분까지 유효**

<★ 신청시 유의사항 ★>

ㅇ 신청시에는 온라인 또는 우편·방문 중 1개 방법으로만 신청

* 중복 신청 시 우편·방문 접수 건을 우선으로 함

ㅇ 반드시 **희망하고자 하는 창업지원기관 1개소를 선택**하여 신청

ㅇ 팀 구성원이 2개 이상 팀에 동시에 신청 불가

* 2개 이상 창업지원기관 신청 및 구성원이 2개 이상의 팀에 신청하는 것은 불가하며 중복신청이 확인될 경우 해당 팀에 대한 신청자격 무효, 선정취소 등 조치를 취할 수 있고 이에 대한 책임은 신청인에게 있음

ㅇ 신청 전 희망하는 창업지원기관을 통해 신청서, 사업화 계획서 등에 대한 작성방법 및 육성사업 관련 상담 가능

* 창업지원기관별 사전설명회 진행 예정(일정은 진흥원 홈페이지 별도 공지)

3 신청자격 및 제출서류

□ **(신청자격)** 혁신적인 사회적기업 창업 아이디어를 보유하고, 지속적인 활동의지가 있는 3인 이상(대표 포함)으로 구성

- o 창업팀 신청 시 반드시 3인 이상을 구성하여야 함
- o 구성원 전원은 협약시까지 아래의 신청자격을 갖추어야하며 불가피한 사유에 한해 협약전까지 팀원 변경 가능

□ **(신청유형) ①초기창업팀, ②2년차지원팀, ③재도전창업팀**으로 구분

<창업팀 구분 개요>

지원명	지원대상	선정 규모	모집 기관
① 초기창업팀	공고마감일 기준 창업을 하지 않거나 창업 2년 이내 사업자	520팀 내외	권역 및 특화 지원기관
② 2년차지원팀	'20년 사회적기업가 육성사업 또는 지역기반형 정책연계 창업지원사업에 참여한 창업팀 중 추가적인 성장지원이 필요하다고 판단한 팀	60팀 내외	
③ 재도전창업팀	'11년~'19년 육성사업에 참여한 창업팀 중 재도전 희망팀 또는 2개 이상 창업팀간 협업 추진 팀	40팀 내외	재도전 전담기관*만 신청가능

* (재도전 전담지원기관) (재)함께일하는재단, (사)한국마이크로크레디트 신나는조합, (재)전라북도경제통상진흥원, (사)사회적기업연구원

<참고: 예비창업팀 신설 및 모집 안내>
o(개요) 사회적경제기업 창업 이전 단계의 소셜미션 확립, 팀 빌딩, BM 수립 및 검증 등 창업 기초 역량을 지원하기 위한 트랙 별도 신설
o(지원) 창업자금(7백만원) 및 창업기초 역량 교육·멘토링 등
o(후속지원) 최종평가를 통해 우수 팀에 대해서 '22년 육성사업 2년차지원 대상자로 선정하여 연속지원
o(모집·선정) '21. 4월 중 모집 공고 예정
* 자세한 사항은 추후 공고 내용을 참조해 주시기 바랍니다.

① **초기창업팀**

ㅇ **(대상)** 공고 마감일 기준 미창업팀 또는 창업 2년 이내 개인사업자 및 법인사업자

- 개인사업자는 사업자등록증상 사업개시일을, 법인은 법인등기부등본상 설립 등기일을 기준으로 판단

ㅇ **(목표)** 본 사업 협약기한 내 사회적기업 육성법 및 같은 법 시행령에 따른 사회적기업 인증요건에 해당하는 조직형태로 창업 또는 전환 후, (예비)사회적기업 인증(지정)을 목표로 하는 경우

ㅇ **(참여제외 대상)** '11~'20년 사회적기업가 육성사업 및 '20년 지역기반 정책연계 창업지원사업의 창업팀 대표로 참여한 자는 참여 불가

ㅇ **(신청기관) 권역 및 특화 기관**

② **2년차지원팀**

ㅇ **(대상)** '20년 사회적기업가 육성사업 또는 지역기반 정책연계 창업지원사업에 참여하여 우수 또는 양호 평가를 받은 팀 중 성장을 위한 추가지원이 필요하다고 판단한 법인사업자

ㅇ **(목표)** 본 사업 협약기한 내 사회적기업 육성법 및 같은 법 시행령에 따른 사회적기업 인증요건에 해당하는 조직형태로 창업 또는 전환 후, (예비)사회적기업 인증(지정)을 목표로 하는 경우

ㅇ **(참여제외 대상)** 이전 육성사업 재참여(재도전) 창업팀으로 참여한 이력이 있는 창업팀 및 (예비)사회적기업에 지정된 팀은 신청 불가

ㅇ **(신청기관) 권역 및 특화 기관**

③ **재도전창업팀**

○ **(대상)** 다음 중 하나에 해당하는 경우

- '11년~'19년 육성사업에 참여하였으나 창업 실패 또는 창업 이후 사업수행이 어렵거나 폐업을 하여 (예비)사회적기업으로 진입하지 못한 기업

- 육성사업에 참여하여 우수 또는 양호 평가를 받은 2개 이상의 창업팀이 신규 사업 개발 등 협업을 추진하고자 하는 경우

* 협업 형태로 참여하는 경우에는 '20년 창업팀도 참여가 가능하며 참여기업 전체가 신청요건에 충족하여야 함

○ **(목표)** 본 사업 협약기한 내 사회적기업 육성법 및 같은 법 시행령에 따른 사회적기업 인증요건에 해당하는 조직형태로 창업 또는 전환 후, 협약 기간 내에 (예비)사회적기업 인증(지정)을 목표로 하는 경우

○ **(참여제외 대상)** 이전 육성사업 재참여(재도전) 창업팀으로 참여한 이력이 있는 창업팀 및 (예비)사회적기업으로 지정(인증)된 팀은 지원 불가

○ **(신청기관) 재도전 전담지원기관**

* (재도전 전담지원기관) (재)함께일하는재단, (사)한국마이크로크레디트신나는조합, (재)전라북도경제통상진흥원, (사)사회적기업연구원

지원구분별 대상 및 세부요건을 반드시 확인 후 해당하는 분야를 선택하여야 하며 내용 미숙지 등으로 인해 발생하는 불이익에 대해서는 신청자에게 책임이 있음

□ **신청자격 관련 기타 사항**

- 「고등교육법」제14조에서 정한 교원은 협약 이전 소속기관장 명의의 창업승낙서를 제출하여야 하고 제출하지 않을 경우 해당자의 선정은 취소됨
- 팀 대표가 다른 사업 또는 단체의 임원(대표 포함)인 경우에는 참여가 불가하나 다음에 해당하는 경우에는 참여 가능
  - 협동조합기본법 제85조에 따라 설립·인가받은 사회적협동조합이 신청하는 경우
  - 비영리단체 임원으로서 정기적인 급여성 대가를 받고 있지 않는 경우

□ **신청 제외 대상**

- 법령상 창업이 불가능한 경우 및 신청서, 사업화 계획서 등 육성사업 신청에 관한 서류를 허위로 기재한 경우
- 금융기관을 통한 계좌개설이 불가능하거나, 본인 명의의 금융자산에 대한 압류가 진행 중인 자(시효 소멸자는 제외)

  * 선정 후 신규 계좌 개설이 불가한 경우 선정 취소
- 국세 또는 지방세를 체납 중인 자(단, 협약체결 전 완납 시 가능)
- 동일한 창업 아이디어로 정부부처, 지방자치단체, 공공기관에서 시행하는 창업지원사업에 참여하여 현금성 창업 지원금을 받은 자로, 타 사업과 지원기간(협약기간)이 중복되는 경우
  - 단, 육성사업 협약일('21. 3월말 예정)로부터 1달 이내 종료되는 타 사업에 참여하는 경우는 신청 가능
- 고용노동부, 한국사회적기업진흥원 및 기타 정부지원사업에 참여제한으로 제재중인 자 또는 기업

□ **서류심사 시 면제 또는 가산점 부여 대상**

- '19~'20년 한국사회적기업진흥원이 주관하는 소셜벤처 경연대회 전국대회 진출자 : 3점
- '19~'20년 공공기관(정부, 지방자치단체, 공공기관 등) 주관 사회적경제기업 창업교육 이수자 : 1점
- '19~'20년 공공기관(정부, 지방자치단체, 공공기관 등) 주관 사회적경제 관련 동아리 지원사업 참여자 : 1점
- '19~'20년 한국사회적기업진흥원이 주관하는 청년 협동조합 창업지원에 참여한 이력이 있는 자 : 서류면제

  * 참여제한 등 제재를 받은 경우 제외
- '20년 제1회 장애인 ICT 보조공학기기 공모전 수상팀 : 서류면제
- 위의 대상자는 신청 시 가산점 부여 대상임을 증빙하는 서류를 반드시 제출하여야 하며 미 제출시 불인정

□ **참고: 창업팀별 성과목표**

- 최종평가 시 다음의 성과를 달성하여야 하며 미달성 시 사업비 환수, 관련 사업 참여제한 등의 제재조치를 받을 수 있음

구분	성과목표
우수	-협약기간 내 (예비)사회적기업 인증(지정) 완료
양호	-(예비)사회적기업 인증(지정) 요건을 충족하고 영업활동 수행
미흡	-사회적기업 인증 가능 조직형태로 창업 실패 하거나 창업 후 영업활동 미수행 -휴·폐업 등 협약기간 내 사업을 유지하지 못한 경우

- 자세한 평가기준 및 절차는 육성사업 운영지침 참고

□ **제출서류**(공고문 첨부파일 및 안내문 활용)

- (서식 1) 사회적기업가 육성사업 참여신청서
- (서식 2) 사회적기업가 육성사업 참여개요
- (서식 3) 사회적기업가 육성사업 창업팀 사업화 계획서
- (서식 4) 수상경력 및 정부재정지원 현황
- (서식 5) 개인정보 수집, 조회 및 활용 동의서
- (서식 6) 사회적기업가 육성사업 창업팀 신청 확약서
- 대표 및 팀원의 사업자등록여부 확인 서류

  * 사업자 등록 및 폐업 이력 등에 따라 총사업자등록내역, 사업자등록사실 여부 등의 서류를 발급받아 제출하여야 함
  (발급방법은 안내문 파일 참조)

- 법인등기부등본 및 (법인 또는 개인) 사업자등록증(해당 시)
- 비영리단체 대표 또는 임원이 급여성 대가를 받고 있지 않음을 증명하는 서류(해당 시)
- 가산점 증빙 서류(해당 시)
- 사회적경제기업 관련 인·지정서(해당 시)
- 기타 사실관계 입증자료(해당 시)

  * 특허출원, 상표권, 자격증, 수상경력, 매출, 고용, 투자 등 실적 자료

서류작성 및 제출방법 안내를 반드시 숙지 후 제출하여야 하며, 미숙지에 따른 불이익의 책임은 신청인에게 있음

4 창업팀 선정 절차

☐ **선정 절차 및 일정**(예정)

ㅇ **(3단계 심사)** 서류심사를 통해 심층면접 대상자 선정 → 심층면접(교육 포함) → 대면심사 → 최종선정

<참고: 심층면접 이수 안내>
ㅇ(진행방식) 팀별 심층 인터뷰 및 토론, 실습, 사업계획 멘토링, 교육 등
ㅇ(이수기준) 기관별 8시간 내외로 진행하며, 대표자는 필수로 이수하여야 함
ㅇ(추진일정) 서면심사 발표 직후 창업지원기관에서 정하는 일정에 진행함에 따라 심층면접에 참여할 수 있도록 사전에 일정을 조정
ㅇ(점수반영) 심층면접 점수는 대면평가 시 반영(20점 만점 환산)

ㅇ **추진일정**

- 창업팀 모집 및 선정 절차는 창업지원기관별로 진행함에 따라 해당 기관에서 공지하는 일정과 절차를 반드시 준수하여야 함

단계		일정	비고
모집공고		'21.1.29.(금)	진흥원
신청·접수		'21.2.3.(수) ~ 2.25.(목) 18:00까지	온·오프라인
우선순위 선정	서류심사	'21.2.25.(목) ~ 3.4.(목)	창업지원기관
우선순위 선정	심층면접 (교육 포함)	'21.3.4.(목) ~ 3.15.(월) * 창업지원기관별 8시간 내외 편성 * 팀 대표자는 반드시 이수하여 함	창업지원기관
우선순위 선정	대면심사	'21.3.15.(월) ~ 3.22.(월)	창업지원기관
최종선정		'21.3월 4주	진흥원, 중앙운영위원회

* 상기 일정은 사정에 따라 변경될 수 있음

o **(평가기준)** 소셜미션, 사회적기업가 자질, 창업 아이템, 사업 실현 가능성, 기대효과 등을 종합적으로 평가

심사항목	세부심사항목
소셜미션 (15점)	o 해결하고자 하는 사회문제의 명확성 및 중요성 o 문제상황 및 원인분석의 적절성, 핵심 이해관계자 정의 및 해당 문제에 대한 기존 해결방법 분석 여부 등
	o 사업을 통한 사회문제 해결 가능성
사회적기업가 자질 (25점)	o 사회적기업가 정신, 신청 동기, 창업의지(전념도) 등
	o 사업 분야 관련 경력·전문성, 네트워크 및 자원연계 능력 등
	o 효과적 팀 구성 여부
창업 아이템 (20점)	o 아이템의 독창성·차별성·경쟁력·혁신성
	o 아이템 관련 유사모델·경쟁모델 분석·조사 수준
사업 실현 가능성 (25점)	o 사업계획의 구체성·타당성 - 시장 분석의 타당성 - 일정별 추진계획의 적정성 - 자금 조달 및 운용 계획의 타당성(자부담 포함) - 조직 및 인력 운영계획의 구체성
	o 사업모델의 수익성 및 지속가능성 - 수익창출구조의 타당성, 매출·비용 예상 - 시장진입 가능성 및 마케팅 전략의 구체성 - 경쟁력(가격경쟁력, 기술력 등) 확보 방안
	o 사업진행 시 예상되는 문제에 대한 대응방안
기대효과 (15점)	o 창출 가능한 사회적 가치(사회적 임팩트)
	o 사업의 경제적 효과 및 지속가능성

* 분야(권역, 특화, 재도전) 등에 따라 30% 배점 내에서 창업지원기관별 평가기준 조정 가능

□ 창업팀 협약

o **(협약체결)** 최종 선정이후 창업지원기관과 지원협약 체결

o **(중간·최종 평가)** 창업팀은 중간평가 결과를 통해 사업비를 차등 지급

- 중간평가, 최종평가 결과에 따라 미흡 및 성과달성 실패 시 지원중단, 참여제한, 사업비 환수 등의 조치를 받을 수 있음

* 성과목표 및 제재 등 자세한 사항은 반드시 육성사업 운영지침 참조

5 유의사항

□ **유의사항**

- 제출된 서류는 일체 반환하지 않으며, 신청서의 모든 내용은 객관적으로 입증할 수 있어야 함

- 본 사업은 창업활동에 필요한 사항을 정부가 지원하는 사업으로 정해진 바와 다른 용도의 사업비 사용 또는 부정한 방법으로 지원금을 받은 경우 및 참여자가 신청요건에 해당하지 않거나 참여신청 서류에 허위의 내용으로 신청하는 경우(사업종료 후 확인된 경우 포함)
  - 관계 법령 등에 따라 처벌 받을 수 있으며, 육성사업 운영지침에 의거 선정취소, 사업비 환수 및 관련 사업 참여 제한 등의 불이익을 받을 수 있음

- 반드시 창업지원기관 1개소를 선택하여 신청하여야 하며 2개 이상 기관에 신청하는 경우에는 중복신청으로 처리하여 신청자격 무효 및 선정 취소 등의 조치를 취할 수 있음

- 대표 포함 구성원이 2개 이상의 팀에 신청하는 것은 불가하며 중복신청이 확인될 경우 해당 팀 전체에 대해서 신청자격 무효 및 선정 취소 등의 조치를 취할 수 있음

- 사업계획서 등 신청서류를 타인이 대신 작성하여 제출하는 경우 또는 팀원 구성 등에 타인의 명의를 도용하는 경우에는 사기 또는 업무방해죄 등으로 처벌 받을 수 있음

- 본 공고문에 명시되지 않은 사항은 사회적기업가 육성사업 운영지침에서 정하는 바에 따름

- 본 공고문 및 운영지침 내용 미숙지로 발생하는 불이익 및 그에 따른 책임은 본 사업을 신청한 해당 창업팀에 있음
- 상기 공고사항은 한국사회적기업진흥원의 사정에 따라 변경될 수 있음

6 문의처

- **지원내용 및 신청.접수, 육성사업 진행 관련**
  - 사회적기업가 육성사업 창업지원기관 (☞ 붙임1 참조)
- **온라인 접수 시스템**: 1661-4006
- **기타 사업 관련**
  - 한국사회적기업진흥원 창업지원팀(031-697-7711~9)

붙임1 사회적기업가 육성사업 창업지원기관 현황

연번	구분	업종/분야	기관명	주소	연락처	병행 여부
1	서울 인천 경기		사회연대은행 (사)함께만드는세상	서울특별시 종로구 창경궁로 35길 26, 5층	02-2280-3368	
2			사단법인 피피엘 외 1	서울특별시 양천구 신정로 7길 75, B1	070-4610-5684	
3			사회적협동조합 사람과세상	경기도 수원시 영통구 동탄지성로 470번길 37, 상가동 2층	070-4763-0130	
4			더좋은경제 사회적협동조합	인천광역시 미추홀구 경인로 479, 6층	070-4266-5255	
5		재도전	(재)함께일하는재단	서울특별시 마포구 월드컵북로6길 36 5층	02-330-0765	권역/재도전
6		IT,도시재생	에스이임파워 사회적협동조합	서울특별시 구로구 신도림로13길 51	070-5057-2991~2992	권역/업종
7		글로벌	사회복지법인 열매나눔재단	서울특별시 중구 퇴계로20기 37 열매나눔빌딩 103호	02-2665-0718	권역/업종
8	강원 충청		(사)강원도사회적경제지원센터	강원도 원주시 상지대길83 한방의료기기산업진흥센터 2층	033-749-3950	
9		특산물제조	(재)강릉과학산업진흥원	강원도 강릉시 과학단지로 106-11 강릉과학산업진흥원 310호	(033)650-3318	권역/업종
10			사회적협동조합 세상만사	대전광역시 중구 중앙로 79번길 47, 1층	042-320-9540	
11			(사)충남사회경제네트워크	충청남도 아산시 번영로 86번길 27-3, 아산어울림경제센터 3, 4층	041-415-2012 (내선 2번)	
12			(사)충북시민재단	충청북도 청주시 흥덕구 흥덕로159 BYC빌딩 4층	043-273-0335	
13	대구 경북		대구대학교 산학렵력단	경상북도 경산시 진량읍 대구대로 201, 과학생명융합대학 6호관 2403호	053-850-4779~0	
14			(사)대구광역시 사회적기업협의회	대구광역시 중구 동성로 12길 9, 2층	053-213-3070~2	
15		환경,산림	(재)경상북도경제진흥원 외 1	경상북도 구미시 금오산로 336-97	054-995-9940	권역/업종
16	부산 울산 경남	재도전	(사)사회적기업연구원	부산광역시 연제구 아시아드대로 107 현대오일뱅크 2층	051-504-0275	권역/재도전
17		디자인제조	(재)부산디자인진흥원	부산광역시 해운대구 센텀동로 57 부산디자인진흥원 408호	051-950-1231,3	권역/업종
18			사회적협동조합 울산사회적경제지원센터	울산광역시 중구 신기2길 11, 3층 꿈꾸는가치창작소	052-700-6176	
19			모두의경제 사회적협동조합	경상남도 창원시 의창구 우곡로 217번길 17, 3층	055-286-6379	
20	광주 전라 제주		광주대학교 산학협력단	광주광역시 남구 효덕로 277, 인성관 3층 사회적기업사업단	062-670-2794	
21			사회적협동조합 살림	광주광역시 서구 상무중앙로 43 BYC빌딩 7층	062-383-1136	
22			사단법인 상생나무	전라남도 무안군 삼향읍 후광대로 282, 전남전문건설회관 3층	061-281-0201	
23		재도전	(재)전라북도경제통상진흥원	전라북도 전주시 덕진구 팔과정로 164, 본관 5층 사회적기업가 인큐베이팅센터	063-711-2112~3	권역/재도전
24			(사)제주사회적경제네트워크 외 1	제주특별자치도 제주시 중앙로 165 제주고용복지플러스센터 1층	064-726-4843	
25	농어촌,산림		(사)퍼스트경영기술연구원	충청북도 청주시 상당구 교서로 8-2, 4층	043-264-9979	
26	환경,재도전		(사)한국마이크로크레디트 신나는조합	서울특별시 서대문구 통일로 107-39, 209호	070-7601-3007	특화/재도전
27	협동조합형		HBM사회적협동조합	서울특별시 은평구 통일로 684, 서울혁신파크 미래청 413호	02-6930-5860	
28	의료복지,사회서비스		한국의료복지 사회적협동조합연합회	경기도 안산시 상록구 예술광장1로 46 로얄프라자 307호	031 362-5421	
29	그린뉴딜,지역순환경제		사단법인 씨즈	서울특별시 은평구 통일로 684, 서울혁신파크 미래청 406호	02-355-7910	
30	환경		㈜터치포굿 외 1	서울특별시 종로구 동망산길28, 지하1층	02-6349-9006	
31	에너지		전국시민발전협동조합연합회	경기도 안산시 상록구 광덕산안길 20 304호	02-812-3136	
32	관광, 로컬콘텐츠		㈜착한여행	서울특별시 관악구 신림로44 나길 18	02-701-9071	

붙임2 사회적기업가 육성사업 온라인 신청 방법 안내

※ 엣지, 크롬, 파이어폭스 등 최신 웹브라우저 사용 권장

※ **개인 컴퓨터 사양**에 따라 **통합정보시스템 회원가입** 등 시스템 사용이 **원활하지 않을 수** 있으므로, **반드시 사전에 회원가입** 권고
- 접수 **마감 당일에는 접속자 폭주**로 접수가 원활하지 않을 수 있음

※ 통합정보시스템 신규 가입 시 반드시 **대표자(신청자) 개인 공동인증서(구. 공인인증서)로 가입**(아이핀 사용 금지)
- 사용 가능한 **공동인증서(구.공인인증서)를 사전에 준비**하여야 함

※ **이미 통합정보시스템 아이디를 보유한 경우 기존 아이디 사용 가능**
- 2년차지원팀, 재도전지원팀 등 **육성사업 재참여팀은 기존 아이디 사용 권장**

※ **신청서는 반드시 최종제출하여야 함**
- 임시저장 상태의 신청서는 접수한 것으로 인정되지 않음

1) 회원가입(재도전창업팀, 2년차지원팀은 기존 아이디 사용 권장)

① 사회적기업 **통합정보시스템 홈페이지**(https://www.seis.or.kr) 접속

② **화면 우측 상단 회원가입 선택**

③ **회원유형에서 일반 및 기업회원 선택**

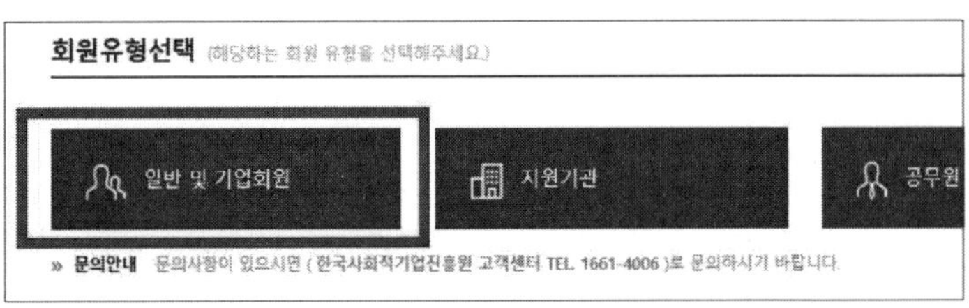

④ **약관동의**

⑤ **정보입력 시 회원유형 '개인회원' 선택, 공동인증서 등록**

- 육성사업 신청 유형에 관계없이 '개인회원'으로 선택 후 가입
- 개인 공동인증서(구.공인인증서) 등록

* 반드시 대표자(신청자)의 개인 공동인증서 등록(아이핀 사용 금지)

** 추후 (예비)사회적기업 지정(인증) 신청 시, 마이페이지에서 기업회원(법인회원)으로 전환 가능

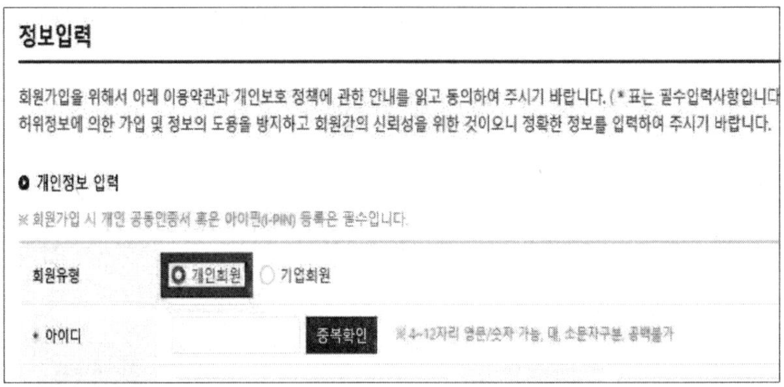

⑥ **기타 정보 입력 후 가입완료**

2) 육성사업 사업참가신청

① 통합정보시스템 로그인 후 메인화면의 **'사업참가 신청'** 또는 **좌측 메뉴 육성사업>신청>'사업참가 신청' 클릭**

② **개인정보제공 등 동의**

③ **접수자**(대표자) **정보 입력**(대표자 실명 입력)

④ **육성사업 신청 관련 기본정보 입력 및 희망 창업지원기관 선택**

⑤ **육성사업 참여 신청서 및 사업화계획서 파일 업로드**

- 1개 파일만 첨부 가능하며, **최대 첨부 용량은 10mb**로 최대 용량 초과 시 첨부 및 신청 불가

* 용량 초과 시 ①서류에 첨부된 이미지의 용량을 직접 줄이거나, ②서류를 PDF로 저장한 뒤 'small PDF' 등의 웹 사이트를 사용하여 용량을 최소화하여야 함(첨부용량 증대 불가)

⑥ **신청서 임시저장 및 수정**

- (**임시저장**) 최종 제출되지 않은 상태로, **신청서 수정 가능**
- (**신청서 수정**) 메인화면의 **'사업참가 신청확인'** 또는 **좌측 메뉴 마이페이지>신청 및 접수관리> '육성사업' 메뉴에서 해당 연도 신청서 선택하여 수정 후 '임시저장' 또는 '최종제출' 클릭**

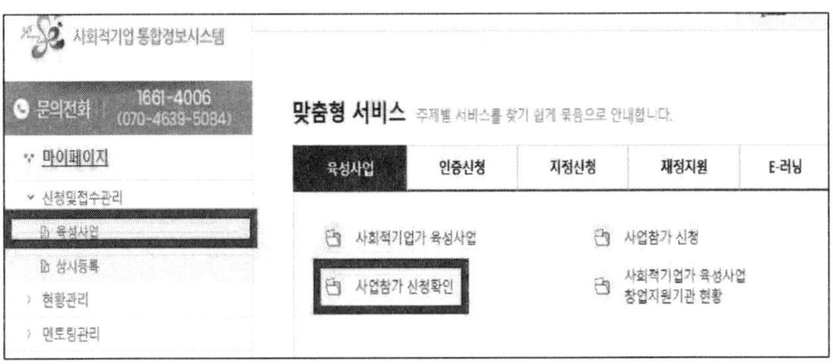

- **수정 완료 후에는 반드시 '최종제출' 하여야하며, <u>최종제출 되지 않은 임시저장 상태에는 접수한 것으로 인정되지 않음</u>**

- 임시저장상태: 최종제출 X

임시저장 상태로, 신청서 수정 가능
(최종제출 완료된 것이 아닙니다.)

기수	육성사업명	심사과정	구분
11	사회적기업가 육성사업	임시저장	
10	사회적기업가 육성사업	선정	

- 최종제출상태

최종제출이 완료되면
'서류심사'로 상태가 바뀌게 됩니다.

기수	육성사업명	심사과정	구분
11	사회적기업가 육성사업	서류심사	
10	사회적기업가 육성사업	선정	

④ **신청서 최종제출 및 삭제**

- (**최종제출**) 최종 제출된 상태로, **신청서 수정 필요 시 기존 신청서를 삭제한 뒤 재 작성하여 제출**하여야 함

  * 신청내역 및 최종제출 여부는 메인화면의 '사업참가 신청확인' 또는 좌측 메뉴 마이페이지>신청 및 접수관리>'육성사업' 메뉴에서 확인 가능

  ** 최종 제출하면 심사과정의 상태가 '서류심사'로 바뀌게 됨

최종제출이 완료되면
'서류심사'로 상태가 바뀌게 됩니다.

기수	육성사업명	심사과정	구분
11	사회적기업가 육성사업	서류심사	
10	사회적기업가 육성사업	선정	

- (**신청서 삭제**) 임시저장 상태에서는 신청내역에서 직접 삭제 가능

  * 최종 제출 후에는 직접 삭제가 불가능하므로, 각 창업지원기관 또는 한국사회적기업진흥원 창업지원팀(031-697-7712, 7718)으로 문의

2 창업사업화 지원사업 사업계획서 작성 목차

항목	세부항목
일반 현황	– 대표자, 아이템명 등 일반현황 및 제품(서비스) 개요
창업아이템 개요(요약)	– 창업아이템 소개, 차별성, 개발경과, 국내외 목표시장, 창업아이템 이미지 등을 요약하여 기재

일반 현황	**1-1. 창업아이템의 개발동기** – 창업아이템 소개, 차별성, 개발경과, 국내외 목표시장, 창업아이템 이미지 등
	1-2 창업아이템의 목적(필요성) – 창업아이템의 구현하고자 하는 목적, 국내 · 외 시장(사회 · 경제 · 기술)의 문제점을 혁신적으로 해결하기 위한 방안 등을 기재
일반 현황	**2-1. 창업아이템의 사업화 전략** – 비즈니스 모델(BM), 제품(서비스) 구현정도, 제작 소요기간 및 제작 방법(자체, 외주), 추진일정 등을 기재
	2-2. 창업아이템의 시장분석 및 경쟁력 확보방안 – 기능 · 효용 · 성분 · 디자인 · 스타일 등의 측면에서 현재 시장에서의 대체재(경쟁사) 대비 우위요소, 차별화 전략 등을 기재
일반 현황	**3-1. 자금소요 및 조달계획** – 자금의 필요성, 금액의 적정성 여부를 판단할 수 있도록 사업비 (정부지원금+대응자금(현금))의 사용계획 등을 기재
	3-2. 시장진입 및 성과창출 전략 – 내수시장 : 주 소비자층, 시장진출 전략, 그간 실적 등 – 해외시장 : 글로벌 진출 실적, 역량, 수출망 확보계획 등
	3-3 출구(EXIT) 목표 및 전략 – 투자유치 : 엔젤투자, VC(벤처캐피탈), 크라우드 펀딩 등의 투자처, 향후 투자유치 추진전략 및 방법 등 – 인수 · 합병(M&A) : M&A를 통한 사업확장 또는 출구전략에 대한 중 · 장기 전략 – 기업공개(IPO) : 기업의 경쟁력 강화, 투자자금 회수 등을 위한 IPO 중 · 장기 전략 – 정부지원금 : R&D, 정책자금 등 정부지원금을 통한 자금 확보 전략
일반 현황	**4-1. 대표자 및 팀원의 보유역량** – 대표자 및 팀원(업무파트너 포함) 보유하고 있는 경험, 기술력, 노하우 등 기재
	4-2. 사회적 가치 실천계획 – 양질의 일자리 창출을 위한 중소기업 성과공유제, 비정규직의 정규직화, 근로시간 단축 등 사회적 가치 실천계획을 기재

3 창업사업화 지원사업 사업계획서

※ 본문 10page 내외로 작성(증빙서류 등은 제한 없음), '파란색 안내 문구'는 삭제하고 검정색 글씨로 작성하여 제출, **양식의 목차, 표는 변경 또는 삭제 불가(행추가는 가능, 해당사항이 없는 경우 공란으로 유지)**하며, 필요시 사진(이미지) 또는 표 추가 가능

| 일반현황 | (* 사업별 특성에 따라 일반현황 작성항목은 변경 가능)

※개인사업자는 '개업연월일', 법인사업자는 '회사성립연월일'을 기재(최초 설립한 사업자 기준)

<table>
<tr><td>창업아이템명</td><td colspan="7"></td></tr>
<tr><td>신청자 성명</td><td colspan="2">교수 / 연구원 / 일반인 / 대학생…</td><td colspan="2">생년월일</td><td>1900.00.00</td><td>성별</td><td>남 / 여</td></tr>
<tr><td>직업</td><td colspan="2">○○○○</td><td colspan="2">창업유무</td><td colspan="3">예비창업자 / 기창업자
(○ 년차)</td></tr>
<tr><td>기업명</td><td colspan="2">2000. 00. 00</td><td colspan="2">사업장 소재지</td><td colspan="3">○○도 ○○시</td></tr>
<tr><td>개업연월일
(회사성립연월일)</td><td colspan="2">2000. 00. 00</td><td colspan="2">사업자 구분</td><td colspan="3">예비창업자 / 예비창업팀 /
개인사업자 / 법인사업자 /
공동대표(개인, 법인)</td></tr>
<tr><td>기술분야</td><td colspan="7">정보 · 통신, 기계 · 소재 (* 온라인 신청서와 동일하게 작성)</td></tr>
<tr><td rowspan="4">사업비
구성계획
(백만원)</td><td colspan="2">정 부
지원금</td><td>00백만원</td><td rowspan="4">주요성과
('17년 기준)</td><td>고용(명)</td><td colspan="2">0명(대표자 제외)
※ 신청일 기준현재 고용인원</td></tr>
<tr><td rowspan="3">대응
자금</td><td>현금</td><td>00백만원</td><td>매출
(백만원)</td><td colspan="2">00백만원
※ '17년 총 매출</td></tr>
<tr><td rowspan="2">현물</td><td rowspan="2">00백만원</td><td>수출
(백만원)</td><td colspan="2">00백만원
※ '17년 총 수출(수출실적 발생 당월 기준환율 기준)</td></tr>
<tr><td>투자
(백만원)</td><td colspan="2">00백만원
※ '17년 총 투자유치</td></tr>
</table>

<table>
<tr><td colspan="6">팀 구성(신청자 제외)</td></tr>
<tr><td>순번</td><td>직급</td><td>성명</td><td>담당업무</td><td>주요경력</td><td>비고</td></tr>
<tr><td>1</td><td>공동대표</td><td>○○○</td><td>S / W 개발 총괄</td><td>컴퓨터공학과 교수</td><td>공동대표</td></tr>
<tr><td>2</td><td>대리</td><td>○○○</td><td>해외 영업</td><td>미국○○○대 경영학 전공</td><td>팀원</td></tr>
<tr><td>…</td><td></td><td></td><td></td><td></td><td></td></tr>
<tr><td>…</td><td></td><td></td><td></td><td></td><td></td></tr>
<tr><td>…</td><td></td><td></td><td></td><td></td><td></td></tr>
<tr><td>…</td><td></td><td></td><td></td><td></td><td></td></tr>
</table>

| 창업아이템 개요(요약) |

<table>
<tr><td>창업
아이템
소개</td><td colspan="2">※ 핵심기능, 소비자층, 사용처 등 주요 내용을 중심으로 간략히 기재</td></tr>
<tr><td>창업
아이템의
차별성</td><td colspan="2">※ 창업아이템의 현재 개발단계를 기재
예) 아이디어, 시제품 제작 중, 프로토타입 개발 완료 등</td></tr>
<tr><td>국내외
목표시장</td><td colspan="2">※ 국내 외 목표시장, 판매 전략 등을 간략히 기재</td></tr>
<tr><td rowspan="4">이미지</td><td>※ 아이템의 특징을 나타낼 수 있는 참고사진(이미지) 또는 설계도 삽입</td><td>※ 아이템의 특징을 나타낼 수 있는 참고사진(이미지) 또는 설계도 삽입</td></tr>
<tr><td>〈 사진(이미지) 또는 설계도 제목 〉</td><td>〈 사진(이미지) 또는 설계도 제목 〉</td></tr>
<tr><td>※ 아이템의 특징을 나타낼 수 있는 참고사진(이미지) 또는 설계도 삽입</td><td>※ 아이템의 특징을 나타낼 수 있는 참고사진(이미지) 또는 설계도 삽입</td></tr>
<tr><td>〈 사진(이미지) 또는 설계도 제목 〉</td><td>〈 사진(이미지) 또는 설계도 제목 〉</td></tr>
</table>

1. 문제인식(Problem)

1-1. 창업아이템의 개발동기

※ 국내 · 외 시장(사회 · 경제 · 기술)의 문제점을 혁신적으로 해결하기 위한 방안 등을 기재

⇨

•

•

⇨

•

•

1-2 창업아이템의 목적(필요성)

※ 창업아이템의 구현하고자 하는 목적, 국내 · 외 시장(사회 · 경제 · 기술)의 문제점을 혁신적으로 해결하기 위한 방안 등을 기재

⇨

•

•

⇨

•

•

2. 실현가능성(Solution)

1-1. 창업아이템의 사업화 전략

※ 비즈니스 모델(BM), 제품(서비스) 구현정도, 제작 소요기간 및 제작방법(자체, 외주), 추진일정 등을 기재

⇨

•

•

⇨

•

•

| 사업 추진일정 |

추진내용	추진기간	세부내용
제품보완, 신제품 출시	2016.0.0. ~ 2016.0.0.	OO 기능 보완, 신제품 출시
홈페이지 제작	2016.0.0. ~ 2016.0.0.	홍보용 홈페이지 제작
글로벌 진출	2016.0.0. ~ 2016.0.0.	베트남 OO업체 계약체결
투자유치 등	2016.0.0. ~ 2016.0.0.	VC, AC 등
...		

2-2. 창업아이템의 시장분석 및 경쟁력 확보방안

※ 기능 · 효용 · 성분 · 디자인 · 스타일 등의 측면에서 현재 시장에서의 대체재(경쟁사) 대비 우위요소, 차별화 전략 등을 기재

⇨

•

•

⇨

•

•

3. 성장전략(Scale-up)

3-1. 자금소요 및 조달계획

※ 자금의 필요성, 금액의 적정성 여부를 판단할 수 있도록 사업비(정부지원금+대응자금(현금)+현물)의 사용계획 등을 기재(신청사업의 운영지침 및 사업비관리기준에 근거하여 작성)

⇨

•

•

⇨

•

•

| 정부지원금 집행계획(정부예산+대응자금(현금)) |

비 목	추진기간	금액(원)	
		정부지원금	대응자금(현금)
재료비	• DMD소켓 구입(00개×0000원)	3,448,000	
외주용역비	• 전원IC류 구입(00개×000원)	7,652,000	
지급수수료	• 시금형제작 외주용역(OOO제품 .... 플라스틱금형제작)		7,000,000
...	• 국내 OOO전시회 참가비 (부스임차, 집기류 임차 등 포함		
...			
...			
...			
...			
합계			

3-2. 시장진입 및 성과창출 전략

3-2-1. 내수시장 확보 방안 (경쟁 및 판매가능성)

※ 내수시장을 중심으로 주 소비자층, 주 타겟시장, 진출시기, 시장진출 및 판매 전략, 그간 성과 등을 구체적으로 기재

⇨

•

| 내수시장 진출 실적 | ※ 관련실적이 없는 경우 '해당사항 없음'으로 기재

유통채널명	진출시기	판매 아이템	판매금액
롯데마트	2014.2.14.~2014.2.22.		○○○백만원
…			
…			

| 내수시장 매출 예상 |

유통채널명	진출시기	판매 아이템	판매금액
롯데마트	2014.2.14.~2014.2.22.		○○○백만원
…			
…			

3-2-2. 해외시장 진출 방안 (경쟁 및 판매가능성)

※ 해외시장을 중심으로 주 소비자층, 주 타겟시장, 진출시기, 시장진출 및 판매 전략, 그간 성과 등을 구체적으로 기재

⇨

•

⇨

| 글로벌 진출 실적 | ※ 관련실적이 없는 경우 '해당사항 없음'으로 기재

수출국가수	수출액	수출품목수	수출품목명
○개국	○○○백만원	○○개	000,000,000
…			
…			

| 글로벌 진출 역량 | ※ 관련실적이 없는 경우 '해당사항 없음'으로 기재

해외특허 건수 (출원 제외)	국제인증 건수	수출품목수국제협약체결 건수 (외국 현지기업과 MOU, NDA 등)
○건	○○건	○○건
…		
…		

| 수출분야 핵심인력 현황 : 00명 |

※ 수출인력이 없는 경우 '해당사항 없음'으로 기재
※ 수출분야 핵심인력 예시
– 임직원 중 수출 또는 무역관련 회사 경력자, 임직원 중 1년 이상 해외 근무 경험자, 임직원 중 해외학위(학사 이상) 보유자 등

성 명	직 급	주요 담당업무	경력 및 학력
○○○	과장	영어권 수출	○○무역회사 경력 3년
…			베트남 현지 무역업체 2년 근무
…			

| 해외시장 매출 예상 |

유통채널명	진출시기	판매 아이템	판매금액
아마존	2019.2.14.~2019.2.22.		○○○백만원
…			
…			

3-3. 출구(EXIT) 목표 및 전략

3-3-1. 투자유치

※ 엔젤투자, VC(벤처캐피탈), 크라우드 펀딩 등의 투자처, 향후 투자유치 추진전략 및 방법 등 기재

⇨

•

⇨

•

3-3-2. 인수 · 합병(M&A)

※ M&A를 통한 사업확장 또는 출구전략에 대한 중 · 장기 전략을 기재

⇨

•

⇨

3-3-3. 기업공개(IPO)

※ 기업의 경쟁력 강화, 투자자금 회수 등을 위한 IPO 중 · 장기 전략을 기재

⇨

•

3-3-4. 정부지원금

※ R&D, 정책자금 등 정부지원금을 통한 자금 확보

⇨

•

4. 팀 구성(Team)

4-1. 대표자 및 팀원의 보유역량

| 대표자 현황 및 역량 |

※ 창업아이템과 관련하여 대표자가 보유하고 있는 이력, 역량 등을 기재

•

| 현재 재직인원 및 고용계획 |

※ 사업 추진에 따른 현재 재직인원 및 향후 고용계획을 기재

•

현재 재직인원 (대표자 제외)	명	추가 고용계획 (협약기간내)	명

| 팀원현황 및 역량 |

※ 사업 추진에 따른 현재 고용인원 및 향후 고용계획을 기재
* 일자리 안정자금이란? : 최저임금 인상에 따른 소상공인 및 영세중소기업의 경영 부담을 완화하고, 노동자의 고용불안을 해소하기 위하여 정부에서 근로자 보수를 지원(고용노동부, 근로복지공단)

순번	직급	성명	주요 담당업무	경력 및 학력 등	채용 연월	일자리 안정자금 수혜여부
1	과장	○○○	S/W 개발	컴퓨터공학과 교수	'16.8	○ / ×
2	…		해외 영업(베트남, 인도네시아	○○기업 해외영업 경력 8년	채용 예정	
3	…		R&D	○○연구원 경력 10년		

| 팀원현황 및 역량 |

순번	주요 담당업무	요구되는 경력 및 학력 등	채용시기
1	S/W 개발	IT분야 전공 학사 이상	'16. 8
2	해외 영업(베트남, 인도네시아)	글로벌 업무를 위해 영어회화가 능통한 자	
3	R&D	기계분야 전공 석사 이상	

| 팀원현황 및 역량 |

※ 창업아이템 개발에 필요한 협력사의 주요역량 및 협력사항 등을 기재

순번	파트너명	주요역량	주요 협력사항	비고
1	○○전자		테스트 장비 지원	~'18. 12
2				협력 예정
3				

4-2. 사회적 가치 실천계획

※ 양질의 일자리 창출을 위한 중소기업 성과공유제, 비정규직의 정규직화, 근로시간 단축 등 사회적 가치 실천계획을 기재

*** 중소기업 성과공유제 개요 :** 중소기업 근로자의 임금 또는 복지 수준 향상을 위해 사업주가 근로자간에 성과를 공유하는 제도(중소기업 인력지원 특별법 제27조의 2)

구분		내용
현금	경영성과급	기업 차원에서 이익 또는 이윤 등의 경영성과가 발생했을 때 해당 성과를 회사 종업원들과 공유하는 경영활동
	직무발명보상	종업원, 법인의 임원 또는 공무원이 개발한 직무발명을 기업이 승계 소유하도록 하고, 종업원 등에서 직무발명의 대가에 상응하는 정당한 보상을 해주는 제도
주식	우리사주	'우리 회사 주식 소유제도'의 줄임말로, 근로자가 자신이 근무하는 회사의 주식을 취득 보유할 수 있도록 하는 제도
	주식매수선택권 (스톡옵션)	회사가 정관으로 정하는 바에 따라 임직원 등에게 미리 정해진 가격으로 신주를 인수하거나 회사의 주식을 매수할 수 있는 권리를 부여하는 것
공제 및 기금	내일채움공제	5년 이상 장기재직한 핵심인력에게 중소기업과 핵심인력의 공동적립금과 복리이자를 성과보상금 형태로 지급하는 제도
	과학기술인공제회	과학기술인에 대한 생활안정과 복리를 도모하기 위해서 설립된 공제기구
	사내근로복지기금	근로자의 복지를 위해 기업이 이익금을 출연해 조성한 기금

* 출처 : 중소기업 성과공유제 활성화 방안, 중소기업연구원, 2016

* 대중소기업 상생협력 촉진에 관한법률 제8조(상생혁력 성과의 공평한 배분)의 성과공유제와는 다른 제도임

⇨

•

| 팀원현황 및 역량 |

제도명	도입 여부	주요 내용	실적*
내일채움공제	완료('16.10)	정관 취업규칙 등 내부 규정과 주요내용을 발췌하여 기재	근로자 2인 적용
스톡옵션	완료('17.06)	'17.6월 제도도입 이후 기업 주주총회를 통해 스톡옵션 부여	총 0명, 000주 (0000원) 행사
사내근로복지기금	예정('17.06)	기금조성 및 기금법인 설립, 운용 규정 마련	00백만원
…			

사회적기업과 창업 길라잡이

2020년 9월 21일 발행
2021년 8월 25일 개정판 발행

저 자 | 최 성 규
발 행 처 | 한남대학교출판부(글누리)
대전광역시 대덕구 한남로 70(오정동)
Tel (042) 629-7722
Fax (042) 629-7264
인 쇄 처 | 바름
Tel (042) 628-2412

ISBN 978-89-7066-407-1 13320

가격 17,000원